精英路线图

塑造精英二代

施冬健 著

清华大学出版社
北　京

图书在版编目(CIP)数据

塑造精英二代 / 施冬健著. — 北京：清华大学出版社，2018（2023.7重印）
ISBN 978-7-302-50502-0

Ⅰ. ①塑… Ⅱ. ①施… Ⅲ. ①中小学教育－研究－中国 Ⅳ. ①G639.2

中国版本图书馆 CIP 数据核字（2018）第 136957 号

责任编辑：周 菁
封面设计：徐 超
版式设计：方加青
责任校对：王荣静
责任印制：杨 艳

出版发行：清华大学出版社
　　　　　网　　址：http://www.tup.com.cn，http://www.wqbook.com
　　　　　地　　址：北京清华大学学研大厦 A 座　　　　邮　　编：100084
　　　　　社 总 机：010-83470000　　　　　　　　　　邮　　购：010-62786544
　　　　　投稿与读者服务：010-62776969，c-service@tup.tsinghua.edu.cn
　　　　　质 量 反 馈：010-62772015，zhiliang@tup.tsinghua.edu.cn
印 装 者：三河市春园印刷有限公司
经　　销：全国新华书店
开　　本：170mm×240mm　　印　　张：19　　　　字　　数：269 千字
版　　次：2018 年 8 月第 1 版　　印　　次：2023 年 7 月第 2 次印刷
定　　价：48.00 元

产品编号：067133-01

为了北京中关村四小的名额，在儿子三岁时，家长把东四环 180 平方米的新房子置换成太阳园 90 平方米的旧房子；

从女儿上幼儿园开始，家长给她报的培训班越来越多，英语、国学、速算、钢琴、声乐、舞蹈、书法，等等；

为了监控一年级女儿的学习表现，家长在家中除卫生间以外的所有房间安装了摄像头；

班主任老师说，三年级是承上启下的关键时段。妈妈干脆辞职，全身心盯着儿子的学业；

为了让成绩平平的儿子以外籍身份考上清华北大，家长卖了房子，放弃国内的事业，全家办理移民；

……

为了让孩子"赢在起跑线上"，家长们越来越焦虑。几乎所有的焦虑，都出自同一个源头：应试；几乎所有的焦虑，都瞄准同一个目标：在升学考试中胜出！

教育，急不得

十年树木，百年树人。人生是一场马拉松，何必抢跑一秒钟？人的发展自有其规律，过度焦虑容易导致"技术变形"，甚至适得其反。

人生，也讲究总分。小升初、中考、高考，提高总分是目标，提升弱科尤为重要。孩子的成长，意味着多方面的协调发展，涉及价值观、身体健康、学习兴趣与习惯、性格、情商及社会成熟度等诸多要素。人生，同样会受短板拖累，同样适用"木桶理论"。

以学习为唯一，缺席这些人生必修课，早晚需要补课。

培养，需要提前量。发现孩子厌学，才反思早年学习意义引导的不足；发现孩子染上网瘾，才反思早年自制力培养的不足；发现孩子成了"小胖墩"或"豆芽菜"，才反思早年生活习惯和运动习惯的培养不足……

如果没有对教育的全盘体系化认识，那么"东一榔头西一棒槌"就不可避免，就好像没有提前量的对空射击，永远追悔莫及。

学习，自有其规律。如果孩子不想学，再好的学校、再好的老师也帮不上忙；安装监控摄像头，看住的是孩子的身，而不是心；盯着做作业、强压各种课外培训班，使孩子早早地厌恶学习，待到自我意识增强后干脆放弃学习……

理解学习的意义、培养学习兴趣、养成独立自主的学习习惯、掌握适合自己的学习方法，这些才是孩子学习优秀的关键。对应不同年龄段孩子的心理特征，教育有阶段性的侧重点。童年是培养孩子对世界的好奇心和求知欲的黄金时段，与其强迫他们学习，不如因势利导，用接地气的方式让孩子理解学习的意义。

教育，可以不焦虑

20 年来，笔者近距离接触了数千家庭，并作为家庭教育顾问参与了其中一部分孩子的培养。在学业、价值观、性格、情商和社会成熟度等方面，许多优秀的孩子给我留下了深刻的印象：

托福、SAT、AP 全部满分，重量级国际大赛折桂，常春藤全额奖学金；

留学美国高中一年后，朋友遍及各种肤色，成功竞选校学生会主席；

从美国二流大学起步，三年级转到前 50 名大学，硕士进入常春藤；

富家子弟，酷暑天做义工，乘公交车往返悠然自得；

赴美留学后，每周和爷爷奶奶视频通话、嘘寒问暖；

13 岁，赚取了人生第一桶金；

……

从这些孩子的家庭教育中，可以找出一些共性：尊重孩子的独立性，注重在日常生活中培养孩子的价值观和行为习惯，家长以身作则、身教重于言传等。

也许，有些家长会说，每个孩子都有个体差异，不能套用别人家庭的教育理念和模式。

教育的对象既然是人，尊重人性、遵循人的发展规律就是教育之道。从这个角度来说，教育存在共性。让教育回归理性，尊重人性、遵循人的发展规律，放松焦虑感和掌控欲，教育就会变得简单。

本书的精英教育观

有一类中国和美国亚裔家长执笔的育儿经，讲述如何把孩子送入哈佛、耶鲁、普林斯顿等名校。这些育儿经虽然不乏有益的借鉴，但不难读出其中浓烈的短视和功利色彩。

教育成功的标志是什么？不是考上名校，而是让孩子成年以后成为全面发展的人；不是孩子在别人眼中的光彩夺目，而是他／她拥有自我感知的幸福和成功，以及对社会的贡献。

成功的教育，就是培养精英。本书所理解的精英，乃"富贵"之人。经济自立、心中不缺即为"富"，被人需要即为"贵"。如果给"精英"一个具体的定义，那么"精英 = 人生幸福 + 事业成功 + 有益社会"。

人生幸福和事业成功，源于自己的内心感受，无需他人认可。有益于社会，则将不劳而获的"贵族"和"精致的利己主义者"过滤出精英之列。

本书的实践基础

1999 年初，笔者加入徐小平老师创立的北京新东方学校出国咨询处，后担任新东方集团留学业务总经理，2001 年创立自己的留美工作室。长期的美国升学顾问工作，为笔者提供了探究青少年成长规律的丰富案例。

阿拉伯寓言故事《三个画师》中，第三位画师将有眼疾和腿疾的国王描绘成闭着一只眼单膝跪地、弯弓射大雕的模样，以独特视角展示了国王的威风凛凛。美国升学顾问工作的核心，就是为每个学生找到最好的"姿势"，即从每个学生的真实背景中捕捉其契合美国大学招生文化的独特之处，并以独特的视角展示出来。

"弯弓射大雕"固然有趣，但毕竟只是后天的被动弥补。如果在国王年少时就把他的眼疾和腿疾治愈，岂不更有价值？有感于此，2006 年起，笔者逐步将工作重心转向对精英教育和家族传承的研究探索。

2002 年至今，笔者在大学、政府和企业执教"领导学"课程。学员们分享的经历和故事，成为笔者探究精英教育的另一个案例源泉。青少年的精英教育，无非就是将优秀成年人的共性特质前置培养。

名门望族的家书家训和人物传记，是笔者探究精英教育的第三个案例库。从《颜氏家训》《傅雷家书》到《洛克菲勒自传》《肯尼迪家族传》，可以发现古今中外世家大家的育儿共性：以培养人生理想、价值观和行为规范为教育的核心内容，且强调早前起步培养"童子功"。

本书的理论基础

本书有关精英教育的思想，主要基于笔者在领导学、教育学和心理学领域的学习与思考。

百年历史的领导学，揭示了领导者的共性特质、影响力和权力的形成途径、团队领导的规律等。这些都是精英教育不可回避的要点，早期培养可达到事半功倍的效果。

在美国南加州大学攻读教育学博士期间，笔者系统学习了教育学理论，探究洛克菲勒和肯尼迪等美国精英家族基业长青的奥秘。通过与美国同行们的讨论及访问学校，笔者对美国的中小学教育理念和方法有了直观认识。

心理学是教育学和领导学的重要基础学科。阅读亚伯拉罕·马斯洛、克里斯托弗·安德烈和阿尔弗雷德·阿德勒等心理学大师们的经典之作，可以帮助我们对人性"庖丁解牛"，解码青少年的心理成长规律。

本书的创作初衷

笔者不是教育专家，更不是人生导师。写作本书，是对自己 20 年来所做、所学、所思的一个总结，并希望能与有缘人切磋交流。

市场上育儿类书籍汗牛充栋，本书希望达到如下目的：

首先，通过提出"人生幸福＋事业成功＋有益社会"的精英定义，让精英教育更明确、更务实、更有可操作性；

其次，借助取材于真实场景的案例，揭示精英教育的完整理念体系，涉及价值观、学习能力和习惯、人格特质、情商和社会成熟度、全球视野等维度；

最后，本书以"生活即教育"贯穿始终，分项探讨如何在日常生活中将精英教育的理念落到实处，提供了精英教育的路径和方法。

适 用 读 者

本书的读者对象主要包括：家长、准家长、教育工作者和研究者。

致 谢

清华大学出版社的编校人员为本书出版提供了细致周到的支持和指

导，在此表示由衷的感谢！

感谢郝志刚先生、郑静东女士和禹极先生，他们仔细阅读书稿并提出了许多宝贵的建议。

最应当感谢的是笔者 20 年来接触的无数学生和家长们，是他们为本书的成文提供了珍贵的案例和素材。

笔者庶竭驽钝，在教育研究的沧海中勉力添上一粟，热忱欢迎读者朋友们不吝批评指正。

作者
2018 年 6 月

目录

第1章

精英教育与家族传承

第2章

父母之道

第3章

价值观

第4章

求学与求知

第5章

性格与人格特质

第6章

情商与领导力

第7章

生活即教育

第1章
精英教育与家族传承

1.1 精英是怎样炼成的

"施老师，有时候我觉得你和博士、教授沾不上边。你给我家小孩的那些规划听起来像一个文盲搞出来的，什么打篮球啊、做家务啊、早起早睡啊……"

"赵总，既然你这么调侃我，那我也就直说了。你们夫妻俩都快研究成'教育专家'了，带引号的，就好像两个经常乱瞄目标的神枪手。这四年来，花在规劝你俩身上的时间超过了引导孩子的时间。"

在小赵五岁时，我正式担任他的家庭教育顾问。赵爸希望我设计个性化的智力开发和才艺课程组合，我对他说："任何课程，都没有养成每天早上定时排便的习惯重要，都没有养成好好吃饭、喝寡淡白开水的习惯重要，都没有养成早睡早起的习惯重要。至于上什么培训班，可以让他多试听一些课程后自己作决定，但是要求他选完后必须坚持下去。"

小赵升小学时，赵爸赵妈和我讨论如何择校，国际学校、市里的重点小学、英语特色学校……他们希望儿子能在名校的熏陶下从小热爱学习、打好基础。

我说："离家最近的学校就是最好的学校，除非教育质量很差。离家越近，上学路上越安全，大人接送省心省时间，小孩有更多运动和玩耍的时间。让一个小学生（特别是男生）喜欢学校课程，不符合大多数这个年龄段孩子的心理特征。小学阶段最重要的不是成绩出众，而是对这个世界充满热爱和好奇。家长要每天给孩子讲各种各样的知识，包括你们各自专业行业领域的知识、生活知识和社会知识（甚至适度的社会阴暗面），别担心孩子听不懂，他的理解能力远超你们的想象。"

小赵读二年级时，学校要求家长每天检查小孩作业，对不懂的知识点要辅导。

我对赵爸赵妈说："学习，归根结底是孩子自己的事情，家长不应当介入具体知识点的辅导。让孩子尽早独立应对学习，可能对学习成绩有短期影响，但是长期来看一定有百利而无一害。家长可以做一点宏观的工作，讲讲学习的意义，帮助孩子养成良好的学习习惯，例如，有计划、高效率、预习复习、做事有始有终等。"

同桌小朋友时常欺负小赵，赵妈说让班主任给孩子换个座位。我说："小孩子闹腾没多大事，尽可能让孩子自己处理吧，这是他成长的机会。"

进入三年级，作业开始明显增多，小赵同学抱怨没有时间玩。我告诉他："要养成聚精会神快速完成作业的习惯，做完作业就可以玩了。"同时，我提醒家长，不可以给他另行安排作业。

不知不觉，年度培养计划完成了四张。小赵一周打三次篮球，不仅身材好口才也是顶呱呱，学习成绩在50多人的班级名列前十，知识面甚至超越了一些大学生，一周各两次的围棋和国画培训班坚持了四年。关键是，他每天开开心心，自我感觉超级好。

优秀之前，先做好普通人

先做好普通人，否则无论再优秀也是残缺的，甚至越"优秀"越失败。那么，什么才是好的"普通人"？

❶ 良好的价值观

毫无疑问，因贪腐而被查处的政府高官、因学术不端而身败名裂的大牌学者、因违法经营而身陷囹圄的富豪榜上企业家，就能力而言他们都鹤立鸡群。但是，作为家长，你肯定不愿意让自己的孩子成为这样的人。

价值观不仅是决定一个人成为好人还是坏人的分水岭，还涉及对人生、幸福、金钱、人际关系等的理解。在理解学习的意义之前，学习成绩就难以提高；在理解生活的意义之前，人生就难免迷茫；在理解平等待人的意义之前，人际关系就难以和谐……这些，归根结底都是价值观的问题。

越好的教育，越强调价值观。"贵戚之家，不患不富，患不知节。富而循礼，富乃可久"，一代名相张居正将价值观教育视作家庭传承的核心。英国著名文学家克莱夫·刘易斯认为："教育一旦忽视价值观，培养的就是更加聪明的恶魔。"

❷ 身体健康，精力充沛

乔布斯是人类企业史上不可不提的杰出人物，但是不良生活习惯和暴躁个性使他 56 岁英年早逝。作为家长，你大概不愿自己的孩子成为这样的人。

如果失去健康，连普通人的生活都过不好，还拖累整个家庭，成功和幸福何从谈起？

❸ 具备常情、常理和常识

成年的普通人，他们有独立生活的能力；通过对家庭和社会尽责任，他们找到自己的价值和存在感；他们具备普通人的平常心，在生活不如意又无法改变环境的时候会自我反省；在遭遇人际矛盾时，他们会换位思考……

从普通迈向优秀

成功者身上，必然有超越普通人的特质。从普通迈向优秀，哪些素质和能力是关键？我们可以采用倒推法，通过解码一个"人生幸福、事业成功、有益社会"的成年人来获得启发。

❶ 自我驱动

成功者，无一例外都是自我驱动的。青年比尔·盖茨志存高远，立志"让每一个家庭和每一张办公桌都有一台电脑"。为了养活儿子，早年丧夫的"老干妈"陶华碧艰苦创业。无论是主动追求梦想还是生活所迫被动奋斗，成功者的首要特征就是对自己本身或所处的环境不满意，就是对未来有期盼。

来自父母、老师、领导的激励和鞭策都是外部因素，都不可能具有长期、强劲的驱动力。在早年激发出孩子的理想和自我驱动力，是成才的必由之路。

❷ 毅力

有理想有目标的人很多，为什么现实中成功者寥寥无几？最主要的因素在于，持之以恒的人少之又少！

毅力是性格的核心维度之一。毅力的培养，浸透在生活中的一点一滴。长期坚持早起早睡的生活习惯，常年坚持琴棋书画兴趣爱好的学习，都是毅力培养行之有效的重要途径。

❸ 凝聚他人的能力

现代人高度互联，无法想象孤家寡人可以独立完成一项重要工作。即使传统意义上单打独斗的科学家、学者，一旦功成名就，也会像董事长总经理一样带团队。

凝聚他人的能力，只有在与人相处中才能逐步感悟、逐步提高。如何凝聚他人？出于价值观的不同，手法也五花八门。利和名，是最常见的诱饵。什么是最长效、最深刻的激励手段呢？共同的理想和价值观。

❹ 战略视野

何为战略？简而言之，就是"大时空"。成功者考虑问题，通常在时间上更为长远，在空间上更为全局。

对一个小孩子，如何培养战略视野呢？其实不难！晚餐时，家长讲述自己职场和生活中的实例，告诉孩子为什么这么处理，潜移默化中培养孩子分析问题和处理问题的能力。下棋打牌，也是培养战略视野的重要途径。先后手、棋形厚薄、全局与局部，在棋牌游戏中自然而然形成的这些概念，其价值会在一生的学习、工作和生活中得到无限放大。

中国式家长：瞄错靶子的神枪手

中国改革开放以后，诞生了第一代富裕阶层和中产阶层。"仓廪实而知礼节"，他们开始有了家族传承的意识。似秦朝二世而亡，还是像洛克菲勒家族一样历六代而基业长青？"君子之泽，五世而斩。小人之泽，亦五世而斩。"孟子的箴言似达摩克利斯之剑一直高悬。

40年过去了，中国经济有了令世界瞩目的发展，但是我国的经济和教育发展失衡的状况越来越严重。虽然以往的应试教育对于草根阶层可能是人生中最重要、最公平的一次改变命运的机会，但是其显然越来越不合精英阶层的口味。

在既无成熟的实践经验以资借鉴，又缺乏系统的理论指导的情况下，许多充满焦虑感的家长开始"摸着石头过河"探索二代教育，以求让孩子"赢"在起跑线上！

回顾自己和身边成功人士的经历，家长们不难理解：培养人生幸福、事业成功、有益社会的精英，涉及作为普通人相关的价值观、常情常理常识和身体健康，以及作为优秀者的理想、毅力、凝聚他人的能力和战略视野等要素。

但是，在培养孩子时，许多家长却常常"瞄错了靶子"。他们瞧得上的，只有校内课程的学习及各类"高大上"的培训。

❶ 瞄错靶子，神枪手有何用

2016年4月7日，英国《每日邮报》以"当一天公主"为题，图文并茂地报道了英国某奢侈童装品牌在上海一家私人会所举办的一次"英式贵族礼仪"课程。通过模拟场景"你被英国一位英俊王子或美丽公主邀请去王宫共进午餐"，一位英国著名礼仪专家向一群7~12岁的孩子们传授英式宴会的化妆、着装和餐桌礼仪。

在北、上、广、深等中心城市和沿海经济发达地区，不乏大学、企业甚至政府开设的针对"富二代"的培训项目。这些学费动辄数十万元的培训项目教什么呢？典型的课程，涵盖国学、经济、金融、国际贸易、上市公司表现，以及高尔夫球、红酒雪茄、茶道、马术、国际社交舞、形象穿着与品位等。

除了遍布大街的语数外补课班、琴棋书画培训班外，少年 MBA、贵族礼仪等"高端"课程也早已渗透少年儿童。

枪法练成了神枪手的家长们，是否瞄对了靶子？

❷ 真正的精英教育，不费脑筋、不费钱

成才的核心要素，这些培训班能否培养孩子们？无论起跑多快，偏离了跑道，结果就是输在起跑线上。成才的素质和能力从哪里来？归根结底，主要来自家庭教育，无法外包给学校或外部机构。

精英教育不是个奢侈品，不一定非要花大钱从外部才能买到。生活即教育！精英在日常生活的一点一滴中自然而然、轻轻松松地逐步养成，而且是廉价甚至是免费的。

1.2
中式贵族教育：从"君子六艺"谈起

幸会电视剧《大秦帝国》第一部《裂变》剧组的策划孙先生，我们俩聊起了孙皓晖教授原著中那些光辉灿烂的名字和荡气回肠的故事。

孙先生：七国都在变法，唯独秦国修成正果，从赢弱快速脱颖而出，其中秦孝公和商鞅的君臣匹配堪称关键。秦孝公使命感强烈，性格坚毅刚强，肚量大；商鞅有思想，有方法，还"极心无二虑，尽公不顾私"。

施老师：商鞅变法，是整个战国史的转折点。放在今天的商场，他们俩就是董事长和总经理精诚合作、优势互补、成功实施组织变革的典范。

孙先生：苏秦张仪，凭三寸不烂之舌纵横七国。尤为难得的是，两

人使的都是阳谋，而且公私分明！于公，合纵连横政见不同、各为其主；于私，师兄弟有情有义。放在今天，不可思议。

施老师：讲道义、守规则、从心所欲、真性情，是当时的主流，是大智慧；相比之下，现代人圆滑、急功近利、瞻前顾后，小算盘算不了大账。

孙先生："儒、墨、道、法、阴阳、名、纵横、杂、兵"，春秋战国人才济济，也不知道是怎么培养教育的。从农耕文明跨过工业文明迈入了信息时代，为什么教育没有与时俱进？就拿我家那小子来说吧，做作业、考试这点事就搅得全家鸡犬不宁，还谈什么全面发展？还不如我们这一代，小时候玩得很开心，无论有没有考上大学，多数人也能在社会上找到自己的位置和价值。

施老师：当年的"君子六艺"简简单单，无招胜有招；现在的教育重术轻道，好比一个神枪手瞄错了靶子。

"君子六艺"：系统的精英教育思想

《周礼·保氏》："养国子以道，乃教之六艺：一曰五礼，二曰六乐，三曰五射，四曰五御，五曰六书，六曰九数。"三千多年前，周王朝要求贵族子弟必须掌握这六项基本素质，并由专事贵族阶层传承的官学负责系统培养。

作为宋国贵族后裔，孔子少时即接受了"德智体"全面培养。他传授给三千弟子和"七十二贤"的不仅是儒学，还包括射箭和驾车技能。

在所列的"君子六艺"（表1-1）中，"书、数"被归为"小艺"，即初级课程；"礼、乐、射、御"被归为"大艺"，即高级课程。"六艺"教育，根据学生的年龄和知识程度循序推进。

表1-1 "六艺"教育

品德与修养	礼（礼节） 乐（音乐与舞蹈）
体育与军事	射（射箭） 御（驾驭马车）
文学与科学	书（语文与书法） 数（算术）

"五礼"：吉礼、凶礼、军礼、宾礼、嘉礼。把"政治思想教育"放在"六艺"之首，是当时"德治社会"的体现。

"六乐"：云门、大咸、大韶、大夏、大濩、大武。"舞"从属于乐的教育，分为徒手或持羽等轻物的文舞，以及持盾剑击刺、模拟作战场景的武舞。

"五射"：白矢、参连、剡注、襄尺、井仪。箭，是当时主要的单兵武器之一。贵族子弟必须掌握的射箭技能包括单射和连发，强调精准度、力度和速度。

"五御"：鸣和鸾、逐水曲、过君表、舞交衢、逐禽左。学习战车驾驶技能，类似今人考驾照，包括前进、刹车、拐弯、倒车……另外，还需要学习团队合作，即驾车、攻击、防御的相互配合，以及对内和对敌礼仪。

"六书"：象形、指事、会意、形声、转注、假借。六书，泛指识字、文学鉴赏、写作、语言组织能力和交流沟通能力。

"九数"：方田、粟米、差分、少广、商功、均输、盈朒、方程、旁要。九数，即计算和统筹技能。丈量土地，核算收支、赋税、薪酬等，都是贵族子弟担纲官员后的必备技能。

"君子六艺"的衰落

❶ "礼崩乐坏"

《左传》记载了春秋时期的一次著名战役——宋楚"泓水之战"。宋军在泓水一侧列好战阵，此时楚军正从对岸渡河。殷商贵族后裔宋襄公拒绝参谋子鱼趁机进攻的建议，坚持待楚军渡河列阵后再开战。结果，寡不敌众的宋军大败，宋襄公伤重而亡。后人对宋襄公的"迂腐"颇多揶揄嘲讽，一位历史伟人甚至评价其为"蠢猪式的仁义道德"。

春秋战国，是中华文化的分水岭。春秋及之前，"国"是贵族集团的"家"，权力越大则保家卫国的责任越大。"执干戈以卫社稷"是贵族阶层的"专利"，平民和奴隶阶层没有从军的权利和义务。贵族阶层视荣誉和道义重于生命，无论内斗还是外战，彼此均留有余地，鲜有斩尽杀绝。外战以圈地纳贡为目的，双方遵守战争程式，一旦分出胜负即鸣金收兵，战胜方礼待战俘。

战国以降，战争目的逐步转为灭国，手段无不用其极，"兵者诡道也"。长平之战坑杀四十万赵国降卒、项羽六次屠城……在秦始皇统一六国的进程中，六国贵族或被杀或被迁徙流放。从此，贵族阶层在中国一去不复返。

贵族阶层的消失，以及附着其上的世袭观念的淡化，是历史的必然，是历史的进步。但是，"有担当、守规则、重风度"，这些贵族精神中积极成分的衰落则是中华文化的重大损失，也使价值观教育这一精英教育的核心部分失却了原本肥沃的精神土壤。

❷ "射御"式微

宋朝，是中华精英文化衰落的历史转折点。陈桥兵变夺取天下后，宋太祖赵匡胤吸取了唐朝地方割据、节度使权力过于集中的教训，开始抑制武将权力。在发端于隋唐的科举制度的基础上，宋朝逐步完善文官政治体系，封疆大吏和各级地方官员一律任用文官。自此，精英子弟教育中，"射、御"所代表的体育与军事训练事实上被废止。

重文抑武，导致全民族性的体育和尚武精神衰落，国家富而不强。当国家遭受内忧外患时，官军的战斗力甚至不如私家军。宋朝抗金靠岳家军，明朝抗倭靠戚家军，清朝镇压太平天国靠曾国藩湘军……

君权统治体制，需要的是绝对服从的奴才，而不是有思想有风骨的人才。为笼络知识阶层，宋真宗赵恒甚至亲自披挂上阵写下《励学篇》。

科举制度，为出身低微的士子提供了出人头地的机会。士子与君权一拍即合，"学成文武艺，货与帝王家"便成为精英阶层的最高理想。清高者如魏晋时期的"竹林七贤"，隐居乡里纵歌畅饮，作品以比兴、神话等手法隐晦表达思想。方孝孺大书"燕王篡位"被诛十族而不屈，海瑞冒死谏明世宗，这样的风骨在精英阶层中凤毛麟角。

从汉代董仲舒罢黜百家、独尊儒术开始，经过宋朝程朱理学的"存天理灭人欲"，春秋战国时期百花齐放、百家争鸣的文化辉煌一去不复返。"半部《论语》治天下"，"六艺"最终被"四书""五经"所替代，实质上只剩下了"书""数"小艺。

昙花一现的"君子六艺"，是人类教育史上的一座丰碑。即使以今天的眼光看，无论是"德智体音美劳"全面发展的教育目标，还是以常春藤为代表的美国精英私立大学所倡导的"博雅教育"理念，都没有超越"君子六艺"的高度。

1.3 英式贵族教育：以拜伦为例

1788年，浪漫主义诗人乔治·戈登·拜伦出生于伦敦一个破落的贵族家庭，先天跛脚。五岁时，他开始上学。出于对学校教学质量的不满，母亲给拜伦另请了两位大学教授做私人辅导。在两位教授的影响下，拜伦大量阅读历史、拉丁文和宗教著作。七岁时，在先祖荣光的强烈刺激下，他开始思考：今后拥有永恒的生命还是被诅咒的生命。他说："我总有一天会召集一支军队，士兵们身穿黑衣，骑着红马，他们将被称为'拜伦的黑骑兵'。你们一定会听到他们了不起的奇迹的。"

十岁时，拜伦继承了家族的爵位和财富。三年后，他就读哈罗公学。虽然身带残疾，但是他酷爱运动，是个游泳健将和板球高手；虽然脾气变幻无常，但是他为人真诚、好打抱不平。很快，他就成为全校350位同学中的核心人物。

17岁时，拜伦进入剑桥大学的特里尼蒂学院。他广泛阅读英国和欧洲大陆的文学、哲学和历史著作，并创作诗歌，19岁时凭借《闲散的时光》一举成名。

21 岁成为英国上院议员后，拜伦开始了历时三年的欧陆游历，为了"看看人类，而不是只在书本上读到他们"，清除"一个岛民怀着狭隘的偏见守在家门的有害后果"。

拜伦饱览南欧各地风光，观察所在国的政治制度、民族文化和民众生活。这些经历深刻地影响了他的思想和诗歌风格，其最负盛名的代表作《恰尔德·哈罗尔德游记》和《唐璜》等即完成于游历途中。

在阿尔巴尼亚，他会晤了统治者阿里·帕夏；在西班牙，他接触了奋勇抗击法国侵略者的游击队；在希腊，他直接参与并领导了希腊人民推翻土耳其侵略者的民族解放运动。

1824 年，拜伦病逝。希腊独立政府宣布拜伦之死为国葬，全国哀悼三天。

整理自：《唐璜：拜伦传》，传记文学大师安德烈·莫洛亚

英国传统贵族的教育"四部曲"

18 世纪开始，英国贵族子弟教育逐渐形成程式化的"四部曲"：聘请家庭教师完成初等教育，在公学完成中等教育，进入牛津、剑桥完成大学学业，大学毕业后赴欧陆游学。

在初等教育阶段，上层贵族家庭通常选择家庭教育（home-educated）而不是上学。这种做法，有主动和被动两个原因。上层贵族希望以更灵活自主的方式培养童年期的子弟；当时的初等学校主要面向中下阶层，师资水平差、教学设备简陋。

非贵族阶层的子弟，可以进入初等学校，但是不得进入中等学校。

所谓的公学（public schools）实质上是私立寄宿学校，主要面向上层贵族子弟，以培养政治精英为目标。通常公学师资水平高、宗教气氛浓厚、学费昂贵，开设的课程主要包括拉丁文、希腊文、法文等主流语言，以及宗教和人文学科。

公学对学生每日的作息时间、内务整理、体育锻炼等都有十分严格的规定，强调培养学生的意志和"绅士风度"。以伊顿公学和哈罗公学为

代表的公学毕业生，潜移默化地影响了英国社会的其他阶层，甚至在国际活动中也建立了一种被竞相仿效的行为规范。

从公学毕业后，进入牛津剑桥成为上层贵族子弟的最佳选择。牛津剑桥的同学和校友资源，是他们日后从政的巨大优势。但是，相对于公学而言，彼时的牛津剑桥学业和品行的管理都要松懈很多。例如，在剑桥大学期间，拜伦沉迷于射击、打猎、游泳、拳击等活动，还沾染上了赌博和酗酒的恶习。

为期一学期或一学年的海外交换项目，已经成为当今全球许多高等教育体系的标配。这种教育形式，缘自近代英国的欧陆游学（grand tour）风潮。

赴欧陆游学，是英国贵族子弟在大学毕业后进入职场前的一门社会实践必修课。顾名思义，游学就是旅行和学习的结合。来自封闭岛国的青年精英们，在异国的大都市和乡野间，学习语言和文化，感性认识当地民风习俗、政治制度，增广见闻。

在巴黎，他们享受着欧洲大都会纸醉金迷的生活，同时感受伏尔泰、卢梭和孟德斯鸠等欧洲启蒙运动杰出人物的灿烂思想。在希腊和意大利，他们饱览地中海沿岸的炫丽风光，追寻欧洲宗教、法律、文化艺术的主要源头。

当年，横渡英吉利海峡不是一件轻松的事。在港口等待适于航行的天气，漫长航行中的惊涛骇浪、飓风晕船、疾病瘟疫，都是对贵族子弟们体能上和意志上的磨炼。

一代代的欧陆游学，对英国上层的意识形态产生了重大影响。主流阶层逐步改变了对于罗马天主教的认识，国民增强了宗教宽容，从傲慢自大走向兼容并包。

英国贵族的尚武与体育

悲骚文人客，风流诗词人。想象中，贵族出身的浪漫主义诗人，那是诗人中的诗人，自当玉树临风、弱不禁风，怎能舞枪弄棒如此好斗？

事实上，外表矜持、温文尔雅的英国传统贵族，脾气都很大。正如威灵顿公爵所说，滑铁卢战役（击败拿破仑）的胜利，来自伊顿公学（贵族子弟学校）的操场。

英国的贵族体制成形于一千多年前的盎格鲁－撒克逊（Anglo-Saxon）时代，军事贵族是英国贵族的最早形态。体育是和平时期的战争，战争是体育的特殊形态。在西方文化中，体育运动本是贵族阶层的专利。古希腊的奥林匹克盛会，最初只有男性贵族才有资格参加。无论中古时期的司法决斗还是近代的荣誉决斗，本质上都是绅士之间的战争。据说，英国现在特立独行的行人和车辆靠左的习惯，就是中世纪决斗文化的产物。靠左行走，便于右手迅速拔剑出鞘。

1829 年，英国爆发了历史上最著名的一场决斗。首相威灵顿公爵提出在政治上解放天主教徒，遭到上院贵族温奇尔西勋爵的破口大骂。一怒之下，公爵不惜以首相之尊向勋爵提出决斗，后者当即接受挑战。

在决斗前夕，威灵顿公爵心情纠结：如果对方毙命，自己脱不了干系。与此同时，温奇尔西勋爵也在嘀咕：对方毕竟是击败拿破仑的"世界征服者的征服者"，名动天下，伤了他也不合适。于是，决斗场上出现了戏剧性的一幕：威灵顿举枪击中对方上衣，温奇尔西对空放了一枪。决斗宣告结束。事后，决斗双方都得到了朝野一致的称赞。

时过境迁，决斗已经尘封，进入了历史档案，但是贵族阶层的尚武和体育精神依然留存。以英国王室为例，所有男性成员在成年后都必须从军。在国家适逢战争之际，王室成员更是以身作则。英国女王伊丽莎白二世，在"二战"期间以王位继承人身份加入英国军队，担任中尉军衔的机械师。其丈夫菲利普亲王及三个儿子均有从军经历，次子安德鲁王子作为海军飞行员参加了马岛战争。查尔斯亲王与戴安娜王妃的两个儿子威廉王子和哈里王子先后从军，哈里王子还参加了阿富汗"反恐"战争。

伊丽莎白二世的长女安妮公主，自幼热衷马术，骑术精湛。她曾获得 1971 年欧洲马术赛冠军，并在 1976 年代表英国参加蒙特利尔奥运会。1988 年，她入选国际奥委会，现任英国奥委会主席。安妮公主后继有人，女儿扎拉公主曾获得 2006 年世界马术锦标赛个人金牌，在 2012 年伦敦奥运会上为英国摘得马术三项赛团体银牌。

中华贵族、法国贵族、俄罗斯贵族……都已经雨打风吹去。在全球范围内，英国的贵族体制可谓一枝独秀，从未中断。昔日的"日不落帝国"虽然早已风光不再，但是英国传统贵族的养成术依然值得后世效仿。

拜伦的成长经历，典型地体现了十八九世纪英国贵族子弟的教育轨迹和精神特质。从童年和少年时代开始，英国传统贵族子弟逐步树立强烈的家族荣耀观、养成体育和尚武精神、习惯于广泛和大量的阅读、通过游历增广见识……这些都为中国精英教育提供了有益的借鉴。

美式精英教育：以奥巴马为例

1961 年，贝拉克·侯赛因·奥巴马出生于美国夏威夷州檀香山市，父亲是一位来自肯尼亚的留美学生，母亲是堪萨斯州白人。奥巴马两岁时，父母离异。六岁时，他随母亲和继父迁往印度尼西亚首都雅加达。十岁后，全家又回到夏威夷。后来母亲与继父离婚，他随母迁居美国本土。

非洲裔种族背景、贫困动荡的生活，使青少年时期的奥巴马十分自卑。在迷茫中，他过了一段荒唐的日子，甚至吸食大麻。

在加州洛杉矶市的西方学院求学期间，奥巴马在校刊上发表了体现他精神发展脉络的诗歌《老爹》，后被《纽约客》杂志转载并广为流传。两年后，他转读位于纽约市的哥伦比亚大学，主修政治学与国际关系，并于 1983 年获得学士学位。

1985 年，奥巴马投身芝加哥的公益事业，协助当地教堂为穷困居民提供职业培训。

1988 年，奥巴马进入哈佛大学法学院，获选《哈佛法律评论》首位非洲裔美国人主编，获得了全国性的知名度。同年，他在一家律师事务所实习时认识了哈佛法学院的学姐米歇尔，两人于 1992 年结婚，婚后育有两个女儿。

1991 年，奥巴马以优等生资格获得哈佛大学法学博士学位。此后，他回到芝加哥，作为志愿者协助选民登记。

1993 年至 2005 年，奥巴马在芝加哥大学法学院执教"宪法学"。

2005 年，奥巴马竞选联邦参议员，开启政治生涯。

"平民美国"

脱胎于英国殖民地的年轻美国，似乎还来不及打上深刻的世袭烙印。

自立国以来，美国一直以《独立宣言》中"人人生而平等"的平民社会自诩。虽然白人盎格鲁 - 撒克逊新教徒（White Anglo-Saxon Protestant，WASP）一直占据美国主流社会，但是"平民美国"有其真实的一面。

在美国，社会地位的延续与财富的继承并不是"连体"的，财产不是保持精英地位的充分条件——美国主流社会有将大部分个人资产回馈社会的历史传统。

美国政界，有肯尼迪家族、罗斯福家族和布什家族这样的政治世家，也不乏基辛格、克林顿、奥巴马这些平民出身的政界精英，甚至华裔移民赵小兰和朱棣文也能在小布什和奥巴马内阁中出任部长……

除了洛克菲勒等少数家族外，百年前的垄断资本巨头家族大都已雨打风吹去。华尔街是犹太裔的传统天下，但是财富新贵们大都白手起家。"科技首都"硅谷不相信血统，完全是"海阔凭鱼跃，天高任鸟飞"。至于学界，即使在常春藤级别的私立精英大学，各种肤色的教授们也比比皆是。

"美国梦"理论上对所有人开放，底层、少数族裔、外来移民也可以通过个人奋斗进入主流阶层。

美国的另类世袭：教育决定地位

我们不难发现，从白宫、华尔街到硅谷，美国是常春藤一族的天下。美国的党争，历来是常春藤毕业生中的共和党籍校友与民主党籍校友之间的权力轮换。现实中，中下阶层的上升通道只留了细细的一道缝——名校教育。美国社会不强调财富的传承，强调的是另外一种世袭：以教育背景决定社会地位和经济地位的世袭。黑皮肤不是奥巴马当选总统的障碍，但是，"常春藤教育"却必不可少。富贵不足保，唯常春藤之泽可及于无穷！

许多国人认为，美国人没有我们那么严重的名校情结，在选择孩子的就读学校时不太重视排名，美国中小学生学业轻松。事实上，这种看法是片面的，好比盲人摸象，只摸到了大象的一个部位。

连任四届的罗斯福总统，四个儿子中有三个就读哈佛大学。从"老太爷"布什参议员，到小布什总统的女儿芭芭拉，布什家族延续了至少四代的耶鲁校友。前副总统戈尔夫妇，四个子女全部毕业于哈佛大学。2017年8月底，奥巴马和米歇尔陪着大女儿玛利亚赴哈佛大学报到，玛利亚成为家族的第二代哈佛学子。

对于美国主流阶层和有志攀升的中产阶级来说，名校情结深入骨髓。为了延续家族地位，美国精英阶层不让孩子们"输在起跑线上"，从幼儿园时代开始竞争名校资源，与常春藤盟校订立"远期合同"。美国各级私立贵族学校、课外培训和升学辅导行业，其火热程度与中国相比毫不逊色。

常春藤的博雅教育

在孩子申请美国大学的本科项目时，中国家长几乎无一例外十分强调专业的选择，甚至认为专业排名的重要性高于总体排名。

如果孩子不具备冲击精英私立大学的实力，那么这种想法无伤大雅；如果家有学霸，家长和孩子就有必要将原先对本科教育的认识清零，认真琢磨"博雅教育"（Liberal Education）这个概念。

常春藤盟校（Ivy League）指美国东北部的八所精英私立大学，其中七所创立于英国殖民时期，都是美国最负盛名、录取最难、接受捐款最多的大学。以常春藤为代表的美国私立精英大学，无不将本科阶段的教育理念定位为"博雅教育"，其本科学院都采用住宿制的文理学院模式。

按照美国高等院校联合会（Association of American Colleges and Universities）的定义，博雅教育，是"一种对学生赋予能力、从无知中开放思想、培养社会责任感的教育理念"，培养全面的智力适应力、终身学习的态度，以及对责任感的感悟。博雅教育要求学生探究大自然、文化和社会，掌握洞察、分析、解释等核心能力，陶冶对真理的尊重，认同历史和文化环境的重要性，探索正规学习、公民身份和社区服务之间的关系。

上述对博雅教育的描述，听起来"不知所云"。通俗解读，博雅教育的目标是帮助学生理解人与自然的关系、人与社会的关系，培养社会各行各业的未来领导者，而非白领，侧重于如何做人，而非谋生。

博雅教育培养领导者，所以课程设置广泛涉及人文学科。而在国人眼中，哲学、社会学、人类学、心理学、政治学等"无实用价值"。

博雅教育培养领导者，所以不强调某一特定领域的专业学习。即使学生确定了某一专业，如工程学，依然需要"无差别"学习科学、人文等广泛的学科。在本科阶段广泛接触各个学科、形成感性认识以后，学生再根据职业意愿确定研究生阶段的深造方向。

博雅教育培养领导者，所以要求学生积极参与体育、文化、公益等社团活动。这些社团活动，是培养团队精神、公益精神、表达能力、多元文化包容力和领导力的重要舞台。

体育，美国精英阶层的"精神密码"

自"越战"以来，美国精英阶层对从军的热情不断冷却，逐步演变成今天"好男不当兵"的世风。然而，美国精英社会对于体育的狂热经久不衰。

众所周知，常春藤盟校起初就是一个校际体育联赛组织。在常春藤的本科录取和奖学金评估中，体育特长是重要的加分因素。在 2012 年的伦敦奥运会上，哈佛大学的在读生和校友共获得两金一银，南加州大学的在读生和校友共获得 12 金、9 银、4 铜。如果南加大是个国家的话，在参赛国奖牌排行榜上名列第六。值得一提的是，在校就读的运动员在出勤、作业、毕业等所有学术要求上没有任何特殊待遇，训练和比赛只能利用业余时间。

在美国的各级政治选举中，候选人秀肌肉是常态，藉此显示身强体壮、精力充沛，足以担负重任。美国历届总统，几乎无一例外都是体育"达人"。"硬汉总统"西奥多·罗斯福酷爱拳击，在与当时美国拳王的对练中被打瞎右眼。约翰·肯尼迪年轻时多病，但依然热衷赛艇、美式足球、高尔夫球等项目，是哈佛大学游泳队成员。老布什曾是耶鲁大学棒球队队长，2004 年以高空跳伞的方式庆祝自己的 80 岁生日。1993 年，47 岁的小布什全程跑完休斯敦马拉松赛，用时 3 小时 44 分 52 秒。奥巴马喜欢篮球、慢跑、棒球和跆拳道，187 厘米的身高，体重一直控制在 80 公斤以内。1964 年，纽约军事学院与柴郡学院的一场棒球赛战成 4:4，18 岁的唐纳德·特朗普在巨大压力之下成功击打，为纽约军事学院获胜立下大功。特朗普还是大学橄榄球队和篮球队的主力，钟爱足球和高尔夫球。

在美国商界，体育精神同样体现得淋漓尽致。相对于热衷跑步和打高尔夫球的传统大佬们，硅谷 IT 新贵们在运动方面同样洋溢着冒险和创新精神。长距离自行车、长距离游泳、铁人三项、不携带任何呼吸器的潜水、风筝冲浪……这些极限运动风靡硅谷，成为硅谷上流社会的重要社交手段。

"一战"后，美国国力快速增长。苏联解体后，美国更是成为全球唯一的超级大国，在政治、经济、军事、教育、文化等领域领先全球。美国的强大，背后有复杂的内外部多重原因，我们只从精英教育的角度管窥一二。

虽然美国也是一个日趋精英主义的社会，但是平民阶层依然有通过教育获得阶层上升的机会。即使是精英阶层，同样要通过良好的教育来维持自身的社会地位。在这一点上，"平民美国"优于英式的贵族世袭制度。

美国精英私立大学的博雅教育理念，看似虚无缥缈，实质上契合成为社会精英的各方面素质和能力要求。美国文化中的体育精神，尤其值得各国精英阶层仿效。体育运动不仅锻炼体魄，更培养进取心、毅力和乐观开朗的性格。团队对抗式的体育项目，还能培养团队精神和领导力。

1.5

家族传承：曾国藩VS肯尼迪

浩瀚的中华文明史，也是一部众星璀璨的名门家族史，苏洵父子三文豪、常熟翁氏叔侄状元两代帝师、梁启超一门三院士……

在美国短短两百多年的历史上，也不乏成功传承数代的世家。例如，洛克菲勒家族、亚当斯家族、肯尼迪家族、布什家族，等等。

曾国藩家族和肯尼迪家族分别发端于农耕文明和工业文明，通过对两者的比较研究，我们可以抽丝剥茧，为当代中国家族的传承教育探寻有意义的借鉴。

曾国藩家族

曾国藩"立功立德立言"三不朽，是毛泽东推崇备至的近世大儒。毛泽东说："予于近人，独服曾文正。"

1811年，曾国藩出生于湖南双峰县鳌鱼山脚下的荷叶镇。祖父曾玉屏出自地主家庭，少年时是个纨绔子弟，30多岁后浪子回头，对三个儿子严加管教寄予厚望。他将治家之道总结为"书蔬鱼猪早扫考宝"的八字诀，即读书、种菜、养鱼、喂猪、早起、扫屋、祭祖、睦邻。

曾国藩的父亲曾麟书一生赴考17次，43岁才中秀才。"有子孙，有田园，家风半读半耕，但以箕裘承祖泽；无官守，无言责，世事不闻不问，且将艰巨付尔曹。"落魄秀才曾麟书写下此联，寄希望于子孙。

从14岁起，曾国藩备受科举打击，27岁时终于在殿试中列三甲第42名，获赐同进士出身，开启了他的政治生涯。他创立湘军、平定太平天国、发起洋务运动，在群星璀璨的晚清名臣中独领风骚，对中国近代史产生影响深远。学术上，他创立晚清古文的"湘乡派"，著作《曾文正公全集》《曾国藩家书》流传至今，影响不减当年。

曾国藩五兄弟家族历经八代，有成就者凡240人。其中除极少数为官者如政治家外交家曾纪泽、光禄大夫建威将军曾纪官、翰林广西知府曾广钧、全国妇联副主席曾宪植外，几乎都在科技教育界，如数学家曾纪鸿，教育家曾约农、曾宝荪，历史学家曾宪楷，园艺学家曾宪朴，出版家曾宪元，等等。

更为难能可贵的是，近两百年来，曾国藩家族没有出过一个纨绔子弟。

肯尼迪家族 [①]

1848年，26岁的爱尔兰难民帕特里克·肯尼迪经过数十天的航行，登陆波士顿。十年后在贫困中离世时，他大概不会想到，他的"冒险基因"将造就美国的第一政治豪门。

约瑟夫·肯尼迪是帕特里克的独子，在父亲去世时不足一周岁。坚韧勤勉的母亲凭借开杂货店的微薄收入，把三女一儿拉扯大。约瑟夫从小听店里来往的顾客们谈论政治，早早确立先从商后从政的理想。他退学到码头当搬运工，23岁时盘下一家小酒店。打下经济基础后，他27岁成功当选马萨诸塞州议员，29岁迎娶波士顿富商之女。在竞选波士顿市长败给约翰·菲茨杰拉德后，他逐渐淡出政坛，将从政的希望寄托在儿子乔·肯尼迪身上。

---

① 本节主要参考邱伟.肯尼迪家族传.北京：中国言实出版社，2015.

第三代乔·肯尼迪是家族的真正奠基者。13岁时，父亲将他送入曾培养了本杰明·富兰克林和约翰·亚当斯等杰出人物的波士顿拉丁学校。乔学业平平，但是个体育尖子和人际关系高手。进入哈佛大学后，作为身份卑微的爱尔兰移民后裔，乔不入主流。24岁时乔成为马萨诸塞州最年轻的银行家，同年，与父亲的政敌约翰·菲茨杰拉德之女成婚。"一战"爆发后，乔逃避兵役，大发战争财，跻身股票和好莱坞电影业。助选富兰克林·罗斯福竞选总统成功后，乔步入政坛。在美国驻英国大使任上，乔因倾向于纳粹而被罗斯福疏远。失意的乔，将他的总统梦寄托在与他同名的长子小乔·肯尼迪身上。

小乔继承了父亲争强好胜、性格暴躁、严肃、言辞尖刻的性格，同时在外公约翰的影响下更为大气、乐观、善于交际。他从小深知作为长子的责任，以成为美国总统为使命。"二战"爆发后，小乔在一场对德空战中身亡。自此，次子约翰·肯尼迪接过了家族的重任。约翰的教育轨迹和哥哥一样，就读著名的乔特学校和哈佛大学。不同的是，他从小体弱多病、活泼、调皮捣蛋、能说会道，生活在哥哥阴影下又不甘拜下风。凭借"二战"英雄的光环、家庭的经济实力和政圈人脉，约翰29岁时成功当选国会议员，43岁时成为当时美国历史上最年轻的总统。在他的提名下，律师出身的三弟罗伯特·肯尼迪担任内阁司法部长。

约翰和罗伯特先后遇刺身亡，四弟爱德华·肯尼迪因丑闻缠身而退出总统竞选。自30岁至逝世，爱德华担任国会议员46年，参与了许多重要法案的制定。

肯尼迪家族的第五代中，罗伯特的女儿凯瑟琳·肯尼迪曾担任马里兰州副州长；乔·肯尼迪的外孙女玛利亚·施莱弗是NBC著名记者，助推丈夫好莱坞巨星阿诺·施瓦辛格成功当选加州州长；约翰的长女卡罗琳·肯尼迪于2013年出任美国驻日大使。

中美比较之一：家族传承的信仰基础与传承路径

家族是国家的细胞，家族传承的信仰基础实质上是国家文化在微观上的一个体现。由于价值观和信仰的不同，中美传统家族的传承路径有显著差异。

春秋时期，管仲提出"士农工商"的社会阶层划分。自此，耕读、退则修身齐家进则治国平天下，成为儒家主流阶层的家族传承之本。农耕清苦、读书艰辛，都是自我修炼的重要途径。

类似曾国藩家族，李鸿章家族的二代三代少数为官，在四代五代后转向专业领域。曾国藩和李鸿章的家族史，体现了中国传统主流家族的传承轨迹：耕读，科举从政，后代逐步淡出政治转向科技教育。一生玩弄权术的袁世凯，在弥留之际也痛定思痛回归耕读价值观，留下"子子孙孙不得为官"的家训。袁门一族再无官宦，但是学者众多，特别是出了物理学家袁家骝这样的科学巨匠。

基督教分为天主教、新教和东正教三大流派，认为在上帝面前人人拥有平等、自由和获得公正对待的权利。无论信仰天主教的肯尼迪家族还是信仰新教的洛克菲勒家族，勤奋、冒险、依靠个人奋斗追求财富是他们的共同价值观。美国社会推崇实用主义以及白手起家的个人英雄，为奋斗者提供了实现个人抱负的舞台。

美国是一个清教居主导地位的宗教国家。作为身份卑微的爱尔兰移民，又是非主流的天主教徒，早期的肯尼迪家族在奋斗过程中饱受艰辛。这种逆境使他们深感亲情的重要性，从而一代代珍视家族凝聚力。

与早期的肯尼迪家族一样，约翰·D.洛克菲勒也认识到美国社会的精髓在于金钱和政治，在取得商业成功后，着力培养后代进入政坛，其孙纳尔逊·洛克菲勒成为美国副总统。两个家族的历史体现了美国传统主流家族的传承轨迹：从商，培养后代进入贵族中学和常春藤盟校，借助雄厚经济实力从政。

中美比较之二：家族传承的教育方式

中国传统的家族传承，有一套完备的章法。大户家族立有家规家训，建有祠堂、私塾等场所，有"义田"等家族公产，有宗族大会、修订家谱等活动。

让家族成员自觉自愿地接受家规家训，这是家族传承的先行条件。家规家训，是中国传统家族的"宪法"，也是后代受教育的最高目标。早在南北朝时期，中国诞生了历史上第一部家训——《颜氏家训》。著名文学家、教育家颜之推提出了内容丰富、体系宏大的 20 篇教育理念，涉及家庭关系、治学、为人、做事等多方面。

家规家训是大道理，必须通过长辈的身教和言传才能落实到细微处。

曾国藩以身作则，为弟弟和后辈们践行耕读作榜样。他视五勤（身勤、眼勤、手勤、口勤、心勤）为立身之本，无论天气，每日"闻鸡起舞"。他每顿只吃一个菜，平时穿土布衣，唯一一件仅用于重大活动场合的马褂礼服穿了 30 年。得知儿子曾纪泽喜欢西方社会学，曾纪鸿喜欢数学和物理学，曾国藩亲身学习相关学科的基础知识。在父亲的影响下，曾纪泽无论公事多么繁忙，一有空就教孩子们学经史典章、英语、数学、音乐，练书法、写诗文。

在与孩子们身处两地时，近代史上的大人物们普遍采用家书的形式来落实言传，著名的家书有《张之洞家书》《梁启超家书》《胡适家书》《傅雷家书》《袁世凯家书》等。这些家书不仅包含丰富的教育思想和人生智慧，也是联结亲情的重要媒介。平时在子女面前不苟言笑的曾国藩和胡适，在家书中体现出舐犊情深、温情脉脉的一面。

乔·肯尼迪强调竞争意识，将家庭变成了美国版的英国伊顿公学。每天家庭晚餐，父母入座后，站立着的九个孩子逐一汇报自己当天的活动，回答父亲的提问。他在餐厅的墙上挂了一幅世界地图，随时告诉孩子们国际政治动态，以及他正在做的工作。通过这些日常交流，他向孩子们灌输家族的宏大目标。

乔做思想工作的方式十分简单，他告诫孩子们："你可以认真地或者随性地选择自己的生活，不管做什么选择，你都是我爱的孩子。但你必须知道，如果你选择后者，那么我没有多少时间花在你身上。家里这么多孩子，他们会比你更值得我去关心。"

乔的夫人罗斯，一方面对孩子们的日常生活关怀备至，为每个孩子建立详细的医疗档案；另一方面，为了培养孩子们理性、克制的性格，她很少对孩子们表现出态度上的亲昵。

中美比较之三：财富观念与财富传承机制

"子孙若如我，留钱做什么？贤而多财，则损其志；子孙不如我，留钱做什么？愚而多财，益增其过。"林则徐的这一对联流传至今，但是迄今为止国人认可者众多、践行者寥寥。

农耕文明时代的中国社会注重血缘关系，人际关系从家人、族人、乡邻等由近及远，在财富观念上有两大特征：其一，财富一定传给后代；其二，富不露财。富人的义举，局限于灾年为救济饥民施粥等临时性的小规模慈善。

华人社会的家族遗产争夺屡见不鲜，甚至闹到对簿公堂。相比之下，美国的肯尼迪家族、洛克菲勒家族等名门望族鲜有后代因遗产分配而内斗的丑闻。

乔·肯尼迪严格控制子女的零花钱。如有计划外支出或想提高零花钱，孩子们必须写一份格式严谨、理由充分的申请书。

财富传承，仅靠理念教育是不够的。西方人认为人有原罪，家族传承更加依赖制度设计，也即建立信托基金。乔为家族的每一位后代设立了庞大的基金，用于发展各自的事业。但是，他们想做的事情必须得到他的同意。

在财富观念上，约翰·D.洛克菲勒比乔走得更远。他曾说："财富是上帝的，而我们只是管家。"基于"财富可以造就人也可以毁灭人"的信念，他不仅自己生活极其简朴，也时刻给子女们灌输崇尚节俭、乐善好施的价值观。他与钢铁大王安德鲁·卡内基一同开创了美国富豪捐出绝大多数财产的先例。这一理念影响着美国一代代的富豪们，包括当今的比尔·盖茨和扎克伯格。值得一提的是，中国是除美国之外接受洛克菲勒家族捐款最多的国家。

自第二代起，洛克菲勒家族也确立了信托形式的财富传承机制。在这种机制下，遗产始终是一个整体，家族企业不会因为分家而缩小或终止，既保证了家族成员都能享受基本的生活，也避免了过度奢侈，更不可能为争夺遗产而发生内斗。

老约翰打破了家族企业"子承父业"的传统，退休时将公司交给职业经理人。任人为贤，有助于家族企业的基业长青。

曾国藩家族和肯尼迪家族，无不将子女的前途视作自身价值的最高体现。无论乡绅难民还是达官巨贾，无论言传还是身教，两个家族一代代在子女的教育上都殚精竭虑，投入了大量的时间和心血。

价值观是人生的指南针，价值观教育是一切教育的基础。恪守健康积极的价值观，家长以身作则，是家族传承的核心要素。

延续多少代辉煌、出了多少大人物，固然是判断一个家族是否成功传承的重要标准。但是，成功传承的核心判断标准是，家族是否出了败家子。

崇尚节俭、乐善好施，建立信托制度，摒弃"子承父业"，这是洛克菲勒家族富过六代的秘诀，为中国当代精英们的财富传承提供了借鉴。

1.6

精英教育：社会是舞台

李同学从布朗大学本科毕业回国后，父亲将风投公司的日常工作交给了他。筛选项目，考察团队，帮助客户公司整合资源……少年老成的小李把公司经营得有模有样。

按照高中平时成绩，当年的李同学估算可以考上南京大学。但他放弃高考，瞄准常春藤。

准备标准化考试的大半年中，李同学心无旁骛，考出了托福 106 分、SAT Ⅰ 2100 分和 SAT Ⅱ 三门满分。转眼间到了申请季，我们一起做

SWOT 分析，评估申请竞争力，筛选目标大学和专业，创作个性化的申请文件等。

递交完申请，李同学进入一家美资五百强制造企业实习，在实验室化验成品质量，每月工资 800 元。每天下班后，他自学《大学物理》《社会学》《心理学》等大学一年级课程。当然，他也没有耽误在"现代战争"游戏里每天孜孜不倦地杀上几百个恐怖分子。

入学布朗大学后，每年暑假回国，李同学都驾着他家的"老丰田"回到私塾做义务司机，给学弟学妹们辅导功课、介绍他的留美生活等。

在李家建于上世纪 80 年代的山畔小院，我与李爸对坐品茗。回忆这些年儿子的成长，李爸说："他是常春藤毕业，受的教育和眼界要比我高得多。但是，我初中毕业也能把生意做好，今后也照样会有低学历做成事业的，为什么呢？学历低，不代表不学习，我学手艺，学社会，学和三教九流的人打交道。从学徒工开始，白手起家做到现在的规模，靠什么呢，靠讲诚信、讲道理。这孩子人品像我，傻乎乎的，别人对他有信任感，吃小亏占大便宜。"

"他有你打下的基础，今后理当儿子超过老子。"

"我只担心他一件事，如果在这件事上不能有所突破，他就很难超越我。他从学校到学校，和社会接触得太少，人生没有经历过磨难！他出生的时候，我每年就赚几百万元了；他上小学，我工厂的年销售额就过亿元了。虽然我们没有娇惯他，但是他没有吃过苦，今后也很难有吃苦的机会。不接触社会，不经历磨难，怎么懂社会？不懂社会，怎么做大事？"

社会：精英的终极鉴定者

在向我咨询的家长中，约半数对孩子的评价有失客观。其中，绝大多数因为孩子学习成绩不佳、懒散或不听话，而对孩子的评价过于负面，失之过严；但也存在少数家长，把孩子看成没有任何缺点的完人。

对于前一类家长，我会劝导："身体没啥大问题、品德没啥大问题，那就已经 OK 了。和身心健康比，其他事情都是小事，慢慢来。"然后再基于我的观察和了解，通过找出优点来提升孩子的自信，最后才是指出存在的问题及解决方案。

对于后一类家长，我会默默地听家长自豪地介绍，心里很"阴暗"地想"世上哪有完人？"再基于我的观察和了解，认可孩子的优秀，视与家长的关系亲疏程度和家长的包容度，或多或少或直接或委婉地指出孩子的缺点。如果关系到位，我会毫不客气地说："比你家小孩优秀的，我不知见过多少。你这么看待孩子，会影响他／她的自我评价，会影响他／她在生活和工作中的与人相处，甚至会影响他／她今后的家庭幸福。保持平常心，把自家孩子当作别人家的孩子或者单位里的年轻员工来客观地分析评价。"

因为是至亲，因为没有距离，所以家长对孩子的评价中往往带着感情，带着情绪。在家长眼中的好孩子并不能说明问题，所有的优秀，最终都要在社会生活中接受检验。

社会检验的是能力，而不是知识

毕业证书、学位证书、三好学生证书、英语八级证书……无论你拥有多少证书，无论你在学校有多么优秀，最终都要在社会生活中接受检验。

在企业做管理培训或者咨询的时候，经常有董事长、总经理说："施老师，我们公司有多少多少博士毕业生、硕士毕业生和本科毕业生。"

受教育程度，与在专业和社会方面拥有的知识、技能、经验不一定呈正相关。企业是从事实际工作的，是务实的。我会建议这些老总们忽略员工的学历学位，按照岗位胜任度重新盘点企业的人力资源情况。例如，一个软件专业的硕士毕业生，究竟能开发什么档次的软件，团队合作的能力如何，经过培养今后可否胜任技术管理工作？一个专业八级的英语专业本科生，口译、笔译程度如何，沟通能力如何，今后可否胜任国际业务管理的角色？

从小做个"社会人"

有的学生品学兼优，在工作岗位上却庸庸碌碌；有的学生并不起眼，进入社会后却"混"得风生水起。想必，我们身边都有很多这样的案例。

问题究竟出在哪里？是读书无用吗？当然不是！脑袋中掌握的知识并不自动等同于实用性的能力。问题出在：两者之间缺少了一个有效的转化环节。

学习与生活脱节，学生与现实世界切割，这是以往应试教育的最大弊端。学习"街头智慧"，从小成为"社会人"，才能有效地把知识转化为能力。家长应该多为孩子创造条件，让孩子主动地走向社会。

"街头智慧"，是相对于"书本智慧"或"课堂智慧"的一个概念，指在生活中才可以学到的社会知识和阅历。"社会人""街头智慧"，这两个词虽然听起来粗陋，甚至贬义，但是本身都是中性词。

没有人可以脱离社会和群体独自存在，没有人是一座孤岛。每个现代人都注定是"社会人"，每个现代人都需要"街头智慧"才能在丛林社会中顺利地生存、发展并逐步取得成功。

在相应的年龄段，让孩子学习生活相关的知识。家中没有开水，茶杯是脏的，怎样安排才能尽快喝到茶？华罗庚教授用最简单的生活例子让我们理解了运筹学。让孩子从小做家务，这是在生活中学习、从家庭开始养成责任感的最佳途径。让孩子平等地参与家庭事务的讨论和决策，例如，家庭日常开支的规划、添置贵重物品时的考量、旅游路线与预算的规划等。正是这些点点滴滴的生活小事，逐步养成了一个成年后的优秀统筹者和理性决策者。

在相应的年龄段，让孩子学习为人处世的知识。在幼儿园，面对个性"凶悍"的小朋友如何保护自己？中小学阶段，遇到不喜欢自己的老师怎么办？走上社会后，如何在保持自己独立人格和尊严的前提下，取得领导和同事的认可？人际矛盾，如何换位思考？利益纠纷，如何找到双方的最佳平衡点？为人处世的逐步成熟，家长在关键点上给予指导是必要的，但更重要的是让孩子独立去面对、去感悟。

在相应的年龄段，让孩子理解社会的方方面面。许多成年人，还搞不明白政府、人大、政协的各自职责和相互关系，搞不明白公检法、纪委这些法律纪检部门的各自职责和相互关系。事实上，这些都是一个现代人必须了解的基本常识，无论今后从事什么工作，在哪里生活。从中央到地方的政府体系，工商金融业等主要经济门类，各地的风土人情，本市的低保线以及低保家庭如何生活，走失后怎样自我保护，一个小学生完全应该也完全可以掌握这些社会常识。

一个孩子的任何优点或缺点，都将在未来几十年的人生中无数次地呈现。教育中的任何缺失，都将在孩子未来几十年的人生中被无限次地放大。教育也存在"马太效应"，强者愈强，弱者愈弱。

正如中国现代教育的启蒙人之一陶行知先生所倡导的，生活即教育。在社会中感悟与外部世界的关系，在社会中学习知识，这样的孩子长大后更有可能事业成功、人生幸福、有益社会。

在家庭、学校和社会三位一体的教育体系中，社会是教育的最终鉴定者。

1.7

精英教育：学校是配角

数年前，深圳某国际高中的校长突然离职。朋友相邀，江湖救急，我客串了一段时间的校长。在第一次家长会上，我接受家长们有关教育理念的"听证"。

家长代表：原来张校长教的两门课都很出色，她节假日几乎从不休息，孩子们都很认可她。你突然间冒出来，我们凭什么相信你、接受你？

施老师：张校长的敬业精神，值得学习。每个校长的风格不一样，我不上课，即使自家孩子我也不会去教知识点。如果你们能请到一位高中校长有在中国加拿大美国一流大学多个专业的学习经历，我马上离开；如果你们能请到一位高中校长有下至乡镇企业上到国家机关涵盖官学商的职业经历，我马上离开。什么样的师傅带什么样的徒弟，如果孩子今后成为我这样的人，你们能接受，那么为什么不给双方一个机会呢？

A家长：请问新校长，你能保证我家孩子上什么档次的大学，全球排名多少？

施老师：抱歉，我无法保证你的孩子能上什么档次的大学，没有任何人可以保证。学习，归根结底学生是主体。在学习方面，我们只能保证三点：一是完成教学大纲规定的教学内容；二是基于我们自己的经历，和同学们谈谈为什么要求知；三是和每个同学交流适合他自己的学习方法。

B家长：课程表上，为什么下午有20分钟的空白？晚上十点半，为什么要求住校生必须离开教室？和原来比，压缩了这么多学习时间，怎么可能把学习搞好？

施老师：这20分钟，同学们可以在操场上跑步，也可以在校园里散步，但是所有学生必须离开教室，出去放松、呼吸新鲜空气。晚上十一点必须熄灯睡觉，成绩好不需要熬夜，熬夜得不偿失。如有十一点后不睡觉且影响他人，达到三次将被劝退。

C家长：学校是学习的地方，为什么要安排乱七八糟的活动？我们交这么贵的学费，不是来买这些东西的！

施老师：学校是学习的地方，主要是学习知识，但也包括相应年龄段的其他素质和能力。除了集体性必修项目外，我们还会为每个学生设计个性化的素质培养计划，执行这些计划不会花很多时间，也不会花很多钱。学习和素质培养没有本质上的矛盾，安排得当反而是相互促进、相得益彰。

D家长：施校长，如果你今后真的能推行今天所说的教育理念，那就是孩子们的福分！

E家长：和张校长比，你这个校长完全是外行。我家孩子本周办理转学手续。

......

公立学校，托底而不是拔高

在学生的教育中，学校和家庭是什么关系，各自承担哪些责任？家长对学校的期望哪些是合理的，哪些是学校不能承受之重？在厘清这些问题之前，我们有必要先了解公立学校的责任是什么。

现代公立学校，起源于19世纪初的普鲁士。受战败于拿破仑的刺激，政治家兼教育家威廉·冯·洪堡提出，普鲁士应当借助规范化的三级学校（小学、中学、大学）教育体系，培养具备良好军事素质、服从命令的后备军人。现代学校的模式和理念很快扩散到了整个西方世界，包括"脱亚入欧"的日本，并逐步弥漫到全球。

时过境迁，公立教育体系的责任离当初的军事目的越来越远，但是，其服务国家利益的核心义务依然不变。无论在中国还是美国，以财政（税收）为资金来源的公立教育，主要考虑的是教育公平问题，即确保中下层子弟有接受教育的机会，以便今后能凭借一技之长谋生。

既然公立教育的主要责任是托底而不是拔高，那么应试教育就成为自然且必然的选择。应试教育以考试成绩决定学生升学结果，以升学率高低作为检验学校教育质量和教师工作成绩的主要指标。从小学、中学到大学，公立教育体系就如同一条标准化的流水线，可靠地批量生产出整齐划一、具备标准化技能的"生产工具"。这种模式与"因材施教"的教育原则背道而驰，难以最大程度地开发学生个性化的能力和特长。应试教育体制也能出精英，但这些精英主要是选拔出来的，而不是培养而成。

公立教育的责任，决定了高考制度的合理性。高考本身有很多毛病，但谁能否认高考是我们一生大事中最公平的一次竞争？高考制度只能微调不能大改，因为我们找不到比高考制度更不坏的高校招生制度！如果像美国私立精英大学一样，在招生评估中也综合考察硬实力和软实力，也为校友子弟加分，那么，还能有多少平民子弟进"985""211"？

既然现行的高考制度总体上是合理的，那么，应试教育也就是必然的。高考是指挥棒，高考制度不能大改，应试教育就不可能有根本性的改变。我们自当对公立学校的校长们和教育局长们多一分理解。

私立学校，培养精英吗

私立学校可分为两类：一类是面向国内高考的私立学校，另一类是面向出国留学的国际学校或者普通公立学校的"公私合营"国际班。无疑，前者依然要围绕高考这根指挥棒，那么，后者能培养出精英吗？

按理说，国际学校（国际班）更有条件也更理所当然地推崇素质教育。例如，培养学生的文体特长、独立思考能力、批判性思维（思辨）能力、口头和书面的表达能力、社会交往能力和领导力等。

现实中，鉴于后续招生压力，国际学校必然以留学的升学结果为导向，学生被迫"两线作战"，同时对付国际高中课程的学习以及托福、SAT/ACT、AP 等标准化考试的备考。在这种压力下，学生可用于素质培养的时间不多。无论主观上还是客观上，国际学校难以个性化地培养学生的素质和能力。"模拟联合国"、商赛、赴边远地区支教……这些被动对付国外大学软实力要求的社团、公益活动，让大学招生官一看就想扔到纸篓里。

本届 200 名毕业生，共计获得 600 多份全球名校的录取通知书，奖学金累计××万美元，其中某某学生录取某某大学……每年揭榜季，国际学校纷纷亮出的"靓丽成绩单"，对后续学生的择校有参考意义吗？

稍微了解一点西方大学的人都知道，申请多少学校完全取决于学生自己的选择，理论上可以是极值。现实中，中国高中生平均申请约十所美国大学。另外，所谓全球名校，更多的是一个主观概念。再者，即使录取到斯坦福大学，是学校的功劳吗？学生和学校的因素各占百分之几？

在深圳的一次国际高中招生会上，我对家长们和参会的几十所国际高中提出了这样的观点：

放眼中国乃至全球，有没有精英学校？可能有，但是我没见过！精英学校，只存在于充分竞争开放的教育市场。毛坦厂中学和北京四中哪家强？没法比较，因为先天拥有的资源不在一个层面上。那些所谓的名校，无非就是挑走了好生源，挑走了好老师，霸占了高额政策资金或靠高收费而有财力。是学生造就了学校，而不是学校造就了学生。精英本天成，名校强霸之。择学校，不如换脑筋！

生源好的学校不能沾沾自喜胡乱吹嘘，生源不好的学校也不必妄自菲薄。学校的质量取决于对不同层次学生的加工能力，能将"废铁"打造成"精钢"的才是好学校。

$$教育质量 = \frac{输出（毕业生的软硬实力）}{输入（入学时的软硬实力 + 家庭财力投入）}$$

现行学校体制的主要价值是传授成体系的知识，并为孩子提供一个与同龄人密切相处的人际交往环境。如果运气不错，学生时代还能遇到一些影响一生的好老师。

在《为学与做人》一文中，梁启超指出："学校的各项科目，不过是做人所需要的一种手段。任凭你把这些件件学得精通，你能够成个人不能成个人还是个问题。"

在家庭、学校和社会"三位一体"的教育体系中，学校只能是配角。无论面向高考还是出国留学，无论公立学校还是私立学校，几乎任何学校都提供不了精英教育。

现代学校教育体制创立以来的 200 年间，批评声不绝于耳。在全球范围内，从政府到民间，都在持续不断地探索更合理的教育模式。

2016 年底，芬兰首都赫尔辛基教育局正式废除中小学阶段的课程式教育，转而采用实际场景主题教学。实际场景主题教学贴近现实，强调跨学科学习，类似于管理学中的案例教学法。

神秘的深泉学院（Deep Springs College，也译为幽泉学院）位于美国加州沙漠深处，一旦被录取，所有学生均享有全额奖学金。从入学到毕业之前，学生不得离开学校，承受远超普通大学的高强度课程学习和每周30小时的繁重体力劳动。两年后，多数毕业生转入美国精英私立大学。

虽然赫尔辛基教育局和深泉学院的教育尝试离我们十分遥远，但是为全球的精英教育提供了有益的借鉴。

精英教育：家庭是主角

老同学聚会，"常委"级的积极分子毛泰姗姗来迟，言称送孩子上奥数班故此耽误。罚酒三杯后，毛泰牢骚满肚："孩子才上五年级，每晚作业就要做到十点多，比我当年读高中还晚，升入中学可咋办？我们这代人，父母就没有为我们的学习操过心，没有买过一本课外书，没有一次课外补习，没耽误任何一本金庸小说，不照样考上重点大学了？难道现在考大学比当年还难？

带着酒劲，同学们七嘴八舌、群情激奋。

吴良业幽幽地说："校长怕出事，学校取消了春游秋游，体育课也变成了室内游戏课。"

郎亚泰愤愤不平："闺女课下请教问题，老师没搭理。在他的补习课上，态度热情得很。"

冯金廷说："女儿上了个'985'大学，寒假回来说，班上有同学不上课不做作业，给老师送了礼就及格了。这种事情，在咱们那个年代不可想象。"

......

教育决定权，掌握在谁手上？

我的"酒鬼"同学们所抱怨的这些教育问题，现实中确实存在。如果我们改变不了现状、改变不了别人，不妨切换思路：教育的决定权究竟掌握在谁手上？是家庭，学校，还是社会？

在家庭、学校和社会三位一体的教育体系中，家庭处于核心地位。教育，归根结底是家庭的责任，学校教育和社会教育可以视作"服务外包"。所有的零部件，都要拿到总装车间装配成品。家庭，是教育的"总装车间"，是培养精英的主角。

希望把孩子培养成为怎样的人，每个家长都有自己的想法。未成年孩子的教育决定权归根到底掌握在家长手中，家长是总设计师。

即使对学校的教育很满意或基本满意，家长依然有必要查漏补缺、纠偏调适。学校教育侧重于知识的传授，并且为孩子们提供了同龄人的社交群体。教育的重心在于价值观，虽然学校开设政治思想课程，但父母的言行才是影响孩子价值观的决定因素。

如果对学校教育忍无可忍，那又何需再忍？如果家长不认为体制内教育和高考是唯一通道，那么还有一条道路可以选择：效仿郑渊洁和居里夫人，用脚投票让孩子在家上学，或者就读各式各样的现代私塾。

童话大王的童话式家教

郑渊洁的《童话大王》畅销 30 年，累计发行上亿册，但他只上过四年小学。出于对学校价值观教育的不满，他让儿子郑亚旗在幼儿园、小学和初中阶段三次退学。最终，父子俩共同演绎了极具童话色彩的家教故事。

郑渊洁腾出家里的一个房间作为教室，仿照学校布置了黑板、讲台和课桌，还在暖气片上绑上一面国旗，每周一举行升旗仪式。他通读了从小学到高中的标准教材，用童话手法编了十部教材。皮皮鲁、鲁西西等五个童话角色，作为主角贯穿到教材里。在编写"法制篇"时，他把《刑法》的 419 项罪名编成 419 个童话故事。他的"逆向考试法"更是另类，每学完一个章节后儿子出题考父亲，把父亲考得不及格儿子才算及格。三年的快乐时光，郑亚旗学完了从初中到高中的全部教材。

每天傍晚，父子俩一起到河边散步，讨论电视上或书里的各种话题。郑渊洁告诉儿子，18岁后必须经济独立。15岁时，郑亚旗向他借款10万元用于炒股，父子俩签订了借款协议。结果儿子真的按期还款付息，自己还挣了一笔钱。

在童话宫殿里长大的郑亚旗不谙人情世故，多次碰壁后才在超市找到工作，扛一箱鸡蛋五毛钱。郑渊洁非常高兴，他坚信能扛鸡蛋的儿子将来一定有出息。在父亲的面授机宜下，亚旗通过面试低调进入一家新成立的报社。一次采购电脑设备时，郑亚旗拒绝收回扣，因为他记得419宗罪中有一宗受贿罪。一年后，他升职为报社网络技术部主管。

此后，父子俩合作录制《郑式胡说》，出版卡通版的《皮皮鲁画报》，父亲负责内容，儿子负责产品定位和策划。

郑渊洁把他的育儿经总结为简单的几句话："闭上你的嘴，抬起你的腿，走你的人生路，演示给孩子看。"他也幽默地坦承在家上学的弊端，"亚旗失去了早恋的机会，导致他长大后看不准女孩，这件事情比学知识还重要。"

有趣的是，郑亚旗的妹妹却是一个上学成功的案例，"成了家里第一代大学生"。她自己选择了上学，而且很享受学校生活，成绩一直优秀。2017年，她获得了美国六所名牌大学的录取书，其中包括纽约大学帝势艺术学院和南加州大学电影艺术学院。

居里夫人的"教育合作社"

居里夫人是历史上首位两次获得诺贝尔奖的科学家，而且在物理学和化学两个不同领域。在她的影响和教育下，两位女儿也都成就卓越。1935年，大女儿伊雷娜·居里与丈夫弗莱德里克·约里奥为家族再添一项诺贝尔化学奖。小女儿艾芙·居里成为一名杰出的钢琴家兼作家，著作《居里夫人传》被译成数十种语言，至今畅销不衰。

1906年，皮埃尔·居里因车祸不幸逝世时，伊雷娜和艾芙分别为九岁和二岁。居里夫人独自扛起了培养和教育两位年幼女儿的重任。

当伊雷娜临近上学年龄时，居里夫人和索尔本大学的教授同事们，对儿童教育问题进行了一番讨论。她指出了学校教育的一些弊端：例如，读写训练占用了过多的时间，科学课程普遍缺乏实践练习，文理课程缺乏交融，整天封闭在空气污浊的教室里不宜儿童健康等。

取得共识后，这些大牌教授们联合创办了一所"教育合作社"。教授们亲自操刀，轮流给十来个孩子上各自擅长的课程，涵盖语言、文学、历史、自然科学、音乐、雕刻和绘画等。此外，孩子们还有户外运动和游戏课程。功课以外，伊雷娜学会了缝补衣服，在庭园里劳动、做饭、荡秋千。

在自己的实验室里，居里夫人给孩子们讲授物理学的基础知识。她以生动的实验代替抽象而枯燥的教学。除了引导孩子们探索神奇的科学世界外，她还把自己对科学的执著追求精神和严谨的治学作风传授给孩子们。

由于教授们工作繁忙，以及为孩子们后续升学的考虑，"教育合作社"仅仅存在了两年。但是，这段经历对孩子们影响深远。以伊雷娜为例，她在"合作社"中奠定了涉猎科学的基础，12 岁时显示了出众的科学推理能力，17 岁时就成为母亲的得力助手。

在家上学（私塾）的考量因素

源于对公立教育和私立教育的失望，越来越多的家长开始尝试学校以外的教育，包括在家上学和读私塾。

孔子偕七十二弟子周游列国，读万卷书、行万里路、交八方友。这样的精英教育模式，让不少现代家长梦寐以求。据"新华网重庆频道"报道，深圳有 200 多家私塾，重庆规模最大的私塾有 40 多名学生。这些现代私塾大多以学习国学经典为主，少量开设英文经典阅读、体育等课程。

家长既不应当视学校教育为唯一的教育途径，也不宜轻率地让孩子脱离学校教育体制。在决定在家上学或就读私塾之前，家长有必要理性地比较两者各自的优缺点。

学校教育与在家上学（读私塾），两者各有优缺点（表 1-2）。

表 1-2　学校教育与在家上学（私塾）的比较

	学 校 教 育	在家上学（私塾）
价值观教育	说教、脱离实际，难有实效	结合生活、务实，有效
知识传授	完整的知识体系	因材施教
师资	指派，取决于运气	自由选择，取决于拥有的资源
人际交往环境	充分规模的同龄人群体	规模小
校友资源	广泛	极少

　　学校教育最大的优势，在于拥有庞大的学生规模，这一点是在家上学和读私塾都无法获取的。有足够数量的朝夕相处的同龄人，更有利于开展各项活动，更有利于孩子们的性格养成。另外，未来的事业和生活中，校友群体，特别是名校的校友群体，是重要的人际网络资源。

　　类似于居里夫人的"教育合作社"，许多现代私塾也是由几位对学校教育不满的家长集体创立。相比单打独斗的在家上学模式，私塾拥有更广泛、丰富的教育资源。如果能与各种优质的外部教育资源合作（战略合作或外包服务），优化设计传统文化和现代知识技能交融的课程体系，扩大优秀师资的选择面，拓宽学生的活动项目和交际面，现代私塾无疑是一种优秀的教育模式。

　　值得注意的是，当今的许多私塾有"国学化"和"佛学化"的倾向。国学和佛学诚然是有益的、丰富的精神食粮，但是以此为主要教学内容的私塾教育模式将严重局限孩子们的知识结构、视野和思维方式。在全球化和科技飞速发展的当今世界，对古今中外一切文明的兼容并包，特别是为面向未来而做知识预备，才是更为明智的学习态度。

1.9

草根培养精英，只需一代

　　十多年前，我住在虹口欧阳路，经常光顾四川北路菜市场的一个鱼摊。摊主老周是苏北人，沉默寡言，和我这样的老主顾也说不上几句。平时他看摊位，周末换成 20 岁的女儿小周，妻子在老家照顾儿子读书。谈起女儿，老周饱经风霜的脸上露出难得的笑容，说女儿在上海立信会计金融学院读大专，成绩总是数一数二。

冬日的一天，小周麻利地刮完鱼鳞，搓着冻得通红的手。我问她，读完大专有什么打算。她说："我们学校本科毕业生有去四大会计师事务所的，我知道对我来说这是做梦。先找个民营小公司上班，同时自学读本科，考个注册会计师，走一步看一步。"

"事在人为，可能还有更好的方案。我可以给你一点参考意见。"

"我们下周聊吧。前两天爸爸回老家，动手打了妈妈，妈妈闹着要离婚。他们俩太辛苦了，脾气都不好，总是吵架。我今天要赶回老家去调解。"

我给小周设计了一个大胆的留美三级跳计划：第一步，到美国用两年时间续一个本科；第二步，读一个名校硕士项目；第三步，进入美国的四大会计师事务所。

"我这样的条件也能留美？"

"考托福不容易，上海领区学生签证率只有 25%，这已经是全国各领区最高啦，在美国读书打工也不容易。但是，这条路即使走不通，对你也没啥坏处。"

小周向父母保证，两年本科只需要向家里借 10 多万元，生活费打工自理，研究生阶段争取奖学金。父母觉得女儿在异想天开，但是不反对她试一下。小周全力以赴，三个月后托福考出了 610 分（总分 677 分），在所有录取的学校中选择了一所费用便宜并提供 8000 美元奖学金的州立大学。

看着小周优秀的成绩单和在鱼摊劳作的照片，签证官动容，微笑着对她："欢迎你到美国，祝你好运！"

一年半本科毕业后，小周获得了得州大学奥斯汀分校硕士项目的全奖。毕业后，她进入芝加哥的德勤会计师事务所。当初的留美三级跳计划，画上了圆满的句号。

孝顺、懂事、乐观、勤奋、进取，这样的孩子天助！

宰相起于州部，猛将发于卒伍

蜻蜓点水读了一点历史，高中时我有了个"伟大"的发现。中国历史上的开国皇帝和将帅，大多出身社会中层的非知识家庭，而谋士墨客则多数出自中上阶层的书香门第。

小城镇的普通家庭或者农村的富裕家庭，这类出身的子弟有着承上启下的相对优势。一方面，他们虽然不亲事劳作，但是对社会底层有直接接触和直观认识；另一方面，家庭有足够的经济条件为他们提供良好的教育，从而能够上探社会，结识上流阶层的人物，接触先进的思想。

孟子曰："故天将降大任于是人也，必先苦其心志，劳其筋骨，饿其体肤，空乏其身，行拂乱其所为，所以动心忍性，曾益其所不能。"

如果说乱世出英雄，乱世有更多的阶层攀升机会，如果说这些大人物离我们太远，那么，可以想一想我们这一代人是怎么成长的？

我们这代草根，整体受过"贵族＋精英"教育

"70后"一代人，整体接受过"英式贵族教育"＋"美式精英教育"。占比不高的城市人，也大多如此。"80后"家长们，也赶上了这种优秀教育的尾巴。

❶ 贵族有自家庄园，有地，亲近大自然。这一条，我们完全符合

春天，油菜花十里飘香；夏天是最爱，白天在自家菜园摘番茄黄瓜，夜晚月光下，桌子搬到户外，摇着一把芭蕉扇，东邻西舍串饭闲聊；秋天，蔚蓝天空下涌动着金色的麦浪；冬日，流着鼻涕玩冰玩雪……我们的孩提时代，有满满的大自然记忆。

亲近大自然的人，热爱生活，性格开朗，更有幸福感。

❷ 贵族，自然上贵族学校。这一条，我们完全符合

村里的那所小学，绝对是名校。为什么这么说？观念相当超前，纯

天然、环保、低碳。小朋友自带板凳，就如同现今的环保人士自带筷了上餐馆。教室地面直接地球，高低不平。我时常开小差，前晃后动仰翻在地，引来哄堂大笑。

"广阔天地，大有作为。"土木工程（玩泥巴、堆砖块）、汽车工程（以铁杆推行废旧自行车轮），应用化学（变着花样放鞭炮），机械制造（自制火药枪），航空航天（放风筝）……这些大学才能涉猎的高深学问，村里的孩子在小学阶段就已经熟练掌握了。

❸ 贵族，热衷运动、尚武。这一条，我们完全符合

"可怜"的城里人，学游泳和跆拳道还要交费上培训班。乡下孩子，游泳是一种"内置"的能力，光屁股在小河里扑腾，有一天突然就浮起来了。小孩打架更是家常便饭，没有家长大惊小怪。

步行几里路去邻村看露天电影，家里水缸挑满水，甚至跟着大人下地干农活，孩子们的腿肚子都是结结实实、鼓鼓的。

上初中后住校，热水限量，冬天干脆一盆冷水从头浇下。成年后体格强健，冷热不忌，百毒不侵，不喜欢用空调，伤风感冒都是难得。

❹ 贵族，有使命感。这一条，我们完全符合

那个年代，我们有太多太多的精神导师：女排三连冠，棋圣聂卫平中日擂台赛 13 连胜，张海迪姐姐身残志坚……

我们读李清照的"生当作人杰，死亦为鬼雄"，读文天祥的"人生自古谁无死，留取丹心照汗青"，甚至读《毛泽东选集》和马恩列斯著作。我们看《霍元甲》《姿三四郎》《加里森敢死队》，如果眼前是《还珠格格》或《小时代》，相信不少人都能吐出来。

考个大学算啥理想？我们考虑的是全人类，是解放帝国主义铁蹄下受苦受难的世界人民。

❺ 精英，崇尚自我奋斗。这一条，我们完全符合

父母给不了孩子什么，幸福生活要靠自己创造。这些道理不用家长讲，环顾家徒四壁，自己心里明白。

结婚、买房，父母掏钱？父母没有这个实力，我们也丢不起这个脸。我们考虑的是给父母买个房，让辛苦一生的他们开心度晚年。

阶层日趋固化，草根还有机会吗？

许多家长可能会说，时代不一样了，上一代人的成长模式不能复制到孩子们身上。一方面，社会经济快速发展，对于当今的草根子弟来说，不存在为吃饱穿暖而奋斗的内在驱动力；另一方面，社会阶层严重固化，草根子弟即使再努力，也难有提升社会阶层的机会。

物质生活的提高，并不必然提升教育的难度。富裕家庭的子女品学兼优，我们身边不缺这样的例子。

人生为什么要进取？什么样的驱动力，才能长久地、有效地激励人一生进取？美国社会心理学家亚伯拉罕·马斯洛著名的需求层次理论（图 1-1），为我们揭示了答案。

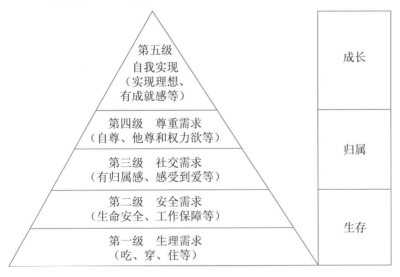

图 1-1　马斯洛的需求层次理论

马斯洛认为，人的五种需求像阶梯一样从低到高逐级递升。在较低层次需求获得满足之后，会产生对较高层次需求的追求；已经满足的较低层次需求，就失去激励作用。

虽然大多数人的需求是逐级递升的，但是并不是所有人都如此。草根子弟，也有可能"身无分文、心忧天下"，从最低层级的生理需求和安全需求直接跳升到对自我实现的需求。

虽然草根子弟的进取之路注定崎岖，但是决定他们命运的关键，在于能否理解人生的意义，能否在青少年时代激发出雄心壮志。当代社会的阶层固化是不争的事实，但是，大样本的统计事实，对于个体不具备参考价值。

我们大多数人都是平凡的小人物，但这并不必然影响我们把孩子培养成大人物。比阶层固化更可怕的，是认知固化。家庭教育最大的差距，在于家长价值理念的差距，而不是社会地位和经济实力的差距。

动辄十万八万的择校费，每年五六万的补课费，花钱不一定买来精英教育。

价值观教育、人格塑造、强身健体，都可以通过家长的言传身教，在日常生活的点点滴滴中免费完成。精英教育，本质上举重若轻、无招胜有招，更多地是个理念上的奢侈品。

培养贵族，需要二代人。但是，培养精英，一代人足矣！培养精英，草根阶层也能做到！

第2章

父母之道

父母——世上最难的职业

面对"绝症游戏迷"儿子，某地的一位组织部长说："我是个管干部的干部，但是拿自己家孩子一点办法都没有。这几年我的心情被孩子所左右，有被绑架了的感觉，甚至都影响了我的工作。"

某上市公司董事长说："我带着三个哥们凑了 50 万元白手起家，十多年间，做成了一家上千人的上市公司。我在公司一言九鼎，在家里就沦落为四把手，排在小狗后面。儿子嘲笑我是个暴发户，我说话还不如他的同学好使。"

女儿高考成绩发榜后，某"985"大学博士生导师说："我当年高考全县第一名，父母没有操心过。在清华大学从本科读到博士，30 出头当了博导。我给女儿讲学习的道理，讲学习方法，但是一点用都没有。女儿连个一本也没有考上，只能用基因突变解释了。"

人世间最甜蜜的关系，莫过于亲子关系。因为有了子女，我们的人生多了一份重要的意义和心灵寄托。人世间最痛苦的关系，也莫过于亲子关系。因为有了子女，我们的人生多了一份难解的压力和麻烦。

所有的甜蜜和痛苦，都来自亲子关系不同于任何其他人际关系的特殊性。

亲子关系，不可选择、不可辞职

"癞痢头的儿子总是自家的好""子不嫌母丑"，这两句老话道出了亲子关系的两个特点：亲子之间的非理性评价，以及亲子关系不可选择的无奈。

从作为胎儿在母体中孕育开始，血缘意义上的亲子关系就已形成。无论做父母的还是做子女的，都没得选择，我们能做的只有正视现实。国民老公王思聪又在炫富了，你只能羡慕嫉妒他有个好爹；朋友家的孩子考上清华了，那也是别人家的孩子。

相比之下，同学、朋友、同事、夫妻等关系，都是在降生以后逐步形成的后天人际关系，且个体有一定的选择权利。

亲子关系还是一种永久关系，一旦形成就终生不可改变。无论做父母还是做子女，都不可以"辞职"，甚至不能"请假"。即使因为过继、收养等原因，亲生父母未能尽到抚养子女的责任，也无法改变亲子关系的客观存在。断绝父子关系，大伤人伦，毕竟是生命不能承受之重。

亲子关系以先天血缘为纽带，双方的法定权利和义务十分紧密。在子女未成年时，父母对子女有抚养和教育的义务；在父母年老后，子女对父母有赡养和照顾的义务。在家庭至上的中国社会，亲子关系远远超过了自然和法定的关系。"浓度超标"的亲情便成了"双刃剑"，我们享受亲情，也常常为亲情的"剑气"所伤。

亲子关系，没有距离就没有美

在一个孩童的心目中，父母，特别是父亲，就如同珠穆朗玛峰，仰视不见其顶。到了青少年时期，几乎没有一个男孩希望今后活成父亲的样子，没有一个女孩希望今后活成母亲的样子。你们瞧我不顺眼，我还觉得你们寒碜呢！

孩子真正能理解父母、尊重父母、关心父母，大致要待到自己也为人父母，甚至人到中年。

无论你身价几何、官居何职，在孩子眼里仅仅是爸爸妈妈，鲜有神秘感、难有崇拜感。没有距离，就产生不了美。哪怕位高权重如总统，在贴身保镖的眼中也就是个普通人，如普通人一样的一日三餐，一样的喜怒哀乐，一样的家家有本难念的经。

任何和谐的人际关系，都需要相互之间保持适度的距离。至于什么是适度的亲子距离，"仁者见仁，智者见智"。

在女儿上小学的时候，我的大学学长黄醒狮先生说："你不用对我特别的尊重，不用把我当成一个特殊人物。你就把我想象成同学或者朋友中比较要好的一个，参照这个规格对待我就可以了。"

我经常建议家长们：把孩子当成自己单位的年轻下属。如果他们工作有成绩，要不要表扬？当然要表扬，但是不会过度表扬！如果他们做错事情，要不要批评？当然要批评，但是不能打骂！鸡毛蒜皮的小事，你会经常唠叨吗？当然不会，唠叨多了没用，还招人烦！

做父母，难在以身作则

亲子关系是人一生中最早形成的人际关系，也是最重要的人际关系。父母是孩子最早的、也是最重要的老师。父母的言行举止，比之社会、学校、老师的影响都深刻而深远。

家庭是一台复印机，父母是原件，子女是复印件。有什么样的家长就有什么样的子女。人性是天使和魔鬼的组合。父母人性中丑陋的一面，生活中的坏习惯，如果不加抑制，最终都会不同程度地体现在孩子的身上。

做工程出身的 A 老板兴致勃勃地说，他正在筹划开一家高档 KTV。我劝他："你儿子 16 岁了，什么不懂？为儿子考虑，你还是干点别的吧！"

他说："有关部门都搞得妥妥的，不开 KTV 多浪费啊？"

"这两年正是他价值观形成和学业的关键期。如果实在想开，等他上了个外地大学再开吧。"

出身艺术品收藏世家的 B 先生，每周至少和他的艺术圈朋友们喝五次酒，一身酒气回家。夫人在家，隔三岔五自动麻将机哗哗作响。作为父亲，少喝几次酒，在家装模作样看看杂志也行啊。作为母亲，打麻将就不能去棋牌室吗？

C 女士在某古城任职旅游局长，先生经营一家房地产公司。从女儿上学开始，夫妻俩定了个规矩：每天下午沟通一下，尽可能保证至少一人回家陪女儿吃晚饭。餐桌上的聊天，成为女儿一生美好的回忆。

对于同事们的孩子，施老师义不容辞关心他们的成长。约 D 女士的高中生闺女周末早上见面，她十二点到达已经是相当给面子了。我对 D 女士说："有其母必有其女，问题出在你身上。你天天熬夜睡懒觉，小孩能不受影响？"

"我优点一箩筐，就不能留点坏毛病啊？"

"如果你实在改不了，就向女儿坦率地承认熬夜睡懒觉是个缺点。妈妈改不了，希望你做的比我好。"

有 20 多年烟龄的 E 先生说他戒烟了，朋友们都笑了，祝贺他的戒烟事业再一次取得成功。他说，这次是真的真的戒了，为了儿子！儿子多次逃学跑到网吧，各种方法都使上了，没用。儿子说："你要是能戒烟，我就听你的。"父子俩仪式感十足，"拉钩上吊一百年不许变"。

做父母，大概是世上最难的职业。难在何处？难在做父母没法辞职没法请假，难在亲子关系很难把握适当的距离，难在父母的权威必须建立在以身作则的基础上。

孩子身上的缺点，十之八九与父母有关。为了孩子的幸福与成功，家长应当尽可能约束自己的不良习惯。

只有让孩子发自内心尊重的伟大父母，才能同样从内心深处影响孩子！

2.2 中国式父母的自私

向老鹰学母爱

鹰妈妈筑巢的时候，先衔一些荆棘铺在巢底，再在荆棘上铺一层尖锐的小石头；然后在石头上铺上羽毛、枯草之类柔软的东西。度过艰辛的孵化日子，小鹰雏从蛋里破壳而出之后，鹰妈妈叼回食物细心喂养。在妈妈的呵护下，小鹰慢慢长大，羽翼渐丰。

小鹰贪恋温暖的巢，鹰妈妈此时便会"无情"地用尖喙啄小鹰。如果小鹰往巢里缩，她就会搅动鹰巢，让巢里柔软的羽毛枯草纷纷掉落，露出巢底的尖石和荆棘。这些尖锐的石头和荆棘刺得小鹰无法再往巢里畏缩，只得拼命振开双翅飞出巢外。

小鹰在巢外盘旋着，哀鸣着，仿佛在哀求："妈妈，让我回家吧。"可是鹰妈妈守在巢边不让小鹰归巢，并且飞起来驱赶自己的孩子，让它们将翅膀展得更大，飞得更高。孩子们恋恋不舍地一边回头一边飞远，最后融入了蓝天深处。

为何鹰妈妈如此"无情"呢？那是因为鹰妈妈懂得无原则的"爱"只会让孩子变成毫无用处的可怜虫。她懂得"爱"的另一个名字。

——纳兰泽芸，《羊城晚报》，2012 年 3 月 2 日

对于人类来说，子女教育是许多家庭最头疼的一件事，让许多家长痛心疾首乃至死不瞑目。反观动物界，教育顺乎自然、水到渠成，所谓"大道至简"。为何处在食物链最高端的万物之灵人类，教育子女的能力和境界还不如普通动物？

个中缘由在于：人类家长，过于"无私"了！人类，是地球上唯一容许子女回家的动物！人类家长，又过于"自私"了！人类，是地球上唯一指望子女养老的动物！

在人类家长中，中国式家长是一个另类的群体。说无私吧，他们是天底下最无私的家长；说自私吧，他们是天底下最自私的家长，只是自己没有感知，或者感知了但不愿承认。

媒体曾经报道过 2007 年昆明一处动物园发生的母亲虎口救女的事件，闻者无不动容。舍生救子在动物世界也很普遍，这是控制物种繁衍的基因密码使然。父爱母爱，虽然是天底下最无私的爱，但是又因为这是人性的本能和必然而无需大书特书热烈歌颂。

中国式父母，更需要检讨的是自私。

情感上的自私

一位在国家部委工作的大姐最近到美国看望女儿，回来后给我打电话说："闺女在美国生活很适应，工作也很开心，一切都好。我真是后悔啊，当初应该早一点让她出去。"

女儿读高中时，全家就和我聊过留美意向。技术路径是简单的，但是爸爸妈妈眼圈都红了，一会儿女儿也掉眼泪了。当时的场景，简直有一种生离死别的感觉。女儿在中国传媒大学读三年级时，全家又和我讨论留美。我说，孩子大了，不必像当年计划读本科时那么担心。但是，全家人眼圈又红了。研究生毕业在央视工作一年后，女儿和我联系："施老师，我不甘心，还是想出去。你帮我做做父母的工作。"

我们要求孩子考大学要近一点，最好就在本地。万一考到了外地，毕业了一定要回家乡。找工作、找对象，我们参与甚至左右孩子的决定。我们可以给孩子在同一个小区买房，可以任劳任怨地给孩子带孩子，但是希望孩子，甚至孩子的孩子，永远陪伴在身边直到天荒地老。

浓浓的亲情，让人感动。浓浓的亲情中，也有浓浓的自私。

"我下属的女儿考上清华了，你要不考个好大学，我在单位都抬不起头来。"

"爸爸妈妈当年没有考上大学，因为没有学历后来吃了很多亏。我们家要翻身，就全看你了。"

诸如此类的话，我们经常听到。每个人都有自己的人生，每个人的成功和幸福都有自己的定义。攀比别人家的孩子，把自己"未遂"的大学梦、光宗耀祖梦强压在孩子身上，合理吗？结果如何？虚荣心作祟的父爱母爱，能获得孩子的尊重吗？

时间上的自私

有一句关于教育的经典：陪伴是最好的教育。

世上只有妈妈好！从怀上孩子的那天起，妈妈们就把自己的全部身心寄托在孩子身上。她们接送孩子上学、上培训班，陪伴孩子做功课，甚至牺牲事业成为"全职妈妈"，为给孩子节约时间，在学校附近买房、租房陪伴左右。

时间上的自私，专属于中国式的爸爸们。他们对"养不教，父之过"无感，对家庭责任的理解就是努力挣钱。面对妻子和孩子的抱怨时，爸爸们往往觉得自己受了很大委屈，"我在外面辛苦打拼，还不是为了这个家？"

中国社会人情复杂、应酬多，这是事实。但是再忙，能忙过奥巴马？在长达21个月的选战中，奥巴马没有错过一次孩子的家长会。当选总统后，他教两个女儿学游泳，带她们去游乐园，作为"好闺密"耐心地听她们讲烦心事……

原始社会中，孩子们跟着父亲出门打猎、逐步探索世界。作为精神支柱的父爱对于孩子的事业成功至关重要，外柔内刚的母爱则有关孩子的人生幸福。孩子的健康成长，父爱母爱都不可或缺。

在一些父爱缺位的家庭，许多妈妈被迫扛起了父亲的角色。这种角色错位必然导致严重后果，妈妈们变得越来越焦虑，耐心越来越差，控制欲越来越强。而强势的妈妈，无论对男孩还是女孩的心理成长都是不利的。强势的妈妈，通常会造成女儿同样强势，儿子性格懦弱。

妈妈们在时间上的过度投入，效果往往事与愿违。陪伴孩子做作业，会妨碍孩子自主学习习惯的养成。全职妈妈的价值，需要一分为二地看待。幼年孩子，对妈妈有着强烈的情感依赖和生活依赖；随着孩子的不断成长，因为没有事业，全职妈妈在孩子心目中将逐步失去地位。

角色互补、均衡投入的父爱母爱组合，既有效陪伴又不过度介入，这才是孩子的福音。

金钱上的自私

吴先生在宁波经营一家几十人规模的小工厂，虽然辛苦，但收入还算可以。老二的降生，加上这两年制造业的萧条，让他一下子有了压力。

谈到16岁的女儿，他满脸愁容。女儿天资聪慧，但是学习不努力，中考成绩比当地的重点高中录取线低了 5 分，害得他多花了 12 万元。比掏出真金白银更痛苦的是，他担心三年后，女儿是否还会让他以更不菲的代价搞定一个大学。

为了触动女儿的神经，缴费的当天早上，吴先生"现场办公"。他将 10 万元摊在桌子上，细说构成：相关人士的 2.5 万元感谢费＋实际就读学校的 6 万元借读费＋实际录取学校的 1.5 万元学籍费。加上先期支付的 1 万元介绍费和 1 万元应酬费，结论是：一分值 2.4 万元。女儿，终于泪如雨下。

在金钱相关问题上，为数不少的家长是个矛盾体。一方面，绝对的无私，在生活、学业、文体特长培养等任何方面为孩子提供尽可能最好的一切，甚至许多草根家长也节衣缩食把孩子当作"富二代"养。百年后的家产，毫无疑问百分之百是留给孩子的。另一方面，他们不可思议的"吝啬"，时刻不忘提醒孩子，我们给你报课外培训班花了多少钱，这双耐克鞋花了多少钱……

家长在金钱问题上做文章，本质上不是因为"小气"，而是企图借此让孩子产生负疚感，继而把对父母的负疚感转化为学习动力。事实上，这种做法只会压抑孩子的人性，不可避免地破坏亲子关系。退一步讲，即使能起到驱动孩子努力学习的作用，但这种作用一定是短期的，自我驱动的求知欲才是孩子长期努力学习的唯一源泉。

孩子是被动来到这个世界的，培养孩子是家长不可推卸、不可打折的责任和义务。在家庭财力范围内，对于未成年子女任何合情合理的开支，父母理当不设任何附加条件，不作任何文章。

尼采说过，一个成熟的人应该意识到，父母没有经过孩子的同意就把他们带到这个世界上来，这是一种自私和不尊重的行为。

当然，我们无法事先征得孩子的同意，再把孩子带到这个世界。

养育孩子，为什么？为了自己的幸福，还是孩子的幸福？当两者发生冲突的时候，你选择哪一个？

把孩子作为自己的私有财产，从来不承认孩子是人格独立的个体，这是中国式父母"自私"的根源。更可怕的是，多数父母对自己的"自私"毫无察觉。

2.3 父子之情淡如水

我慢慢地、慢慢地了解到，所谓父女母子一场，只不过意味着，你和他的缘分就是今生今世不断地在目送他的背影渐行渐远。你站立在小路的这一端，看着他逐渐消失在小路转弯的地方。而且，他用背影默默告诉你：不必追。

——选自龙应台散文集《目送》

"土豪"很"任性"

笔耕《美国大学的中国招生政策》期间，我曾在江南某地依山傍水的乡间山庄盘桓数日。

山庄钱多多老板听说来了个大学老师，礼贤下士，亲自领着我参观山庄。在一排大人物们莅临山庄时的大幅留影前，钱老板很"随意"地驻足停留，逐一讲解他与大人物们的不凡交情。读懂了他眼中的某种期待，我勉力不时地点头张嘴作惊讶崇拜状。十分钟的虔诚配合后，钱老板大悦，吩咐伙计置酒布菜。

清风拂面，湖光波鳞，山色渐灰。钱老板忆少时苦若黄连、盛年侠肝义胆雄才大略，这是草根成功人士的"演讲标配"！八两茅台下肚后，他双眼泛着精光，满脸喜色聊到儿子。儿子本地大学毕业后，托了关系弄到市供电公司上班。在父亲的谆谆教诲下，职场新鲜人小钱每天提前一刻钟到办公室，烧开水、打扫办公室；但凡村人乡邻到市里上学的、看病的，尽量接送、请一顿便饭。

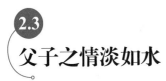

富人之所以致富，自有其内在道理。听到这里，我肃然敬酒："钱老板有旧时乡绅风范！如此家教，后继有人。"

钱老板干下此杯，悠悠点燃一支中华烟，轻描淡写地继续说道："儿子找了个对象，我给搞了个交通局的事业编制。我给他们在市里买了一套别墅，800多万；一辆进口宝马X6，100多万。等他们结婚有了小孩，我就让老婆过去带，再找个保姆帮忙。"

"你儿子有这么好的家庭条件，有你这么好的言传身教，他是完全有可能超过你的。二十多岁，事业单位铁饭碗，有别墅有宝马，一辈子都被你安排好了，他还能有什么奋斗的想法？钱老板，你这么有钱任性，不怕废掉他的武功？"

"施教授，难道你挣钱不给儿子？不给儿子给谁？"

"儿子读书，要多少钱有多少钱。工作了，别和我谈钱，谈钱伤感情。他订婚，我送一对首饰，八万吧，给准儿媳一个见面礼。他结婚买房，我送一套家具电器，二十万吧，祝贺一下。有了孙辈，压岁钱不会小气。如果创业，我可以介绍几个风投圈的朋友，能不能搞定看他自己的本事。如果他走正道，遗产可以给一点留个纪念。所谓遗产，就是遗下来的财产。上天堂还早，着什么急呢？"

钱老板脸涨得通红，夹着东坡肉的筷子停在空中："还有你这样的人？知识分子喝墨水喝坏脑子了？"

一下午的感情勾兑，几句话顿时好感度清零。钱老板的茅台，恐怕是再也喝不上了。

……

周末，我见到了小钱。高高的个子，不觉挺拔；大大的眼睛，没有神采。

草根也"疯狂"

过年前"大扫除"，搓澡布纵横驰骋，令我生出一种"人为刀俎，我为鱼肉"的感觉。一听师傅口音颇为亲切，便聊了起来。

郑师傅饱经风霜的脸上刻满了皱纹、沧桑和无奈，50 出头的年龄看起来像已过六旬。

"郑师傅，啥时候回家过年？"

"买的年初一的票。年前不能走，一年中生意最好的时候，客人小费也给的最多。"

谈到这把年纪在外打工的缘由，他说："儿子儿媳都在扬州老家的工厂上班，两个人工资加起来四千多。老婆在家带孙子，我总算有点手艺，趁着现在还干得动，尽可能支持一点。"

"这个年纪离乡背井不容易，也应该为自己考虑考虑啊。扬州三把刀名扬天下，干什么不把手艺传给儿子，让他出来打工呢？"

"现在的年轻人有几个愿意干这行的？我也劝过他几次，但是他不愿意。"

郑师傅接着说："我现在要为小孙子多挣点。他聪明得很！去年春节我回家过年，他才三岁多，就知道说'爷爷，你的银行卡给我，我要买玩具'。"

郑师傅抬起头，冲洗搓澡布，脸上有掩不住的喜色。

给子女当"牛马"，给孙子当"孙子"。那块小小的搓澡布，承载着他的信仰：儿子、孙子。

如果郑师傅足够健康长寿，也许他还会，不，他一定会，为孙子贴补培养重孙的费用。

可怜天下父母心，管了儿子管孙子；可恨天下父母心，害了儿子害孙子。

"喝坏脑子"的施老师

犬子丹尼尔过五岁生日，一家三代到苏州木渎镇，在严家花园一边转悠，一边闲聊。

"爸爸，这个房子好大啊，以前什么人住里边？"

"一百年前，严家是木渎镇上最有钱的。这家的孙子严家淦读书很厉害，后来是银行家、国民党的领导人。爸爸妈妈是给爷爷奶奶买房子的，对不对？你长大了也要给爸爸妈妈买房子，要比这个更大。"

"……这么大的房子，我不一定买得起。"丹尼尔显然感到了压力，但是他昂着大脑袋挺着小胸脯努力地维护面子，"……但是，我今后一定给你们买一个房子，起码比我们家现在住的更大。"

"好好读书有本事，什么样的房子都买得起；如果没有本事，租房都租不起。你给不给我们买房子，和我们关系不大，关键是你自己会很自豪。"

"我现在还小，我读书的钱你要借给我的。"

"你读书的钱要多少有多少，堆起来比你个子还高，爸爸妈妈早就给你准备好了，而且今后不用还。"我一边说一边给他比画钱的高度。"但是，读完书工作了，就没钱了。"

"不是没钱，是不给我了，对不对？"

"对的。爸爸的钱用在穷孩子身上更有意思。"

问问自己，有没有本事罩住孩子的一生

山庄钱老板和搓澡工郑师傅虽然来自不同的社会阶层，但是他们有一个中国式家长的共性："爱如潮水，将孩子淹没"。

"子孙若如我，留钱做什么？贤而多财，则损其志；子孙不如我，留钱做什么？愚而多财，益增其过。"知道林则徐这一名联的人不少，能理解的不多，能真正这么做的就是用显微镜也找不出几个。

如果孩子可以在父母的羽翼下安享一生，那我们可以包容孩子的一切，可以为孩子奉献一生。但是，从时间上和空间上，没有一个家长可以做到这一点。

孩子是父母的命根子，但是他早晚要面对弱肉强食的"丛林社会"，这个世界不会对他另眼相待。相聚离开都有时候，没有什么会永垂不朽，父母子女终有告别的一天。

留下一座金山给一个"啃老族"，或者，留下一点点象征性的纪念物给一个自食其力的孩子，选择哪个会让你在离开这个世界的时候瞑目？

没有一个家长希望孩子成为"啃老族"，但是，现实中的"啃老族"

都是家长用"浓浓的亲情"浇灌出来的。对于身体健康的成年子女，父母没有经济上的责任。如果父母退守了这一条底线，就无意中埋下了日后一切麻烦的祸根。

你无法唤醒一个装睡的人，更不可能唤醒一个你"喂食"了"足量安眠药"的人。当父母心"泛滥"的时候，问问自己，有没有本事罩住孩子的一生？如果不能，那为什么不尽早让他独立，让他自己变得强大？

教育成功，是一个相对的概念。草根阶层的子女超越"官二代""富二代"，毕竟有先天的难度。但是，教育成功有一个绝对的指标，那就是一代超过一代。掐断了不劳而获的退路，每个接受过基本教育的孩子都理当超越前辈。

养儿，无需防老

作家王朔对女儿说："我将来不要你养。说实在的，你给我的快乐，早就超出我养你花的这点钱了。"王朔应当不差钱，对于洒脱至极的他，"养"指的应该不是物质上的供养，而是生活上的照顾和情感上的关怀。

孝道，是中国传统文化的核心；养儿防老的观念，在国人心中根深蒂固。越是给予孩子"无私的爱"的家长，对养儿防老的期望值就越高。我为你付出了所有，我老了你当然要伺候在身边，否则就是不孝。

相信绝大多数中国式家长不会同意王朔的观点。问题是，如果我们站在孩子的角度换位思考：养儿防老的可能性有多大，对孩子公平吗？

网上有一篇传播甚广的文章，大意是：我们是孝顺父母的最后一代人，也是被儿女抛弃的第一代人。仔细想一想，现代家庭大多一两个孩子，现代社会节奏快、压力大、人的流动性大。确实是这么回事！

等我们老了，一群趣味相投的同学朋友，一起住一个养老院抱团取暖，读书垂钓、琴棋书画，也是乐事一件。走得动的时候，孩子每周打两三个电话、全家每年旅游一两次足矣；等我们躺在床上了，孩子能常来看看足矣。到了该走的时候，平平静静地离开。孩子在榻前，甚幸；孩子不在身边，也得接受。孩子怎么知道你哪天走呢？

生养孩子，是为了孩子的幸福。孩子已经给我们带来了太多的快乐甜蜜，何必到了晚年再捆绑孩子呢？早一点想通这些问题，对两代人都是一种压力释放。

从为人父母的第一天起，我们就应该控制自己的父母心，明确父母对于成年子女没有无限责任。既然我们无力罩住孩子一辈子，不如培养他们自强自立。

养儿防老，适用于封闭的、多子女的农耕时代。现代父母既不应该承担过度的责任，也要降低对子女养老的要求。

父子之情淡如水，浓浓的亲情淡淡地处。

2.4
人生为一大事而来

领导学的研究表明，成为领导者或成功者的第一要素，就是对自己的现状或所处的环境不满。一旦安于现状，再优秀的自身条件和外部资源，都会付之东流。

陶行知先生说，人生为一大事而来，做一大事而去！一切积极的结果，都源自于积极的愿望，无论是一个清晰的大目标，还是一个个小目标迭次形成的大目标。有理想不一定取得成功，但是没有理想断然不会取得成功。

由于每个人的视野、能力和拥有资源的不同，少数最杰出的人物在青少年时代就有了远大的志向，而更多的杰出人物，奋斗的起点只是不甘被命运主宰。

在回答校长为什么而读书的问题时，少年周恩来清晰而坚定地说道："为中华之崛起而读书！"

青年比尔·盖茨有一个梦想：让每一个家庭和每一张办公桌上都有一台电脑。

"老干妈"陶华碧、"格力"董明珠，她们奋斗的最初原因都是丈夫早逝，必须独自承担养育孩子的重任。

因为在外兼课违反校规，俞敏洪被北京大学开除而被迫创业，"无心插柳"有了后来的"新东方"。

因为担心家贫找不到女朋友，当年的"屌丝"刘强东在大学期间就开始打工，毕业后创立了"京东"。

……

在小有成就后，许多草根奋斗者失去了人生目标，或安于生活或纸醉金迷。而陶华碧和俞敏洪等人的优秀之处在于：在阶段性的小目标实现后，他们没有裹足不前、安于享乐，而是随着事业的成功不断确立并努力实现新的大目标。

理想主义是最长远的现实主义

在当代中国，"理想主义"逐渐成了一个表达委婉的贬义词。如果我们说一个人是理想主义者，往往是暗讽其自命清高、脱离现实、不切实际、好高骛远。

相对于理想主义者，现实主义者（实用主义者）则被认为务实、脚踏实地、接地气。

2017年的第一天，我拜读了中科院自动化所彭思龙研究员的新作《科研五色石》。彭教授是我当年在中科院研究生院读书期间的同班同学，30岁加冕博导，成为中国小波领域的权威之一。作为一个有着浓烈人文情怀的自然科学家，他常年深度思考科研与生活，将其近年来在"科学网"上发表的近300篇博客文章整理汇集出版。

自然科学高深莫测，似乎离普通人很远。自然科学家曲高和寡，在普通人的心目中有着神秘而索然乏味的刻板印象。但是，彭教授把枯燥的科学课程讲得浅显生动，引得其他专业的研究生们趋之若鹜报名。尤为难得的是，他深度地思考科学家的生活，也即如何在科研的过程中与社会共存，以及科学家同时作为教师的责任。

理想主义是最长远的现实主义，理想主义者寻找生存的意义，关注事物的本质，有更强烈的内在驱动，得道多助；现实主义者短视，心灵失去寄托，缺少幸福感，容易被现实抛弃……

不管科研还是生活，既离不开热情，也离不开理性，让理性张扬热情……

闲下来，让大脑有充分的时间思考，让大脑有机会消化刚得到的知识，培养科学的美感，让科研生命更长久……

并不是每个孩子都将成为彭教授般的科学家，但是书中谈及的求知道理和人生道理，对普通人同样弥足珍贵。

点燃孩子心中的火山

每个孩子的心中，都生来内置了"一座火山"。家庭背景和所处的生活环境，在幼童对未来的想象中扮演重要角色。看着家长批改作业，孩子就理所应当地认为自己今后也要当老师；玩着玩具汽车，孩子的梦想自然而然地就是当司机……

自我意识、学习意识和自律意识的增强，本来与年龄增长呈现正相关的关系。随着年龄的增长，孩子的人生目标本应当越来越清晰。但是，现实中为什么有那么多人没有清晰的人生目标，甚至如梦游般浑浑噩噩？

对校内课程的学习，小学生的典型心态是既不热爱也不厌恶，"反正小朋友都是要读书的"。在这个阶段，学校和家庭应当尊重孩子的心理发展规律，不"拔苗助长"，保护和激发孩子作为"小动物"对世界的好奇心。如果学校施加了过度的学习要求，而家长没有及时疏导，则他们的内心将对学习产生厌恶，只是由于还没有到叛逆期而表现得比较听话。

初高中阶段后，许多中国式家长的"乱作为"表现得淋漓尽致。一方面，他们以"考上好大学才能有好工作"为目标，激励、监控孩子努力学习。人生就为了上个好大学、找个好工作吗？这种本身很肤浅的说辞无法起到"长效鸡汤"的作用。另一方面，他们竭尽所能为孩子张罗一切：张罗择校，张罗学什么专业，张罗找安稳的"好"工作，张罗结婚买房……不知不觉中，家长逐步剥夺了孩子做梦的权利。

就这样，大多数人失去了梦想，少数人有梦想而不敢奋斗。凤毛麟角的有梦想的奋斗者占尽了便宜，世界就成为他们表演的舞台，而大多数人沦为看客。

没有理想的人生是暗淡的，没有理想的人无异于行尸走肉。任何年龄段都应当有相应的理想，立志要趁早！

中央电视台的百集纪录片《记住乡愁》，讲述了"张店村重教启智"的故事。

一个仅有3000人的小村落，恢复高考至今考出了500多名大学生，其中有什么缘故？

"夫运筹策帷帐之中，决胜于千里之外，吾不如子房"。开国功臣张良辅助汉高祖刘邦夺取天下后获封留侯，功成身退，千古流芳。在依山傍水的河南省平顶山市张店村，张良后裔生息繁衍。每年四月初十，村里为孩子们举行古朴而极具仪式感的破蒙启智仪式。孩子们聚集在张良像前，和长辈们一起诵读祖训，学习先祖的智慧、志向和谦卑处世的精神。

培养家族荣耀感，是最佳的教育起点

建筑师徐强先生出自簪缨之族，爷爷是民国时期的医务高管，奶奶是无声电影时期的大明星，父母都是贡献卓著的高级知识分子。他赠送我一本《万水千山总关情》，书中主要涉及他父母国内外旅行时对于建筑、环保、当地文化等的观察和思考，也收录了其他家庭成员的文章。

我对徐先生说，祖孙三代合著一本书，是多么有意义的一件事啊，比传给孩子两套房有价值多了！

无锡朱顺中老师，无论是在公立学校做老师、当领导，还是在自己创立的教育机构，对学生总是严格而又慈爱。许多学生毕业后还会经常探望他，结婚时请他当主婚人。我向朱老师讨教经验，他只是淡淡地说：

"我是朱熹的后代。"

少年刘备跟着母亲织席贩履艰难度日,穷且益坚不坠青云之志。在与同宗小孩玩耍时,他指着桑树说:"吾必当乘此羽葆盖车。"语显帝王之气,源自心中"汉景帝之子中山靖王刘胜后裔"的家族荣耀。

《水浒传》中,青面兽杨志落草为寇,还念念不忘自己是"三代将门之后,五侯杨令公之孙"。

"龙生龙,凤生凤,老鼠的儿子会打洞""老子英雄儿好汉"。血统论不是绝对的,但是绝对有刺激作用。少不更事的孩童,讲大道理无从落脚,培养家族荣耀感是最佳的教育起点。

零零星星的家族史教育,每个家庭都有。但是,为什么现实中许多大户人家的荣耀并没有对孩子起到刺激作用?家族荣耀感的培养,越早越好。家族史,需要系统梳理。

普通人家,如何培养家族荣耀感

聊啊聊,聊到外婆桥。外婆每天陪着聊,聊出一个小话痨。

感谢"早教专家"外婆,丹尼尔的语言能力开发得比较早。一周岁,他开始给别的小朋友起外号,两岁已经不会用错"虽然""但是""而且"。三岁时,我开始了对他的"洗脑"工作。

父:儿子,你知不知道你是世界上独一无二的?

子:什么叫"独一无二"?

父:就是没有一个人和你一模一样,即使有人名字和你一样、生日和你一样。

子:哦,知道了。

父:你今后一定会特别特别厉害,一定对世界有很大很大的贡献,虽然爸爸现在还不知道你今后做什么工作?

子:为什么呀?

父:因为爸爸很厉害呀!爸爸读书、写书、教书,有很多很多人听过爸爸的课。

子：爸爸写书教书我是知道的，那爸爸厉害是不是因为爷爷很厉害呢？

父：对喽！奶奶是村里的第一个女高中生，爷爷在那个年代考上中专也很了不起。他们做老师教了很多很多学生。

子：哇，爷爷奶奶厉害！那爷爷的爸爸有多厉害呢？

父：日本人侵略中国的时候，爷爷的爸爸19岁就参加了新四军打日本鬼子，他有两支驳壳枪。他退休回老家后，对老百姓就像亲人一样，是周围最最受人尊敬的人。爷爷的爷爷也很厉害，他年轻时读了师范，毕业后回家乡教书。那时候的人念师范就相当于现在爸爸念博士，毛主席也是师范毕业的。

子：哇，他们好厉害啊！

父：记得太奶奶住的老宅吧？这个房子是爷爷的爷爷的爸爸亲手盖的，他是个特别厉害的木匠，这个房子一百多年了没有大修过。他做事特别认真，每次帮别人家盖房子，到了吃中饭的时候，总是先把工具擦得干干净净、放得整整齐齐，把地扫得干干净净。

……

吹到这里，内心那是相当的羡慕嫉妒遗憾。羡慕嫉妒，徐先生朱老师这样的名门望族。遗憾，祖上只有这点可以吹嘘的；遗憾，当年爷爷只给我讲到他爷爷这一辈的故事。

每个孩子的心中，都生来内置了"一座火山"。帮助孩子树立理想、保持理想、不断提升理想，其重要性远远超过依靠监控让孩子取得的好成绩。

营造家族荣耀感、培养家族荣耀感，是亲子教育的第一步。大户人家梳理家族荣耀感，自然驾轻就熟。普通家庭怎么办？再平凡的家族都有一些荣耀的掌故，谁家祖上没出过秀才以上的知识分子、县丞以上的国家干部，几个好工匠，或者就是好农民呢？

平民百姓家庭没有必要夸大祖上的荣耀，但是只要用心去发掘，从独特的角度去整理，我们总能给孩子们打上一针管用一辈子的"鸡血"。一旦刻入孩子的大脑硬盘，家族荣誉感将激励他一生。

2.5
接受一个平凡的孩子

这是本世纪初的一个故事，一对从未笑过的母女在我的脑海中一直挥之不去。

王同学第一次见我的时候，冲我深深地鞠了一躬。我相当诧异，甚至有点手足无措。年轻人大多轻松随意，何以行此大礼？

王妈介绍说，女儿在复旦大学附中读高二，前后获得了三次全国级高中生数学竞赛的银奖。"不争气，我看你就是没有拿金奖的实力！"随着妈妈的呵斥，王同学原来低垂着的头更低了，眼中噙着泪花。

"如果下次还拿不到竞赛金奖，就不要申请了；如果申请不到常春藤的全奖，就不要去美国了。"王妈言简意赅，说出了最低要求。

第二次，和王同学单独见面，她依然给我鞠躬。我对她说，道一声"施老师好"就足够礼貌了，今后别太客气。她说，这是从小妈妈给她立的见长辈和老师的规矩，违反会挨揍的。谈完话后，她鞠躬告别。等我下楼的时候，发现她在等公车，手中捧着托福词汇书。

几个月后的一次全国级数学竞赛，王同学终于拿到了金奖。趁着王妈的脸色稍有和缓，我和她闲聊起来。王妈出身书香门第，16 岁到东北农村插队落户，恢复高考后考上了大专，现在上海市政府一个职能部门担任处长。她说，要是年轻时学业没有被耽误，她肯定不是现在的样子。对女儿从小严格要求，就是希望她不要辱没了家门。

我对王妈本人有了一点理解，但是依然不能接受她对女儿的苛刻。或许，大户人家和我们普通人的想法是不一样的吧。

暑假后，王同学考出了托福 610 分（总分 677 分），王妈的脸色更加严肃。申请结果揭晓，耶鲁大学全额奖学金！当我兴高采烈地通报王妈的时候，她在电话中淡淡一句："我早就猜到她申请不到哈佛，从小就没有一次让我满意过。"手机响起嘟嘟声，我愕然。

近 20 年过去了，当年的王同学也已年届不惑。每次想起她来，我丝毫不怀疑她的事业成功，只是默默地祝愿她快乐！快乐！

大人物 = "奴仆"

苏东坡说：古之立大事者，不惟有超世之才，亦必有坚忍不拔之志。

大人物不仅仅意味着大智慧，也意味着大付出。他们承担大压力、处理大麻烦、忍受大委屈。

做个领导，就没有了上下班的概念，手机 24 小时不能关机，随时应对突发事件。周末想睡个懒觉，还要查查有没有预约。权力越大，诱惑越多，风险越大，自制力就要跟上。

做个老板，公司一大帮人要养着，每个月一大笔开支在等着支付。辛辛苦苦挣来的钱，一辈子花不掉，但是没时间花。且不提一长串 40 岁左右英年早逝的企业家名单，读读《2016 年中国企业家健康绿皮书》，样本中超七成的企业家人群存在心血管疾病隐患。

做个明星，每天生活在聚光灯下，没有任何个人隐私。迈克尔·杰克逊被吉尼斯世界纪录评为"世界历史上最成功的艺术家"，他还是一位杰出的和平主义者和慈善家。这样一位人类的天使，却因"树大招风"而长期蒙受"娈童"冤屈，死后才真相大白。

文艺复兴时期的英国杰出哲学家弗郎西斯·培根指出，居高位者是三重意义上的奴仆：君主或者国家的奴仆，名声的奴仆，事业的奴仆；因而他们没有自由，既没有个人的自由，也没有在行动和时间上的自由。

在鼓励孩子志存高远之前，我们是否已经让孩子明白大人物等于"奴仆"，是否逐步锻炼他们的毅力和意志、让孩子做好了当"奴仆"的准备？

做个快乐的普通人，又有什么不好呢

"一将功成万骨枯"，任何行业出类拔萃者毕竟是少数。公务员，处在金字塔式的等级链上，大多数到退休都到不了科级；生意人，大多数小本经营，养家糊口而已；知识分子，大多数也就是从事一个职业，成名成家、著书立说、影响大众者寥寥。

不管我们是否愿意承认，我们周围（包括我们自己在内）的大多数人都是平凡的，我们并没有对人类做出什么杰出贡献。换句话说，没有我们，这个世界并没有多大差别。我们的孩子们，大多数也注定像我们一样平凡。

快乐和成功，常常连接在一起，但是又不能等同。如果只能取其一，选择哪个呢？王妈这样的家长并不鲜见。但是，孩子的成就，无涉父母的脸面，人生是他们自己的。如果王同学是你的女儿，你是否希望她有另外一种人生？她不必那么成功，但是一定要快乐阳光，在任何人面前都轻轻松松。

相对于大人物和底层，生活质量最高的人概是中产阶层，特别是高级技术白领们。他们衣食无忧，上班做好分内的工作，下班后可以回归家庭生活，节假日可以无忧无虑地放松……

即使做一个快乐的普通人，又有什么不好呢？

"每个生命来到这个世界上都注定改变世界。做一个坏人就把这个世界变得恶心一点，做一个好人就把这个世界变得美好一点。"我很喜欢罗胖罗永浩的这句名言。

我们都是普通人，但是我们也在把世界变得更美好。至少，因为多了一个平凡的好人，世上就少了一个坏人。

街边打牌下棋的大爷们，夜色下准时出现的广场舞大妈们，谁能否认他们的生活就是幸福生活呢？

最高纲领与最低纲领

望子成龙是人类的共性，连曹操这样的一代枭雄都感慨"生子当如孙仲谋"。对着襁褓中的孩子，我们无不希望他日后或出将入相，或才高八斗学富五车，或富甲天下名列富豪榜。

许多家长对孩子都有这样渐次降温的心理过程：孩子读小学，希望他上清华北大、今后做大事；孩子读初中，我们退而求其次"能上一个'985'或'211'的大学也不错"；孩子读高中，变成了"随便考一个大学就不错了"；孩子成年后，工作稳定、结婚生子就行；孩子中年后，希望他身体健康、家庭和谐；当我们躺在病榻上时，所有最初的期望都失去意义，孩子能在身边倒杯水就足够了……

十年树木，百年树人，教育是一项长期的工程。即使瞄准考上好大学这样的阶段性目标，也需要孩子和家长十八年的共同努力。如果家长缺乏耐心、期望急功近利，结果可能事与愿违。最为合理的做法是，在保持理想和尊重现实之间寻找理性的平衡。

我们不妨借鉴中国共产党的经验，为孩子的教育设定"最高纲领"和"最低纲领"。

中国共产党的第一次全国代表大会上，确定了党的最高纲领——实现共产主义。但是，如何认识中国社会和革命的性质并确定当前的革命任务，党的一大没有给出具体答案。

党的二大确立了党的最高纲领和最低纲领。党的最高纲领：铲除私有制，渐次达到共产主义。党的最低纲领：建立国内和平，实现民族独立，统一中国为真正的民主共和国。二大指明了中国革命分两步走，为日后夺取全国政权指明了方向。

什么是教育孩子的最高纲领和最低纲领？最高纲领，是"人生幸福、事业成功、有益社会"；最低纲领，是"身心健康、自食其力"。最高纲领是我们的理想目标，最低纲领是我们坚持的底线。

许多年前，一位在美国生活的远亲对我说，儿子女儿只要不吸毒不犯罪、今后不找父母要钱，就谢天谢地了。当时我颇感诧异，作为上世纪80年代的留美精英，她对孩子怎么如此低要求？难道她不希望孩子站在父母奋斗的基础上，一代更比一代强？如今，她的女儿已经从加州大学伯克利分校毕业，儿子也学业优秀即将上大学。

放低要求，并不意味着不能获得高结果。

大人物不仅仅意味着大智慧，也意味着大付出。我们鼓励孩子有远大理想，也应当让孩子理解"高处不胜寒"，在日常生活中逐步培养孩子的毅力和心理承受能力。

当成功和快乐存在矛盾时，家长没有权利强迫孩子为了成功而牺牲快乐。孩子的人生，归根到底是他们自己的选择。

对孩子的期望，应当在保持理想和尊重现实之间不断寻找理性的平衡。实现远大理想当然是好事，但是家长也应当平平静静地接受一个平凡的孩子。

2.6
棍棒底下能否出孝子

丹尼尔给我揽了个活。他对班主任钱老师吹牛，说爸爸是个大学老师。钱老师说，那就请你爸爸来给同学们讲一堂课吧。

第一次给小学生讲课，40 分钟的时间，讲什么呢？对于未成年人来说，什么最重要呢？权益保护！

"孩子们，你们有没有被家长打过骂过？"课堂上立刻就炸了锅。

"我上次考试没有考好，妈妈说我笨！"

"我在家里和妹妹吵架，爸爸打我的屁股！"

……

"孩子们，如果今后家长骂你，你就问：'你希望我长大了也像你这样不文明吗？'。如果家长打你，你就说，'你是大人，我是小孩，大人打小孩是不公平的。如果你喜欢打架，可以到街上找个身强力壮的流氓打。'"

孩子们开心地大笑，笑得前仰后合。

几天后，丹尼尔很得意地告诉我，因为自己从不被家长打骂，同学们很羡慕他。有的同学采用了爸爸教的办法，让举起手的家长愣住了。

真的不打不成器吗

对于许多家长来说，对孩子的教育就是模仿父母对自己的教育。时至今日，抱有"不打不成器"想法的家长还不在少数，甚至许多受过高等教育的家长也在其列。著名作家毕淑敏女士另有一个身份：注册心理咨询师。为应对女儿的责问，她写了《孩子，我为什么打你》。这篇文章虽然字里行间洋溢着浓浓的母爱，但是依然在竭力辩解打孩子的合理性。

孩子，我多么不愿打你，可是我不得不打你！我多么不想打你，可是我一定得打你！这一切，只因为我是你的母亲！

孩子，听了你的话，我终于决定不再打你了。因为你已经长大，因为你已经懂了很多的道理。毫不懂道理的婴孩和已经很懂道理的成人，我以为都不必打，因为打是没有用的。唯有对半懂不懂、自以为懂其实不甚懂道理的孩童，才可以打，以助他们快快长大。

孩子，打与不打都是爱，你可懂吗？

在高中同学群中，我作为处于弱势的"反方"辩手舌战"正方"。

行走江湖见多识广的包工头张总说："棍棒底下出孝子！我们这一代人不都是被打着长大的？小时候，被打后恨父母；长大了就慢慢想开了，父母又不是外人，不吃亏。"

"打骂孩子的根源，与其说是对孩子不当行为的愤怒，不如说是家长对于自己教育无能的恼羞成怒。你孝顺不是因为被打，是因为父母对你的爱远远超出了对你的伤害。打，永远是亲子关系的负资产。大多数人能想通，但是也有人甚至成年后也挥之不去童年阴影。有暴力倾向或者自卑封闭的人，追根溯源，几乎都能找到这样的童年阴影。"

文化局郭局长发挥他一贯能言善辩的文化优势："丛林世界总是恃强欺弱的，小孩到了社会上难免会被欺负受委屈。家长打骂小孩相当于预习，打打预防针。"

"对一个小孩子动手，心肠该有多狠，何况还是自己的亲骨肉！你这是典型的'下雨天闲着，打小孩玩'。用暴力手段来培养孩子对弱肉强食社会的适应能力，这里边看不到逻辑上的必然性。茶余饭后多讲讲社会知识，也可以达到这个效果啊。"

班级炒股带头大哥皮旦说："我迄今没有打过小孩，但是假如小孩今后有严重问题，难保不动手。"

"小孩子，能做出什么大不了的坏事？成年后违法，可以送公安局，打也解决不了问题。如果打孩子是必然的，那怎么解释西方人绝大多数也是遵纪守法、自食其力的？要知道，西方国家，打孩子会失去监护权。"

班级情商冠军、永远让人如沐春风的侯老板说："国情不同，亲情不同嘛。我家儿子、女儿都是打大的，中国家长打孩子是免不了的。"

"中国家长也不都是打小孩的。我爷爷不打我父亲，我父亲不打我，我有理由相信不打不骂孩子也会成才。你对员工和颜悦色，即使做错事也是客客气气地指出来，为什么对孩子不能同样宽容？"

本质上，家长打孩子无非出于两种心理：不承认孩子是人格独立的个体，把孩子作为自己的私有财产；潜意识中承认孩子的人格独立性，但是懒得琢磨"非暴力"教育手段。

自然惩罚，足以解决绝大多数问题

不打不骂，并不意味着对孩子无原则的溺爱。孩子的成长过程，是遭遇各种各样麻烦的过程，也是不断犯各种各样错误的过程。所以，家长的管教、引导不可缺失，在必要时甚至可以采取惩罚措施。

暴力往往是溺爱的衍生物，喜欢用鞭子的家长往往缰绳拉得不紧，只是家长自己没有感知。儿子两岁时，毛先生离开家乡到东莞打拼，把儿子留给了妻子和父母。十多年间，每年回家几次，每次父子相处不超过一个月。妻子和父母过于溺爱儿子，他十分不满。得知儿子逃学、成绩不好，他常常甩过去一个耳光。看到儿子嘴角流血，又心疼不已，离家前塞给儿子 5000 元。

如果一个三岁的孩子不吃饭，家长怎么办？爱心泛滥的爷爷奶奶外公外婆端着饭碗在孩子后面追着喂饭，爸爸妈妈在多次说教无效后，或者无可奈何，或者恶言相向。

如果孩子上学总是忘记带文具用品或作业本，家长怎么办？一次次送到学校，有一天不胜其烦终于爆发。

如果孩子做作业总是心不在焉，掌握了知识点但总是做错题，家长怎么办？在一旁手把手辅导功课、监督学习态度，直到有一天失去耐心心烦意乱破口大骂。

为什么这些小事情最终会引发激烈冲突？根本原因，在于我们习惯性的思维：从忍受到人为惩罚。这两种极端的方式都于事无补，人为惩罚还会让孩子感到不公、委屈甚至仇恨。

真正让孩子吸取教训并从中获益的，不是家长施加的惩罚，而是事情本身自然产生的消极后果。

如果孩子不吃饭就顺其自然，并告知孩子，在下一顿饭之前不准吃零食。那么，饿了一顿后，孩子会明白一个道理，任性是要挨饿的，今后必须按时吃饭。

如果孩子经常性丢三落四，家长拒绝把物品送到学校，那么，他在承担后果之后就会长记性，逐步减少对他人的不必要依赖，最终养成谨慎仔细的好习惯。

在孩子所犯的错误不至于引起严重后果的前提下，家长冷眼旁观孩子犯错误，并让孩子本人承担错误招致的后果，这就是自然惩罚。自然惩罚，在绝大多数场合下都是最为有效的惩罚措施。

针对孩子犯下的小错误，如果家长能坚持采用自然惩罚，那么，孩子必将逐步树立正确的因果关系观点，养成为自己行为负责的好习惯。

家长向孩子指出错误将导致的结果，并告知孩子自己承担结果。基于理性、冷静、讲道理的沟通方式，不会对亲子关系带来消极影响，这是采用自然惩罚的另一个好处。

人为惩罚：适用场合与原则

当孩子因为年幼不能预估或者理解错误行为可能导致的严重后果时，或者孩子经常性地明知故犯，自然惩罚不起作用时，人为惩罚就成为家长不可避免的选择。

假设一个三岁的孩子出于好奇心触摸电源，事关人身安全，而且对幼童无法讲清楚电的危险，此时就只能采用人为惩罚。妈妈可以把他抱起来，轻轻地拍着他的后背，严厉而坚定地对他说："这个地方不能碰，今后绝对不可以这样。为了让你记住，妈妈要关你在小房间。不要害怕，妈妈陪着你，五分钟就出来。"

采用人为惩罚之前，家长应该首先自问：

（1）我这么做是为了教育孩子，还是为了发泄自己的愤怒？

（2）同样达到教育目的，是不是还有更好的选择？

（3）如果部分源于家长平时引导不够，是不是应该对孩子减轻处罚？

（4）在决定惩罚之前，是不是应该给孩子申辩的机会？

采用人为惩罚的严厉程度，应当和孩子错误行为的严重程度对等，过度的人为惩罚将使孩子产生心理阴影。可供选择的人为惩罚手段，包括适度的故意冷淡，限制孩子的娱乐时间和活动范围等。但是，无论如何，暴力应当绝对避免。

在任何情况下，家长都应该就事论事，绝对避免对孩子使用侮辱人格的话语。一定程度上，语言暴力可能比身体暴力造成更为严重的伤害，且作用时间更长。

2.7

快乐教育不快乐

大学毕业后，小冯到爸爸朋友任总经理的证券公司上班，因为"加班、不自由"，一周后就不干了。重新给儿子找了个事业单位的工作后，冯爸告诫儿子至少在这个单位工作两年，否则"我在朋友圈的名声都要被你糟蹋完了"。小冯熬了两周后，"忍无可忍"毅然决然地再次辞职，理由是"工作很无聊、周围的人都太精"。

眼看儿子"赋闲"在家无所事事快一年了，家长十分焦虑但又无可奈何。

冯爸说："这孩子很聪明的，就一点不好：兴趣不持久。当年高分考上建筑专业，可惜嫌画图辛苦没有坚持下来。后来，我们费了不少劲，才给他转到了管理专业。小时候上了很多培训班，钢琴、书法、跆拳道、围棋……都是刚刚入门就闹着不学了。"

冯妈说，儿子小学二年级时，夫妻俩参加了一家培训机构的家长课程，接触到了斯宾塞的快乐教育理念。想到自己出生寒门辛苦打拼，孩子这辈子已经衣食无忧，夫妻俩对"快乐教育"深以为然奉为至宝。他们跟着培训班的老师挥着双手大声读："你是最棒的！爸爸妈妈为你骄傲！只要你每天开开心心就好，爸爸妈妈没有过高的要求……"后来，这些话成为他们的口头禅，伴随小冯的成长。

见小冯之前，冯爸冯妈反复提醒我，一定要以鼓励为主，劝导一定要注意方式和语气。

我回答："23岁的成年人，还不能听一点善意的客观的批评意见？斯宾塞快乐教育法，和你们读的家长课程是两码事。我不但要批评他，而且还会直击他的任性，否则不足以让他醒过来。我唯一能保证的就是语言文明、不侮辱他的人格。如果你们不对我充分授权，那么，见面也没多大意义。"

斯宾塞快乐教育法的真相

快乐教育、鼓励式教育、赏识教育……

从名称给我们的直观感受看，这些都应该是优秀的教育方法。教育的过程本来就应当尽可能让孩子感受到快乐，尽可能让孩子在快乐中成长。

赫伯特·斯宾塞是英国著名的哲学家和教育家，曾任爱丁堡大学校长，被称为"社会达尔文主义之父""人类历史上的第二个牛顿"。远房侄子小斯宾塞两岁时丧父，赫伯特·斯宾塞将他收养并悉心培育，后者14岁进入剑桥大学，后获得博士学位。基于对小斯宾塞的培养心得，赫伯特·斯宾塞整理出版了《斯宾塞快乐教育法》。

任何教育理论都应该是积极阳光倡导快乐的，同时也应当强调孩子的思想和行为原则，不排除惩罚手段的应用，而不是一味的赞美、认可和鼓励，斯宾塞的快乐教育理论也一样。

斯宾塞认为：教育的目的是培养快乐的人，父亲要成为孩子的朋友和玩伴，要尊重孩子的自尊心和自主选择权，让孩子在兴趣的引导下学习。

他也提出了孩子应当做到的一些思想和行为原则，例如，掌握基础的生活知识、自然知识和科学知识，喜爱阅读和写作，养成专注习惯，从事家务劳动，勇敢等。

另外，他还提出了鼓励和惩罚的适用条件和应用方法。

只有认真通读《斯宾塞快乐教育法》，我们才能完整准确地理解斯宾塞的教育思想，避免因断章取义而被误导。

给孩子什么样的快乐

相比上一代人，现在信奉"棍棒式教育"的家长越来越少了，注重孩子快乐的家长越来越多了，但是教育上的麻烦并没有随之减少。

对于心智还不够成熟的孩子们来说，打游戏一定比解一道数学难题快乐，读日本动漫一定比背诵一篇古文有趣，看韩剧一定比看伦理片轻松。

读书求知是快乐的，但是学有所成需要长期的勤奋和努力；踢足球是好玩的，但是赢得比赛需要平时大量的艰苦训练；旅游度假是开心的，但是旅途劳顿也是必然的；开公司当老板是有成就感的，但是辛苦和压力只有自己知道……

成长是快乐和阵痛的轮回，世上没有绝对快乐的事，每一分快乐都必然伴随一分痛苦，每一分收获都必然伴随一分付出。各行各业的成功人物，我们见过有几个是依赖鼓励和赏识而成功的？

真正的、长远的快乐，不是年少时的被人赞美，而是成年后的成就感；不是父母羽翼下的奢侈生活，而是独立生活以后的财务自由；不是相比他人的优秀，而是不断地挑战自我。

"你没有用我喜欢的方式劝导我，所以你讲的话再有道理我也反感，甚至还要和你对着干。"

"这件事情不好玩，所以我不愿意做下去，我才不管它是不是重要，是不是必要"。

孩子是家庭的宝贝，父母可以包容你的一切，可以为你牺牲一切。但是，外面的丛林世界不会对任性的你另眼相待。在赞美声中长大的孩子，无论天资多么优秀，精神是脆弱的，快乐是虚幻的。

鼓励和奖励的原则

一年级期末考试前夕，丹尼尔对我说："爸爸，我有点紧张。老师说期末考试很重要，一年级考得好，二年级才会考得好；小学考得好，中学才会考得好。"

"怕什么？随便你考多少分，你都是爸爸的儿子。你就像平时一样，原来玩什么还玩什么，原来几点睡还是几点睡。如果考得好，不要骄傲，后面至少还有十多年考试呢；如果考得不好，后面把做错的题全部搞懂就行。"

丹尼尔开心地笑了。考试成绩也还不错，并没有受到我"放任"的影响。

从一张白纸开始，孩子的人生被一笔笔涂上缤纷的色彩。在大人眼里稀松平常的一件事，对于孩子来说可能是头一遭。当孩子面对从未经历过的、超出当前心理承受能力的事情，本能地期望从家长获得支持和鼓励。作为孩子的精神支柱，家长理当第一时间给予充分的支持和鼓励。当孩子第一次做某件比较重要的事情，并且顺利完成，家长理当第一时间给予认可和赞许。

期望家长的鼓励、认可和赞许，这对于孩子来说是正常的心理。如果家长把握好适当的尺度，将会取得很好的教育效果。但是，如果孩子习惯于依赖外部动力，或者孩子依赖外部动力的意愿过于强烈，家长就应当适时控制甚至停止给予鼓励、认可和赞许。

随着年龄的增长和自我意识的提高，无论学习还是人生奋斗的动力，都应当从外部世界的认可和鼓励逐步转移到自我驱动。

80 分以上，你多考一分我就奖励 200 元；你保证少打游戏，我就给你买一个 iPhone；你每洗一次碗，我就奖励你 20 元……

诸如此类的奖励，是中国家长的惯用手段。殊不知，这恰恰是教育的大忌。

只有在为他人或社会做了贡献，才可以获得奖励。考得好成绩、少打游戏、做家务，都是你自己分内的事情，你为自己做事别人凭什么要奖励你？有的家长可能会说，孩子做家务获得报酬，这种做法在许多西方家庭很常见啊。我们要知道，西方没有压岁钱的习俗，所以做家务是孩子们获得零花钱的主要途径。

物质激励的手段，灌输并强化了物质主义。但是，人生中的许多事情与物质无关。家长要让孩子理解，获得奖励不是做事的动因。家长越依赖物质激励的方法，孩子们改正错误取得进步的可能性越小。弱化物质激励，多用精神激励，才会激发孩子的自我驱动，实现自我管理。

"棍棒教育"是父母教育无能的表现，一味强调快乐的教育是溺爱的代名词。"胡萝卜"和"大棒"都不是好的教育方法。

孩子成绩不好，家长既不应当责骂，也不能熟视无睹。最恰当的应对是：帮助孩子客观地分析原因，鼓励孩子相信自己的能力和潜力，一起讨论提高成绩的方法。

孩子成绩优秀，家长不应当过度表扬。最恰当的态度是：鼓励孩子树立更高的目标，继续努力，争取更好的成绩。

在孩子的性格和习惯养成方面，家长同样应当对优点多认可、少表扬，对缺点有原则、不严苛。

家长应当尽早抛开"胡萝卜"和"大棒",引导孩子逐步脱离对外部的依赖,依靠自我驱动和自身反省不断取得进步。

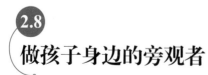

2.8 做孩子身边的旁观者

陈女士想辞去事业单位的工作,到儿子住校的初中附近租一套房,方便儿子就近走读及自己实时监控。

自从有了家长和老师微信群,儿子的作业情况、月考成绩以及其他表现都尽在掌握。老师们都很负责,家长们(主要是妈妈们)的呼应也十分热烈,每天群里都有至少上百条信息。每天,她都很紧张地盯着微信群,一旦老师提及儿子的问题,她就第一时间检讨、感谢老师、想着怎么教训儿子。她说,她觉得自己已经得了不可救药的焦虑症。

陈女士把手机递给我,让我看这个微信群中的信息。

"这次期中考试,张三同学严重地拉下了全班的平均分,破坏了班级的荣耀。希望他引以为耻。"

"李四同学昨天布置的作业没有完成,据他自己说十点钟就睡觉了。我再三强调家长要认真督促,督促了吗?"

"王五同学昨天在课上做小动作,今天和高年级同学打架。请家长明天务必到学校来和班主任沟通,并配合老师严肃教育。"

……

施老师:儿子每周末走进家门,你和他说些什么?以往的沟通中,有多少比例的语言是温暖的?

陈女士:大多数时候,我都是一肚子气,他进门我视若不见。吃饭的时候,会严肃地谈他的问题。温暖的语言好像不多,基本上都是不好听的话。但是,我有时候也会问问他想吃点什么,也会关心他的生活。

施老师:你才40出头,千万不要辞职。家长有能力但不从事工作,会降低在孩子心目中的威信。建议你估算一下，一辈子能和儿子在一起多少天。有了这个数字概念，相信你的焦虑症会减轻一点，孩子在你面前会轻松一点，孩子的各方面表现还会意想不到地进步一点。

陈女士：嗯，这个，我倒是没有想过。

施老师：老师们敬业负责是好事，但是，把孩子们"裸身"在光天化日之下可能会伤害他们的自尊心和自信心，你可以委婉地请老师私聊，要注意在不说老师坏话的前提下保护孩子。至于那些鸡毛蒜皮的事情你可以视若不见，不必亦步亦趋紧跟老师。分析孩子问题的性质和严重程度，择要告诫即可。

陈女士：那怎么可以呢？大问题都是小问题积累成的，平时学习不好考高中也不可能考好。

施老师：我有个得意门生，你听听他父母的教育方式有没有道理。

普林斯顿学霸是怎样炼成的

蒋同学取得了托福、SAT 等所有标准化考试的满分，在数学和物理方面获得了一系列高级别竞赛的奖项。留给我最深刻印象的是他的思辨精神，他对社会问题有着客观成熟的看法，对自己的职业生涯有着清晰合理的计划。虽然他梦寐以求的学校是普林斯顿大学，而且有相当的自信，但是依然选择全美排名 20 左右的加州大学伯克利分校作为保底。他追求最佳结果，也做好最坏打算。菩萨畏因，众生怖果！在这一点上，他和大多数勉强够上申请条件就非常春藤不去的中国学生形成了反差。

大一暑假回国，蒋同学告诉我许多普林斯顿的趣闻轶事。历史课上，教授请了一位时任美国国防部高官讲"二战"逸闻。当年为什么原子弹投放长崎呢？老先生说，是因为一位实权人物觉得"长崎"这个名字好听……

当我洋洋得意道出关于塑造精英二代的系统框架和各项指标，满心期待他的褒奖时，他提出了异议。

"在编程后的自动流水线上，原材料可以得出确定的成品。但是，人的培养不一样，存在一定的不确定性，所以必须容错。我的父母对我就没有什么设计，他们更多的时候就像一个旁观者。当我困惑、消极，甚至犯错误的时候，他们基本上'冷眼旁观'，很少直接参与。"

蒋同学这么一说，我想起当初与他父亲的访谈，谈到他迷茫的高二暑假。后来，我们根据这段访谈，针对普林斯顿大学写了一篇申请文章。

高二的成绩又是全优，得了物理竞赛的一等奖，组织或参加了艺术、辩论和社区志愿者等一系列活动……我努力抓住每一分钟，我努力想把每件事情做到极致。但是，我做这些是为了什么？为了成为别人眼中的好孩子？还是为了今后出人头地？

暑假回到家中，父亲注意到了我的魂不守舍，没和我说什么。两天后，爸爸妈妈说单位组织旅游，要出去一周，让我照看家里阳台上的花花草草，而且不得养死。

这些娇惯的小东西真不好伺候。我从网上查到，蟹爪兰不喜阳光不喜水，铜钱草要多晒太阳多浇水……

后来蒋爸告诉我，实际上他和夫人故意离家，让儿子在养花过程中消磨一下浮躁。

"他上幼儿园的时候，有小朋友打他，我们只是告诉他注意保护好身体的关键部位，没有给他出头找老师找对方家长。小学三年级，有一次回家，胳膊上带着瘀紫色，我和他妈妈都没有直接问他。我们通过侧面了解到，在单位到学校的班车上，高年级同学要他让座，他不愿意，就被揍了两下拽下来了。第二天，我们注意到他把几本连环画装在书包里，晚上回来很得意的样子。哈哈，原来是用连环画贿赂了大同学。"

做"战略型"家长

当年和蒋爸的交流，引发我回忆起父母在我成长过程中扮演的角色。

人到中年求知欲愈加旺盛，从事自己热爱的工作，享受工作带来的存在感和满足感，对社会至少"无公害"。我有时反省，何德何能？

除了祖上积德、运气不错外，所有得到的这些，很大程度上归功于我的"战略型"父母。在我的大脑硬盘中，父母几乎没有对我学习和为人方面说教，他们似乎无比淡定地旁观我的成长。

高三上学期的一天，班主任杨老师通知我父亲到学校。敬业负责的杨老师通报了我的"斑斑劣迹"：每天晚上八点半准时回宿舍睡觉，上课不大听讲，作业经常不完成，且屡教不改。杨老师总结道："以他现在的表现，大专也不一定考得上。"

我不清楚当时父亲是怎样回答杨老师的，只记得父亲到宿舍找到我，发挥他作为教师出身的基层公务员善于做思想工作的优势，呵呵一笑："杨老师反映，你最近身体保养得很好。"

父亲的一句玩笑让我整整内疚了一天，当天晚上我破纪录地在教室里忍着困意熬到了十点半。惭愧的是，第二天开始又抛之脑后我行我素了。

无论我从小学习成绩普普通通，还是大学时代拿着惨不忍睹的成绩单回家，父母从来不会苛责。无论我高考取得学校第一名，考上中科院研究生，留学加拿大最好的大学，还是不惑之年赴美国读博士，父母从来不事张扬。无论我从中科院辞职，离开国家机关，还是告别新东方，父母都是淡然处之、不闻不问。

许多年后，父亲说出了他当时的想法："考不上大学也没啥了不起，你身体没啥问题，人品没啥问题，那我们有啥担心的？我们相信你能养活自己，反正你也知道我们给不了你什么。"

事实上，我们这一代人的家长，"放任型"不在少数。无为而治的教育模式，并没有影响我们绝大多数人遵纪守法、自食其力。

见过了太多太多为孩子鸡毛蒜皮的事一惊一乍、痛不欲生的家长，越发感激父母当初的"放任之恩"。不敢想象，桀骜不驯、愣头愣脑、聪明和勤奋都沾不上边的我，要是落在这样的家长手中将是何种下场？最近，我向这两位没有学过教育心理学的"伟大教育家"表达崇高的敬意，他们欣然笑纳。

每个人的成长过程，都是犯错修正、再犯错再修正的不断轮回。没有人不生病，生病会帮助身体产生抗体。犯错误不可怕，关键在于反省和修正。

对于孩子非原则性的缺点错误，家长应当有充分的耐心和宽容。这种情况下，冷眼旁观比直接插手更利于孩子的自我反省和修正。旁观，并不会失控。

优秀的领导抓大放小，优秀的家长也是如此。家长代替不了孩子的成长，路总是要自己一步步走。顺劝当今的父母，淡定再淡定！

2.9 穷养，还是富养

沈女士有个近乎完美的家庭，和睦殷实，儿女双全。暑假到了，夫妇俩计划陪孩子们去美国参加一个夏令营。有意思的是，两口子和 14 岁的女儿订了头等舱机票，给 11 岁的儿子订经济舱。

"是不是只有三张头等舱的票了？"

"不是的。从儿子 10 岁开始，我们就区别对待姐弟俩了。儿子要穷养，女儿要富养嘛！"

"弟弟有意见吗？"

"开始意见大了。后来我们告诉他，你是男孩，今后要接爸爸公司班的，从小要磨炼。他就慢慢接受了，习惯了。"

"那么，姐姐怎么看待这个问题呢？"

"姐弟俩一直很亲的。姐姐一开始为弟弟打抱不平，经常偷偷地把我们给她的零花钱分给弟弟。后来，又不高兴了，觉得我们偏心。我们告诉她，男孩要在外面做事，女孩开开心心才是最重要的，反正家产她和弟弟每人一半。时间长了，她也就慢慢淡然了。"

"您觉得全网通手机好卖，还是为某一家通信公司定制的手机好卖？"

"应该是全网通手机好卖啊，像我这种技术盲可以不用琢磨是不是适用我的联通卡了……施老师，你怎么会问这个问题？"

男孩女孩，都应该兼养

穷养孩子还是富养孩子？

这个问题见仁见智，但似乎多数家长倾向于"儿子要穷养，女儿要富养"，并在教育孩子的过程中自觉或者不自觉地践行这个理念。

持有"穷养儿子富养女儿"观点的家长通常认为：穷养儿子，能让他体会生活的艰辛，养成吃苦耐劳的品质和奋斗意识，为今后做大事打下精神基础；富养女儿，能培养她高雅的品质，有眼界有品位懂时尚有情调，以免今后受男性的物质诱惑。

虽然无法考证到源头，但是，我相信这个观点产生于男尊女卑、家庭多子女的旧时代。

中国传统社会中，儿子，特别是大户人家的长子，生来就被赋予光宗耀祖、传宗接代的重任，"穷养"有一定的合理性。"宝剑锋从磨砺出，梅花香自苦寒来"。欲成就大事，自当苦其心志，劳其筋骨，饿其体肤。但是，人性的本质有好逸恶劳、贪图享乐的原罪，一味被灌输"穷养"可能适得其反，甚至导致孩子人性的压抑及亲子关系的扭曲。

中国传统社会中，女孩，特别是大家闺秀，待字闺中大门不出二门不迈，适龄时择一门当户对子弟"泼出去"即可。女儿是别人家的人，只要孝敬公婆、相夫教子，不被夫家休回，一切万事大吉。

上世纪初叶的新文化运动后，女性逐步挣脱了男尊女卑的枷锁，争取和男性一样的受教育权利以及在职场体现人生价值的权利。现代社会家庭越来越不稳定，如果女儿依然像旧时一样做个家庭主妇，相信父母心里是不踏实的。外柔内刚的女性，更容易获得生活的幸福。如果女性具备独立谋生的能力和精神，那么即使在生儿育女的几年待在家中，内心依然自信。热播电视剧《我的前半生》中，家庭主妇罗子君沉溺在养尊处优的生活中，婚姻危机爆发后重回社会艰辛打拼。罗子君的教训，家有千金的父母们应当引以为鉴。

1982 年，计划生育被确定为中国的一项基本国策。众多独生子女家庭的现实，客观上也使"穷养儿子，富养女儿"的理念失去了土壤。

信奉"儿子要穷养，女儿要富养"的父母们，可以设想一下这种情况：假如被穷养的男孩遇上了被富养的女孩，他们还能不能在同一个频道上沟通，能不能好好地过日子？

"富二代""草根二代"，都应该兼养

2008 年汶川地震后，许多地区对口接待灾民。某地级市的副市长负责该市的灾民接待工作，在事后的一次私人场合，他说："接待好这些受灾的同胞，是应该的，是我们义不容辞的责任。但是，孩子们进入四星级五星级的酒店，他们那种复杂的眼神，我看了很不是滋味。和他们原来的生活环境反差太大了！我们虽然是发达地区，但普通市民也不会住四五星酒店。如果安排他们住到三星酒店或者干干净净的快捷酒店，省下来的钱给他们作为生活费和教育经费，不是更有价值吗？但是这样做不行啊，其他城市都是高规格接待的。"

副市长的思考，我深以为然。

每个人在这个世界上都只能走一趟，人生而不平等，但是追求平等的权利是平等的。出生寒门，也有追求更高的物质生活和精神生活的权利。

很多年前读过一篇文章，讲的是一位生活在县城的工薪阶层女士。她平时节俭持家，不慕虚荣，但是每年都会和丈夫商量搞一次"奢侈"消费，或者是全家到大城市旅游一趟，或者是在平时不敢进的饭店吃一餐，或者是买一件平时不敢看价格标签的名牌衣服。

她平平淡淡地做好家庭主妇，但是不忘"少女梦"，期盼见识这个世界的美好。在现实和理想之间能找到合理的平衡，这样的人值得敬佩。

无论从下到上还是从上到下，都需要广开视野逐步了解社会各阶层。"含着金钥匙出生"的"富二代"，如果在成长过程中与社会底层隔离，成年后就难以成就大事。一旦家庭发生变故，可能因为缺乏必要的底层生存技能而陷入困境。

朱元璋长孙、明朝第二代皇帝建文帝朱允炆，人品敦厚、虚心纳谏、宽刑省狱，成就了短暂的"建文新政"。建文帝命运多舛，在位仅四年就被叔叔燕王朱棣篡位。"靖难之役"后，他的下落成为一桩悬案。官方记载，他死于难中；民间传说，他乔装成和尚逃离南京。常理推测，这样一位成长于宫中禁闱的"超级官二代加富二代"，安全逃亡的可能性微乎其微。毫无"街头智慧"，举手投足语言语气无不另类，他在民间无论隐蔽身份还是生存都不容易。

在物质生活方面，无论男孩还是女孩，都应该兼养。无论"富二代"还是"草根二代"，都应该兼养。

所有孩子，都应该置身于尽可能广阔的世界中，从自身家庭所处的经济和社会阶层出发，随着年龄的增长和心理成熟度的提高，逐步向上和向下接触各个社会阶层，见识世界最美好的一面和最糟糕的一面，最终完成对社会整体的感性认识。

在品行、心气、胸怀和学识等精神生活方面，无论男孩还是女孩，都应该富养，无论"富二代"还是"草根二代"，都应该富养。

第3章

价 值 观

幸福在哪里

享受型：A同学放暑假了，期末考试成绩还是十分稳定，班级倒数第三。可以想见，回家将是怎样的景象。他给妈妈发了微信，谎称在好朋友家住几天，发完后就关掉了手机。

两天后，妈妈终于在一家网吧找到了儿子。透过桌子上的一堆可乐罐和方便面盒子，看到他正在大呼小叫指挥部下们冲锋陷阵，虽然蓬头垢面、眼中布满血丝，但是眉飞色舞、霸气十足。

A同学内心明白：一旦离开网吧回到现实世界，这种虚幻的、短暂的快乐就会烟消云散。

颓废型：B同学虽然成绩一般，但在大家眼里是个乖孩子。他从不迟到早退缺作业，从不与人争执，学校的社团活动既不挑头也不拒绝。

但是，似乎永远迷茫的眼睛和慵懒的表情透露出了他的百无聊赖。如果问他对某个问题的看法，他用两个字回答"还好"；问他喜欢吃什么，他用两个字回答"随便"；问他有什么兴趣爱好，他用两个字回答"没有"。

自制型：C同学天资一般，但是个懂事的孩子，从小到大没让家长操过心。爸爸妈妈经常对她讲，操持个小饭店虽然能赚钱养家，但是起早贪黑辛苦不说，社会地位不高。希望她能好好读书，今后不要走他们的路。父母的艰辛，C同学从小看在眼里，她理解读书是改变命运的最佳途径。

考上大学后，她对表妹说，"其实我从来就没有喜欢过学习。你家条件好，别像我这样除了学习啥也没干过。"

什么是幸福?

若干年后回首这段学生时代，A、B、C 三位同学大概都不会有多少美好的感觉。

相比这三位学生，北京大学的学生们无疑是站在金字塔尖上的天之骄子。按理说，他们应该很快乐、很幸福。但事实又如何呢？

北京大学心理健康教育与咨询中心副主任徐凯文博士，曾经对北大一年级新生（包括本科生和研究生）做过一个调查。新生中，有 30.4% 的学生厌恶学习，或者认为学习没有意义；有 40.4% 的学生竟然认为人生没有意义，其中最极端的就是放弃自己（自杀）。

"他们共同的特点，就像他们告诉我的：徐老师，我不知道我是谁，我不知道要到哪里去。我觉得从来没有来过这个世界，过去的日子都好像是为别人活着，我不知道自己要成为什么样的人。"

无聊、迷茫、厌世，都是心的问题，都是幸福感匮乏的体现。如果能保持相对丰富的幸福感，即使短期迷失人生方向，也不至于产生严重的心理问题。

毋庸置疑，幸福是人生的终极目标。那么，幸福究竟是什么呢？

泰勒·本-沙哈尔博士开设的《积极心理学》，被评为哈佛大学最受学生欢迎的课程。他对幸福给出了一个简单的定义：幸福 = 意义 + 快乐。

如何获得幸福感

既然"幸福 = 意义 + 快乐"，那么，幸福感就源于对"意义"和"快乐"的探寻。

❶ 理解没有绝对的幸福，这是取得幸福感的第一步

现实中，意义和快乐可能在某个点上同时体现，但是两者兼顾并不是一种常态。例如，游泳是一项有意义的活动，一个少年游泳爱好者从中可以同时体会到意义和快乐。但是，作为一个职业运动员，训练的枯燥、比赛的压力会冲淡快乐感。

有意义的事情不一定快乐，快乐的事情不一定有意义。绝对的幸福只是一种理想状态，理解这一点有助于我们以务实的态度最大化幸福感。

❷ 发掘意义，这是取得幸福感的第二步

能考上北大的学生，天资聪慧是共性，但是他们对学习意义的理解不尽相同。有的学生热爱学习，把考上北大仅仅作为求知历程的一个节点；有的学生从小努力学习，并不是源自自身的求知欲，而是迫于家长和老师的压力。

对学习意义的不同理解，必然会导致考上北大后的不同表现。前者保持着以往的平和状态，在北大的平台上继续求知。后者完成了父母交给的任务，失去了学习乃至人生的方向。

❸ 平衡意义和快乐，这是取得幸福感的第三步

既然没有绝对的幸福，那么理性的做法就是尽可能在意义和快乐之间找寻合理的平衡点，尽可能让每一天过得既有意义又很快乐。

俗话说，劳逸结合，"磨刀不误砍柴工"。意义有大有小，有意义的事情需要有快乐支撑，否则难以持久；快乐有多有少，快乐的事情需要有意义的内涵，否则会沦为无聊颓废。无论对于孩子还是成人，努力学习/工作、保持充分的休息和睡眠、适量的运动和娱乐、做一点家务，还有一点胡思乱想或发呆，这样普普通通的一天恰恰是幸福的一天，能够良性循环、可持续发展的一天。

家长，别破坏孩子的幸福感

"快乐"的感受是与生俱来的，一个婴儿呱呱落地就有喜怒哀乐的情绪。当饥渴的时候喝上奶，婴儿的脸上就有快乐的笑容。

对"意义"的理解是后天形成的，并在成长过程中逐步调整、完善并最终定型。家长是孩子最早也是最重要的人生导师，在塑造孩子对学

习意义、人生意义的理解上承担关键角色。

如果家长自身对于学习和人生的理解有偏差，或者采用"严于律人、宽以待己"的双重标准，必然使孩子无所适从甚至被误导，从而离幸福越来越远。

❶ 让孩子为自己而活

孩子玩街舞，家长认为不务正业；孩子想学心理学专业，而家长认为金融才有"钱途"……

"意义"和"快乐"都是主观的概念，都是见仁见智的自我感受，父母所理解的意义和快乐并不一定被孩子认可。这一代孩子自我意识强烈，父母越阻挠的事情就越想做。另外，社会主流价值观呈现越来越多元化的趋势，成绩好坏、赚钱多少也不再是成功唯一的衡量标准。

一方面，未成年人的成长离不开引导；另一方面，只要于他人或社会无害，一个人就有权利做他想做的事情。在非原则性的问题上，父母应当给予孩子充分的选择权和决定权，因为，归根到底人生是他们自己的。

❷ 赋予学习和生活正确的意义

考上好大学，才能有好工作；找到好工作，才能过上好日子。提高一分，干掉千人。同事家的小孩考上清华大学了，朋友家的孩子年薪几十万……

这些被广泛采用的、貌似积极合理的激励说法，其结果恰恰最恶劣、最消极。把考上好大学作为学习目标，就好像一台蓄电池电瓶车，届时动力会戛然而止；如果告诉孩子，学习既可以享受求知的快乐，又可以获得人生的自由选择权，就在孩子的求知道路上配置了一台太阳能的"永动机"。

从本质上说，人生是为自己而过的，人生的价值在于活出自己的精彩，而不是通过与旁人的比较获得优越感。狭隘的竞争意识是短视的，也是对塑造博大胸怀的一种致命伤害。

❸ 让孩子"回归凡间"

幸福感是一种主观感受，受纵向和横向比较的影响。

"70后"这一代人，早年虽然物质贫乏，但也基本吃饱穿暖。贫富差距小，环顾四邻都差不多。他们的成长与改革开放的进程同步，物质生活水平快速提高，纵向比较满满的幸福感。所以当他们知道了西方人物质丰富，也并没有多大失落，因为对未来有信心。

新生代们，大多属于"消极的乐观主义者"。他们生来衣食无忧，纵向对比无从谈起，横向对比反而能引起伤害。他们觉得自己生来就应该幸福，一旦现实有落差就容易消极。

北京某国际高中的一位同学，如此评价父亲"忆苦思甜"式的教育。"他的这些苦难史，讲了至少有800遍。他就不知道，这些和我有什么关系？他生活在他的年代，我生活在我的年代。我的同学哪个条件比我差啊？比我花钱多的，有的是。我们班上，还有开着奔驰来上课的。家长接送，开的最差的也是奥迪。"

爸爸百思不得其解，儿子每个月的零花钱有5000元，压岁钱积攒了20多万，怎么没有幸福感也没有感恩心？

为什么两代人之间各说各话，驴唇不对马嘴？除了沟通方式不当外，核心原因是父母在物质上无条件无底线地提供，在生活上大包大揽，不当地提高了孩子的"幸福阈值"，让孩子生活在"真空"中从而失去了平常心。

幸福感源于对意义和快乐的探寻，两者难得结伴同行，大多数时候各行其道。世上没有绝对的幸福，对人生有正确的认识、过自然合理的生活，才是获得幸福的唯一通道。

在孩子形成幸福感的过程中，许多家长扮演了"添乱"的角色。过多过度地为孩子做主，使孩子失去自我；对学习意义的功利化理解，破坏了孩子的长期求知欲；从与别人比较的角度刺激孩子的进取心，歪曲了人生价值的真谛。

富裕和中产阶层的大多数孩子已经无法亲历艰苦，但是，父母应当适度控制孩子的物质享受，并尽可能创造条件让孩子体会社会各阶层的生活状态。福，不可享尽，特别是在年轻时。

3.2
为何做好人

韩家夫妻俩吃斋念佛，开着一家以残疾人为员工主体的工厂。先生抓生产，太太搞经营，凭着诚信厚道，生意还不错。

儿子小学毕业时，家里就计划等他高中毕业后到美国读本科。按照韩妈妈的说法，"这孩子从小成绩一般，从幼儿园开始就不是老师喜欢的类型。他爸以前在国企做财务经理，就是因为举报领导丢了工作。基因啊，没办法！他和他爸一样一根筋，长大了没法在中国社会混。毕业后最好就在美国找个工作、生活下去。"

当韩妈妈带着小韩来见我，希望能以最快的速度赴美留学时，我觉得很突兀，有必要问问改变计划的缘由。在2006年，赴美读中学还是个稀罕事。

"最近出了个事，还是趁早走吧，越快越好！"韩妈妈含着眼泪，褪去儿子的长裤，露出一道七八厘米长的伤疤，两侧缝线的痕迹还清晰可见。

在公共汽车上，小韩发现一个小偷正在把手伸向一个中年女性的钱包，就上前制止。小偷见他是个身材单薄的少年，挥着拳头冲过来，五岁起习武的小韩三招两式就把他逼退。但是，没料到后排窜出一个小偷同伙挥刀将他的大腿刺伤。两个歹徒威胁司机停车后，仓皇逃走。

"有个好心的姐姐帮我拦了辆出租车，我一个人去的医院。为什么搏斗过程中车上没有一个人帮我？为什么受害者就这么走了，连句谢谢都没说，更不要说带我去医院？为什么同学和家里的亲戚都说我做傻事？为什么做好人没有好报？"

品德教育的尴尬

"在这物欲横流的人世间，人生一世实在是够苦。你存心做一个与世无争的老实人吧，人家就利用你欺侮你。你稍有才德品貌，人家就嫉妒你排挤你。你大度退让，人家就侵犯你损害你。你要不与人争，就得与世无求，同时还要维持实力准备斗争。你要和别人和平共处，就先得和他们周旋，还得准备随时吃亏。"

杨绛先生的这段百岁箴言，正是许多家长在对孩子进行品德教育时两难处境的真实写照。

我们相信"仁义礼智信、温良恭俭让"才是亘古不变的人生大道，也希望孩子今后能成为这样堂堂正正的君子。但是，我们无法不担心，按照《三字经》和《弟子规》培养的孩子在复杂的现实世界中又该如何生存？

面对这种尴尬，少数家长坚守忠孝仁义的品德教育，少数家长为孩子言传身教了一套圆滑世故、明哲保身的实用规则。大多数家长选择了沉默回避、不作为，也许他们觉得学习才是学生阶段最重要的事，如何看待这个世界、如何与人相处，这些事情等孩子长大以后再说吧。

学校有关品德教育的内容，满满的正能量。但是，以课程教学为主的说教方式枯燥乏味，难以让学生产生兴趣；教学内容与现实社会严重脱节，难以起到指导学生处理实际问题的作用。

既然从家庭和学校难以获得实用性的指导，多数孩子对人性和社会的理解就主要来源于动画片等媒介、同学之间的交流以及他们自己的生活实践。显然，来自这些渠道的知识和经验过于肤浅，甚至会误导孩子。当毫无防备的、单纯的心与残酷的现实世界相碰撞的时候，他们将不可避免地受到伤害，严重者甚至会走向仇视社会的极端。

力争做好人

社会本身是五颜六色的，既有阳光明媚的一面，也有藏污纳垢的一面。坑蒙拐骗的发大财、学术剽窃的升教授、溜须拍马的升大官……现实中小人得志的现象确实存在，违法犯罪后逍遥法外者不乏其人。当年，我的 MBA 教科书上提到了一项"毁三观"的实证研究，在一些行业中分别选取商业道德好和坏的两组企业，绩效没有显著区别。

好人历经九九八十一道磨难才能成佛，而坏人只须放下屠刀即可立地成佛。面对具体问题的时候，做"好人"还是"坏人"只是一念之间。既然做好人这么辛苦，做坏人好处立竿见影，那还要不要做好人呢？

在没有想清楚做好人的意义之前，即使做好事也会勉强，也难以长久。

好人有好报，这句话要辩证地看。仔细想一想，即时的、有形的好报不一定有；但是，长久的、无形的好报还是不少。

❶ 做好人，最大的好处在于自身内心的平静安宁

孔子说："君子坦荡荡，小人长戚戚。"老子说："上善若水，水善利万物而不争。……夫唯不争，故无尤。"我们不必介意别人的诟病，不必担心打假、举报和反贪，每天都能踏踏实实睡个好觉。

❷ 做好人有好报，我们一生都会为自己骄傲

世界上多了一个好人就少了一个坏人，一点一滴的社会进步都离不开正直善良敢担当的小人物们的努力。

❸ 做好人有好报，起码教育孩子时轻松自如

如果自己做一套，在孩子面前说一套，搞不好会人格分裂。我们自己为人正直坦荡，就不太需要担心孩子未来会成为坏人。

做好事不能预设条件，不能期望对等回报，不能期待对方说一句谢谢，甚至要做好面对消极结果的准备。你善待了十个人，可能有两个人也同样善待你并与你保持长期联系，有七个人从此销声匿迹，甚至有一个人会恩将仇报。这些都很自然，都很平常。

老子说："天之道，利而不害；君子之道，为而不争。"做好事之前首先要想通，你做好事的唯一原因就是你自己愿意，你自己快乐。

先做合格公民，再讲忠孝仁义

农耕文明时代，人际关系主要发生于家庭、宗族和邻里等亲人和熟人之间，基于道德伦理的宗法其权威性甚至高于国法。现代人面对更为广阔的世界，人际交往更多地发生在同学、同事以及职场的利益相关者之间，以传统儒学指导现代人的为人处世显然力不从心。

台湾慈济大学林安梧教授，提出了传统儒学的升级版——"公民儒学"概念，也即先做合格公民，再做正人君子。

公民，是法律层面的概念，强调个体的权利与责任，强调如何在遵从社会规范的前提下保障自己的权益；君子，是道德层面的概念，强调内在的自我完善，强调如何通过自我约束独善其身、安身立命。

一个恪守忠孝仁义的君子，有酒驾的恶习，他还是值得我们学习的榜样吗？一个很自我的人，但是不侵犯他人或者社会利益，我们能不能接受？

将公民概念置于君子之前，并不是轻视人的自我修为，而是因为两者次序有先有后。遵纪守法是基础，道德高尚是锦上添花的附加美德。成为好公民，才打下了后续成为真君子的基础。片面地以道德标准衡量人、以道德绑架人，不适合现代的公民社会。

乘车自觉排队，吃完快餐自己倒餐盘，公共场合自己带走垃圾，购物索要发票，这些看似微不足道的小事都是公民意识的具体表现。每个人的公民意识逐步提升，就会带来整个社会的提升。在良好的公民社会和社区，我们更可能自然地提升道德水准。

品德教育分两步走，看起来降低了标准，实质上更接地气、更有实效。

家长如何施行品德教育

在学校、家庭与社会三位一体的教育体系中，家庭才是主角，才是孩子教育前途的最终决定者。品德教育，家长更是责无旁贷的第一责任人。

❶ 告诉孩子关于人性和世界的真相

1987 年，74 岁的白芳礼开始用蹬三轮车的收入助学。直到 92 岁逝世的 10 多年间，他的 35 万元善款圆了 300 多个贫困孩子的上学梦。

在敬佩白芳礼老人伟大人格的同时，不禁感慨这样的人太少太少，包括我们自己在内的绝大多数人望尘莫及。我们一辈子说得最多的一个词是什么？"我"！我们做事的第一感考虑谁的利益和感受？"自己"！

水至清则无鱼，"无菌培植"出来的道德完美主义者难以在世俗社会中幸福生活。这个世界陷阱比馅饼多，回避阴暗并不能消除阴暗。我们应当告诉孩子们关于人性和世界的真相。世上最复杂的莫过于人性，人性中善恶的成分皆有。与其灌输道德洁癖，不如结合事例传授不同场合的处事分寸。例如，乐意助人是美德，但是见义勇为应当量力而行，特别是对于未成年人来说。

❷ 积极的心态讨论消极的事物

和孩子讨论社会阴暗面，目的是给孩子"打预防针"，让他们对潜在的麻烦有心理上和方法上的预备。"预防针"的剂量自然要适合孩子的年龄段，以免超出他们的承受能力引起心理伤害。

另外，当我们谈及消极事物的时候，要尽可能地用积极的态度。告诉孩子们，大恶毕竟是极少数，邪不压正，大多数人是善良的，像白芳礼老人这样无私的人会越来越多。

❸ 借鉴"新加坡式"的家庭品德教育

同属儒家社会的新加坡，其品德教育的经验值得我们借鉴。

自 2014 年起，新加坡教育部在小学中推广新的品格与公民教育课程。该课程通过三大概念，即身份、人际关系和现实中的抉择，向学生传达六个主要价值观（即尊重、责任感、正直、关怀、应变能力、和谐）。教材以活泼的方式呈现生活实例和传统故事，帮助学生通过思考内化价值观，从自身出发延伸至家庭、学校、社区、国家和世界层面。为了鼓励学生实践所学，课程加入了各种各样的活动元素。

值得一提的是，教材的每个章节附设了"家庭时间"，供家长（包括祖父母）与孩子一起分享自己的经历，讨论在现实中如何待人处事。

好人难得好报，诚然，这说明我们的社会出了大问题。一己之力无法改变社会，但是家长如果尽早引导，孩子完全可以"内方外圆"，对内（自己）有较高的品德追求，对外（复杂社会）有较强的适应和应变能力。

品德教育切忌脱离实际讲大道理，切忌脱离权利义务讲道德完美。每天晚上，全家一起交流各自当日所见所闻所经历的事情，用积极的态度讨论消极的人和事，这就是最简单、最有效的品德教育。

3.3 与七岁孩子谈死亡

杨先生谈起他儿子七岁时的一个小故事。

平时儿子吃完晚饭后都要看看《大头儿子和小头爸爸》，鼓捣一堆汽车玩具，玩到筋疲力尽才愿意去睡觉。但有一天晚上，他低着头扒了半碗饭，平常最爱吃的鸡腿碰都没碰，就撂下饭碗回房间了。

我觉得不大对劲，就到他房间门口贴着房门听，隐约听到呜呜的哭声。推门进去，看到儿子把头捂在被窝里，小身子一抖一抖地抽泣。

我问他，是不是白天和小朋友打架了。儿子把头探出来，擦着眼泪问："爸爸，人是不是都要死的？"

我听到儿子这么问，心里很痛。我想起了自己小时候明白人都要死这个道理时内心的无助、凄凉和惶恐。说实话，我没有准备过如何回答儿子这个问题。但当时对这个问题的回答，我现在想起来还是觉得很自豪的。

"儿子，人确实都是要死的，每个人都会死的，无论他多厉害。这和你打游戏时有很多条命是不一样的。"

"那人死了以后，是不是就什么都没有了？"

"人死了，虽然他的身体没有了，但是他的子子孙孙会延续他的生命。只要你在，爸爸妈妈就没有死。而且，如果他活着的时候做过很多有意思的事情，就可以说他永远都不会死。你看我们房间的电灯，是爱迪生发明的，他早就不在这个世界上了，但是后人开灯的时候，就可以说他还活着。你语文课本上的古文，作者哪怕是一千年前的，但是这些好文章一直流传下来，作者也就随着文章一直活着。爷爷过世好几年了，因为他做了很多好事，村里的人还是会经常谈起他，他就活在大家的心中。"

死亡教育的意义

"死亡"，是中国人最不愿意触及的话题。在我们的教育体系中，"死亡教育"是比性教育更忌讳的领域，事实上是完全空白。但是，死亡实实在在地存在，静静地等待着任何一个人，无论他富贵还是贫穷。

在所有的情感中，人们对死亡的感受最隐秘也最强烈。没有哪一种情感比死亡更能迫使我们，即使是最世俗的人，进行哲学思考。虽然告知真相是残忍的，但是，待孩子成长到有足够的领悟能力时，家长客观但明确地告诉孩子什么是死亡，正是价值观教育的绝好机会。

❶ 死亡教育，可以帮助孩子理解生命的哲理

无论生物还是地球和太阳等天体，万物都有产生、发展和灭亡的过程。理解了死亡，孩子才能相对平静地接受身边发生的死亡事件。

❷ 死亡教育，可以帮助孩子塑造积极进取、乐观、开朗的人生观

既然生命只有一次，那么自当珍惜生命，让生命过得尽可能有价值、有意义。

人，从出生到生命的进程都是不平等的，只有在生命的终点是平等的。理解了这一点，对他人就会多一份平等尊重感，对自身的人生起伏就会多一份平常心。

现实中，当孩子提出有关死亡的疑问时，大多数家长避而不答或者顾左右而言他。事实上，死亡教育是回避不了的。越拖延，越回避，对孩子的伤害就越大。

有一些家长，特别是老人，用"人死后都会变成鬼"来解释死亡。这种解释虽然操作简单，但是存在两大弊端。首先，这类说法模糊不清，不能从根本上解答孩子的疑惑，使孩子陷入更深的迷茫。其次，这类说法人为地加大了孩子对于死亡的恐惧感，导致孩子今后不敢探望病重的亲人，不敢参加亲人的追悼会。

生命，是拿来折腾的

从数量的角度，生命等同于寿命，也即从出生到死亡的时间跨度。从质量的角度，生命等于一生所做事情的总和。

对于生命的这两种理解都合乎逻辑，但是却会导向两种截然不同的人生态度。第一种态度，因为人生就那么短短几十年，所以好死不如赖活。第二种态度，因为人生就那么短短几十年，所以要活得有价值。

在大多数人的概念中，年过花甲意味着儿孙绕膝享受天伦之乐、抱着保温杯颐养天年。但是，1953年出生的方励先生还在使劲折腾，他身边大多数的朋友是"80后"甚至"90后"，因为"50后""60后"的朋友都去打高尔夫球、体检，都去养生了。他的演讲《感谢你给我上场机会》，畅快淋漓地告诉了我们什么是有意义的生命。

17岁，我被下放到贵州山里打隧道修桥，19岁进工厂，20岁在北京当工人，1978年考上大学读地球物理专业。当我能看到自己的人生终点，在国营企业排多少年能当科长、处长、局长，我每天的事情就是扯日历，扯到终点要等死，那就没法活了。

我创业不是想做多大的事，只是因为我喜欢，我喜欢电子、物理、数学、地球、海洋……这导致了我后来的职业选择五花八门。我发起参股的有20多家公司，其中跟电影相关的有五家，还加上一家航拍公司。

如何把一个事做好，这是战术；从内心最希望做什么，才是你一生中最重要的东西，这是战略。把赚钱当做第一位，你就赚不到钱，赚钱是顺带的事情，赚钱不能动情、不能伤心。钱是拿来买快乐的，赚钱的过程如果不快乐，那你就输在起跑线上了。

过去30年，我至少影响了四五十个年轻人，一夜之间把工作辞了。我可以非常负责任地告诉大家，他们中间每一个人都成功了，所有坐在那边整天盘算的都输了。

如果怕这怕那，一生什么机会都没有，因为世界本来就很拥挤、充满竞争。恰恰因为前面的事物是不确定的，你才真正拥有了人生的机会。永远记住你只活一次，所以你什么决定都敢做，这样走下去你会发现，其实人会变得很自由。人只有自由的时候是最有创造力的，人被压抑的时候是特别笨的。

生命不是拿来养生的，是拿来折腾的。我特别特别惜命，舍不得睡觉，每天做很多很多的事。由于贪玩，让自己的生活特别占便宜，我至少活了两条命。

生命太短暂了，短暂到我们来不及想就结束了。当我们离开这个世界的时候，脑子里带的全部是一些酸甜苦辣、各种精彩的回忆，那我觉得这人一生是最幸福的，其他都无聊。

西方人的死亡教育

由于宗教和文化的原因，西方人对死亡的理解与东方人有较大的差异。西方人不认为墓地有碍"风水"，西方基督徒的葬礼更是让东方人感到匪夷所思。在教堂中，牧师主持仪式，亲人播放幻灯片回顾逝者的生平，祝贺逝者实现了完美的人生。葬礼结束后，亲友们回到家中，喝着饮料、吃着零食，语气轻松，全然没有失去亲人的悲恸，甚至没有"庄重感"。

死亡教育在西方十分普遍，在幼儿园和小学阶段就设有形形色色的"死亡课"。

有一天，爷爷突然心脏病发作倒在了大街上。小男孩艾斯本伤心极了，爸爸妈妈的解释无济于事。这天晚上，爷爷突然回来了。艾斯本想，爷爷可能忘记了什么所以成了游荡的幽灵，于是他帮爷爷找。在寻找的过程中，爷爷回忆他的一生、回忆祖孙间的温馨往事。终于，爷爷想起来了，"我忘记对你说再见了，我的小艾斯本！"爷爷和艾斯本都哭了。祖孙俩约定要时不时地想着对方，不过也不用想得太多。艾斯本请爷爷转达他对奶奶的问好，然后两人挥手道别。

"好了，"艾斯本舒了口气，爬上床，"明天我可以去幼儿园了。"

丹麦作家金·富兹·阿肯森所著的《爷爷变成了幽灵》，目标读者群体是 3 ~ 6 岁的儿童。书中平和的对话和朴实的插图，淡化了死亡的可怕，让儿童从中找到了释放感情的出口。无论大人还是孩子，读完后都能更好地感悟亲情。

在西方的小学，经过专门训练的殡葬业人员或护士走进课堂，以演剧的形式模拟亲人死亡时的应对方式，模拟"亲人遗体的告别仪式"，甚至让家长躺到棺木中让两代人体会阴阳两隔。儿童在老师和家长的带领下，来到专为绝症患者提供善终服务的养老院，跟大人一起把五彩缤纷的花瓣轻轻撒向临终者们的床榻。更有甚者，老师和家长带着孩子们走进火葬场参观火葬的全过程等。

尽管有人认为这些做法可能会给孩子心中留下阴影，但大多数西方教育专家和家长认为利大于弊。

在信息时代，孩子们很容易从动画片、电子游戏和网络媒体中接触死亡的概念。孩子们理解死亡的年龄段不断提前。现代家长不应视死亡话题为禁区，而应当充分理解死亡教育的重大意义，抓住适当时机平静而客观地告诉孩子什么是死亡，引导孩子追求有价值的一生。

人的生命有生理生命和心理生命之分。生理生命是生命的物质载体，用时间来计量；心理生命是生命的精神内核，以对世界的好奇心和求知欲来衡量。延年益寿固然是人类的共同追求，但是，生命终将有尽头。既然岁月不饶人，那么我们也不能饶了岁月。正如古罗马皇帝马可·奥勒留在《沉思录》所说，"不要像你将会活上一万年那样去行动。死亡始终在你头顶上方窥视着你。趁现在你还活着，趁你还能有所作为，好好做人吧。"

人的一生就应该像一条河，开始是涓涓细流，被狭窄的河岸束缚。然后，它激烈地奔过巨石，冲越瀑布。渐渐地，河流变宽了，两边的堤岸也远去，河水流动得更加平静。最后，它自然地融入了大海，并毫无痛苦地消失了自我。

祝福每个孩子都有这样的完美人生！

3.4 一个出租车司机的存在感

朱同学在上海的一所国际学校读小学五年级。朱爸在一家民营房地产公司任总经理，朱妈是一家著名医院的外科主任。得益于优越的家境、良好的家教，朱同学聪明伶俐、活泼开朗，更为难能可贵的是，他朴实单纯。

有一天，他告诉我："上周末，爸爸带我去参加他老板小儿子的十岁生日晚会。他们家的房子像苏州园林一般，院子里有整整七辆车，有劳斯莱斯和卡宴！他们包了一家五星酒店的餐厅，订了80多桌，请了某某明星做主持。老师，这家人太气派，我受刺激了。"

"听说过一个山西煤老板在三亚7000万元嫁女儿，请了一群大牌明星，像春晚一样的大场面？大同一个煤老板的婚礼，婚车是劳斯莱斯幽灵，法拉利的角色只是护卫车，两辆兰博基尼只是嫁妆的一小部分……婚礼、生日，请亲朋好友很正常；有钱人排场大，这也很正常。如果他们静静地高消费，那只是一种生活方式，顶多是有钱任性；如果非要让无关公众看到、听到，非要炫富，那就有点心理问题了，甚至有点可怜了，他们的孩子更可怜。"

"老师，你这么说是不是有点羡慕嫉妒恨？"

"羡慕他们有钱是肯定的，佩服他们有本事赚钱也是肯定的，如果是合法收入的话，但是，嫉妒和恨谈不上。老师见过世界首富比尔·盖茨，参观过美国大款停着不止一架私人飞机的豪宅，要嫉妒也应该嫉妒他们啊。我说炫富是可怜的，是因为炫富的人缺乏存在感。钱可以放在银行、股市、楼市、保险箱，但是心无处安放。纯粹靠钱撑起来的存在感是虚幻不真实的、不踏实的，至多能起到人前炫耀的作用，他们碰上更有钱的人岂不崩溃？"

"这么有钱难道还没有存在感？什么叫存在感？"

"存在感和地位、金钱、受教育程度没有必然联系。有钱有势的不一定比普通人更有存在感。我给你讲讲一个出租车司机的存在感。"

一个出租车司机的存在感

在 GPS 史前的某一天，我去看望一位在南通工作的高中学弟。一上出租车，我向司机报出地址："姚港路 18 号，工商银行南通分行。"司机答道："地址不对，应该是姚港路 8 号。我们大概 12 分钟到。"

我不禁对这位师傅肃然起敬，刮目相看。

师傅姓秦，50 岁上下。年轻时在一家国营纺织厂当工人，直到上世纪 90 年代末下岗。

"刚下岗的时候，我也怨自己命苦。40 岁丢了饭碗，除了操作纺织机，什么本事都没有。养家糊口没办法，我就考了驾照开出租。为了多挣点钱，我每天比别人多干两三个小时。每天晚上，我就回忆走过的路线和周围标志性建筑的门牌号、各个时段的拥堵情况，再对照地图看自己有没有走错路线，记了整整一年的笔记。到了第二年，南通的大街小巷就都装在我脑子里了。客人报出地址，我能马上条件反射出最短的路线，报出大致的到达时间。客人们都觉得我很神奇，很认可我，所以经常有熟客包我的车。一般出租车司机每个月挣四五千很辛苦，我挣七八千也没他们那么累。我敢说，南通像我这样的司机没有第二个。"

"何止南通，我打车二十多年，见过的各地司机也有四位数，哪曾见过你这么牛的司机？"

言谈间，到了目的地。我感到意犹未尽，请秦师傅再绕一圈，继续聊。

"我对儿子的教育也是这样。他读书一般，人也老实，和我一样不是做大事的料。从小，我就要求他把小事情做到最好，上课不可以迟到，作业工工整整。后来，考上省内的三本，但是放弃了，到职业学校学汽修专业。毕业后在一家4S店修汽车，才干了两年半，已经是店里技术最好的，老板很器重他，赚钱超过我两倍了。"

我不能随波浮沉，为了我至爱的亲人。

再苦再难也要坚强，只为那些期待眼神。

心若在梦就在，天地之间还有真爱。

看成败人生豪迈，只不过是从头再来。

秦师傅哼起了《从头再来》……他说，这是他最喜欢唱的歌。当年唱这首歌，是无奈之下的自我鼓励和麻醉；现在唱这首歌，有了另外一种心境。

做出租车司机，也蛮好！

什么是存在感

听完了秦师傅的故事，朱同学若有所思："这个师傅有存在感，是不是因为他挣钱比别的师傅多，而且客人尊重他？"

"别人眼里的你，不一定是真正的你。存在感，和别人怎么看你没多大关系。真正的存在感来源于自己的内心，自己觉得自己活得有意思、有价值。成人的存在感，主要体现在家庭和工作两个方面。秦师傅能挣钱养家，又能把孩子教育好，所以他在家庭方面体会到了存在感。在工作上，他尽自己的最大努力比同行做得好，所以他在工作方面也体会到了存在感。你觉得自己每天过得有意思、有价值、有存在感吗？"

"我每天过得很开心，但是不知道有没有意思、有没有价值，没有想过这个问题。我还没有长大，不能挣钱，肯定没有存在感啊。"

"不同年龄段的人，都可以有存在感的。孩子也有孩子的存在感。你在这个世界上是不是独一无二的？即使有人和你同名同姓，和你也不是同一个人吧？"

"对的！我们班上有一对双胞胎兄弟，他俩也不是同一个人。"

"李白说，天生我材必有用。有意义的人生，就是找出自己独特的价值。独特什么意思呢？就是和别人不一样，这个不一样来自你自己，和别人关系不大。你看，你有苹果的全套装备，苹果推出任何一款新品，你都第一时间更新换代；你有10多双名牌运动鞋，最便宜的也在800元上下。这些好东西让你开心，让你在同学面前有'面子'，但是并没有给你带来存在感，因为买东西的钱是爸爸妈妈的。如果你成绩好，或者运动好，或者人缘好，这些主要是你自己的功劳，带给你的就是存在感。"

自我意识、存在感与使命感

一周岁左右的幼儿，开始被周围的世界唤醒。在商场、超市的衣服鞋子或玩具柜前，一个还说不清楚话的婴儿用肢体语言抗拒父母的选择，坚持自己挑选。一个三岁的孩子边玩着玩具汽车边说："妈妈，我长大了要当公共汽车司机。"

这些都是可贵的自我意识的萌芽。所谓自我意识，是人对自身以及自身与客观世界关系的一种意识，包括知、情、意三方面（表3-1）。

表3-1　自我意识的构成

知（自我认识）	自我感觉、自我理解、自我概念
情（自我体验）	自我感受、自尊、自爱
意（自我适应）	自我控制、自我调节

发展心理学认为，初生儿是"蛋壳中的小鸡"，不具备本体性，没有自我意识。他们不能把自己同外界环境区分开来，所以会把自己的小手

小脚当玩具来玩耍。在后天的生活中，在个体与客观环境尤其是与社会环境的相互作用中，自我意识逐渐形成并直接关系到儿童的个性成长。

自我意识是存在感的基础，唤醒自我意识是建立存在感的第一步。从意识到自己是上天所做的独一无二的孤品开始，每个人在每个年龄段都在不断寻找存在的意义，求索人类三大终极哲学问题：我是谁？我从哪里来？我要到哪里去？

存在感是使命感和自信心的基础，使命感是存在感的升华。有了充分的存在感，就可以触发人生和事业的使命感；有了明确的使命感，就有了自我奋斗的内在驱动力；内在驱动下点点滴滴的成功，就逐步夯实了自信心，将使命感提升到一个新的台阶。

新生代的孩子们，在物质生活上与当年的父辈不可同日而语，为什么他们还不开心？为什么许多孩子总是无精打采、懒洋洋，和他们谈理想几乎是"对牛弹琴"？

归根结底，家庭和学校没有在适当的时机帮助孩子建立存在感。所谓存在感，也即一个人存在于世间的意义，自己觉得自己活的是否有意思、有价值。

一个人是否拥有存在感，和自身的地位、金钱、受教育程度没有必然联系。存在感基于自身的主观感受，和别人的评价没有多大关系。存在感不是优越感，一个有存在感的人并不排斥他人也拥有存在感。

拥有存在感，是培养理想、使命感和自信心的基础。

3.5
与"准联合国官员"聊平常心

Emmy 被耶鲁大学录取并获得全额奖学金，在 2004 年的这座省城引起了轰动：将门出虎女。握着滚烫的手机，父母喜笑颜开地接着一个又一个祝贺电话。

从省级机关幼儿园，本市最好的小学，到最好的中学，Emmy 一路学霸。父亲尚未"知天命"已跻身高级领导，母亲在一家大型国企担任高管。女承父业，Emmy 从小就对政治表现出浓厚兴趣和过人天赋，她的理想是成为一名联合国官员，为全球的弱势儿童群体代言。比学业更自豪的是：她一直担任班长，高二更上一层楼担任学校的学生会主席。"都是一人一票选出来的，每次都几乎全票！"她得意地强调。

在创作申请文件之前的访谈过程中，我曾经问她："为什么你有这么好的人缘、这么高的威信？"她答道："我天生能和别人搞好关系，即使最讨厌我的同学和我最讨厌的同学，我也有本事让他投我的票。"

记得看过几张她和几位同学代表全校赴云南某小学捐款捐物的照片，蓝天白云下的山边简陋教室前，衣衫褴褛的孩子们手捧礼物纯真的笑脸，几位大城市俊男靓女的一身名牌显得那么不和谐。

获得签证后的一个周末中午，父母宴请亲朋好友和老师。当班主任到酒店的时候，Emmy 到包间门口等候；校长驾临时，她到电梯口迎候；爸爸的领导姗姗来迟，她在酒店门口提前恭候，搀扶着"伯伯"上楼……所有这一切，都那么得体自然本能，期间并无大人指教。

宴席间，一位和 Emmy 差不多大的服务员不慎将红酒溅到了 Emmy 母亲的衣服上，母亲低声呵斥："叫你们总经理过来！"一旁的 Emmy 无动于衷。

我想起了路过附近天桥时看到的一位乞讨老人，就和 Emmy 最后离席，让她打包了两个菜和一份饭。天桥上，我让 Emmy 蹲下身来，将饭菜递给这位老人。

"我给他就行了啊，老师，你为什么非要我蹲下来？"走出几十米后，Emmy 不解地问。

"如果你的理想是当'官'，可以'嗟！来食'。如果你想成为申请文书上所说的政治家，就弯下腰来。"

……

Emmy 入学后，我们保持着断断续续的联系。大二暑假，她参加了校长领衔的耶鲁大学访华团，受到了国家领导人的接见。大三暑假，她如愿以偿在联合国实习。期间，她在 QQ 上说："施老师，我现在理解了你那天为什么让我蹲下来给老人递饭菜。我实习时的主管是普林斯顿大学本科、哈佛大学博士毕业。今天我们在肯尼亚做项目，他和坐轮椅的残疾人对话也是蹲下来的。"

我跟她说："为了赢得选票，西方政治家亲小孩、抱小狗、看望残疾人。即使有作秀的成分，但是时间长了，也会影响一个人的内心。你看电影《方世玉》中的雷老虎，本是个自私之辈，时常念叨'以德服人'，久而久之人就变善良了。"

待人，平常心

有个学生说，他只需要看爸爸的站姿就能分辨他在和领导、平级还是下级通话。另一个学生说，他爸爸的车后备箱里备着各种档次的烟酒，以备应对不同身份的人。微信群里，领导发了朋友圈马上一群人点赞，包含一些看都没看不管三七二十一的秒点……

小学生有一条杠、两条杠、三条杠乃至五条杠；公务员有从科员到正国级的诸多层级；就连我们用个 QQ 也有级别……

给予有钱有势者超过常人的尊重，大概是古今中外的惯例，无可厚非。但是，与比自己弱势的人如何相处，才真正反映一个人的素质。

想起了我早年在机关工作时的领导，她 30 岁不到就晋升处长，对领导自然是恭敬周到，可贵的是她对下属也是关怀备至。我住在条件简陋的集体宿舍，她从家里给我带了个小板凳，说是"怕你洗衣服不方便"。

我的学长黄醒狮先生，聚餐时总是给人添茶倒水，无论对方的身份和年龄。照顾别人，不是因为自身没有身份、没有地位，是因为善良厚道有平常心。久而久之，他影响了周围许多朋友争当"茶博士"。

人的社会和经济地位有高低之分，但是人格人人平等。人格平等，是一切健康和谐人际关系的前提。仰视别人或俯视别人，都是自己修为不足的表现。

事业，平常心

赴某地讲课途中，想起一位该地学员。他财会中专毕业后进入银行，每日加班加点任劳任怨，业余时间自学完成大专，继而专升本，再而在职读研，一路升至副行长……

令人感佩的现实版农家子弟励志篇！

回顾十多年间老行长的颐指气使，行长住院期间自己端屎倒尿比他儿子还孝顺，他咬牙切齿："老头明年就退休，已经向上级推荐我。马上就要熬出头了，付出的代价我要加倍讨回来。"

我感谢他对我的信赖，但那一瞬的凶光让我不寒而栗。我知道旁人的规劝不会有多大作用，但依然旁敲侧击讲我自己的故事："正因为我母亲相信棍棒底下出孝子，我少年时代就发誓今后绝对不打孩子。"

十多年过去了，不知他如今怎样？

我的一位老乡兼棋友，学生时代品学兼优，曾在某名牌大学任学生会主席。依他的素质和条件，完全有机会分配到大都市至少省级的国家机关，前程似锦指日可待。但是，作为家里的独子，他顺从父母的要求回家乡工作。无论在机关干事、乡镇和机关领导的岗位上，他都兢兢业业做好工作。无奈身处一个小县城，二十多年下来职位还是个科级。

我问他："你后悔过吗？"

他说："不是没有后悔过，但是总的来说无怨无悔。两条道路各有利弊，回到家乡，我起码照顾了父母。现在我以副处级提前退二线，给年轻人腾个位置。自己下下棋教教棋，到外地比赛，不亦乐乎。"

对家庭、对社会、对自己，都有了交代，难道这不是完美的人生吗？

在这个大千世界中，我们每个人都是蝼蚁。即使功成名就，也不过是一只大号蝼蚁而已。无论生前享尽荣华富贵还是惨淡谋生，总有一天都将归于一抔黄土，都将归于平等。就好像出门坐高铁，无论商务座、一等座和二等座，还是付二等座的钱站着，下车后车票全部作废。

前文所谈到的存在感，指一个人寻找到了自己存在于世间的意义。需要指出的是，存在感不是相对于他人的优越感。不当的优越感，将导致人失去平常心。

有一双强壮而且平衡的翅膀，雄鹰才能展翅高飞。平衡的存在感和平常心，就是人生的一双精神翅膀。

人，生来不平等，但是人格永远平等。人格平等，是一切健康和谐人际关系的前提。对弱势者颐指气使，是德不配位、不自信的表现。努力平等待人，虽然这是世上最难做到的事。

人生幸福和事业成功，需要努力进取，同样也需要平常心。

3.6 金钱，是心灵的试金石

一位同事的儿子在复旦大学数学系读大四，我问他菜市场上鸡毛菜多少钱一斤？他回答："不清楚，大概20块钱一斤吧。"

金钱观念的强弱，和年龄并无绝对的相关性。无锡的一位银行行长告诉我，儿子在初二暑假做了一件"傻事"。他翻出了爸爸妈妈的名片本，挨个打电话推销阳山水蜜桃。爸爸妈妈的朋友们、同学们、客户们这个100斤，那个200斤。儿子共卖出了1万多斤水蜜桃，挣得了人生"第一桶金"。事实上，这家伙蓄谋已久，暑假前两个月就开始筹划，在同学中挑选了两位"合伙人"分别负责货源和物流，他自己"独坐中军帐"。爸爸还是接到了朋友的电话后才知道此事，朋友说："你儿子卖的水蜜桃还真不错，价格也合适。虎父无犬子啊！"事后，夫妻俩告诫儿子今后不可以再骚扰他们的朋友们，背过身来两人相视而笑。

在中国青少年的教育体系中，财富教育几乎是个空白点。其一，中国传统文化羞于谈钱。从汉武帝独尊儒术、抵制商人开始，"士农工商"的职业等级中，商为末。即使在商业发达的宋朝，尚有商人穿鞋必须一黑一白的劣规。其二，以应试为主轴的中小学教育体系中，不开设经济学相关的课程。再者，财富教育还是个新生事物。客观上，中国人拥有财富的时间还不长。改革开放之前，我们没有财富，当然也谈不上建立财富观。

金钱的影子，无处不在，无时不有。在当今的商业时代，财富是每个人都绕不开的话题。基于我的经验，可以得出这样一个规律：思想相对成熟的孩子，通常接受过家长有意或者无意的、预设或者临时性的经济观念教育。财富教育，应该是从儿童阶段开始的一门必修课。如果家长是商人或者从事经济工作，茶余饭后的闲谈，对小孩有着潜移默化的影响。其他职业的家长，也应当从日常生活起步，有意识地给予孩子相应年龄段的财富教育。

钱是否越多越好

某个周末下午，当我走进教室时，看到一群 EMBA 学员正在兴致勃勃地讨论股市，原来上午是投资课。他们问我炒什么股？

"我从来不炒股、不炒房，从来不买彩票，几乎不做任何投资。"

"为什么这样呢？施老师你不喜欢钱吗？你不理财，财不理你。"

"我当然喜欢钱啊！问题是，我懒，懒得动脑筋琢磨钱。"

"难道钱就存在银行等着贬值？你可以委托理财机构啊？"

"委托理财机构也是一样的，赚了高兴，亏了伤心，为琢磨钱一惊一乍不一定值得。"

毫无疑问，合法赚钱对自己、对社会是双赢，是一种值得尊敬的重要能力。但是，钱，是不是越多越好呢？

回答这个听起来有点"愚蠢"的问题，取决于两个关键要素：钱是作为生活资料还是生产资料，以及每个人心目中财务自由的标准。

创业需要投资，企业做得越大可能越缺钱。如果钱作为生产资料，毫无疑问，当然是越多越好。

如果钱作为生活资料，那么经济学的"边际收益递减"原理就起作用了。当你从赤贫蹒跚走向小康的途中，钱是用来维持和满足基本生活的必需品。基本生活得到满足后，钱的边际收益不断递减。实现财务自由以后，如果依然一味地赚钱，可能会得不偿失。毕竟，人生幸福、事业成功、有益社会，财富不是唯一的指标。合理地定义财务自由的标准，才是智者所为。金钱的积累，应当是事业发展的副产品，而不是刻意追求的目标。

发财是好事吗？也不一定，不是每个人都能消受财富的！一夜暴富，对于德不配位者可能是一场灾难。在美国读大二的一位女生哭着打电话告诉我，她要终止在美国的学业，回国找工作。我问发生了什么？她说爸爸"五毒俱全"，把当年拆迁补偿的近千万元糟蹋光了，家里不仅已经无力承担她的留美费用，还负债累累。

怎么花钱，体现素质和境界

尤妈给我打电话，说是在波士顿读大学的儿子看中了一辆阿斯顿·马丁。她觉得太贵了，希望我能做做工作。我劝尤同学，豪车并非一个学生的生活必需品，而且招摇过市麻烦事多。他甚是委屈，说还有同学买的是法拉利。三个月后，他开了一辆红色奥迪跑车到波士顿机场接我，退而求其次，10 多万美元。

20 岁的 Bob 在哥伦比亚大学读本科。暑假回来看望我的时候，我发现他用的是最便宜的一款小米智能手机。我很奇怪地问他："你当年在我这里读书的时候，买台电脑就用了 2 万多，怎么现在知道省钱啦？"

Bob 回答："我买这个手机的时候，边上的几个外来打工兄弟都在偷笑。这个手机就是暑假临时用用，我在美国用苹果手机。电脑嘛，我要联网打游戏的，配置低了没劲。"

同是富家子弟，Bob 的消费观念就理性得多。花钱不在于多少，在于该不该、值不值，生活中是这个道理，日后做事业也是这个道理。

同学的儿子在宾州州立大学读本科，他对我说："叔叔，我发现你们这代人很有意思，为同学朋友花钱比为自己花钱还大方。"我问他，那你们这代人呢？他说，不大愿意为别人花钱，也不大愿意花别人的钱，我的中国同学是这样，美国同学也是这样的。我对他说："愿意为亲朋好友花钱，这是中国传统文化中'熟人文化'的体现。其实，你们这代人并不小气，只是在经济上强调独立性。公益慈善，为陌生人花钱，你们这一代一定比我们做得好。"

每次款待朋友，每次为朋友张罗事情，恒大地产的高管俞立新先生总是呵呵地笑着："不要对我说'破费''费心'，为别人花钱、帮别人办事，我自己高兴。费，就是拿来破的；心，就是拿来费的。"他的乐善好施，甚至是在自己获得财务自由之前。在他的影响下，朋友同事圈中献血、捐助贫困学生蔚然成风。

诺亚财富总裁汪静波说："金钱是一个奇怪的东西，它绝对是这个世界上最伟大的发明，或者说它是上帝创造的。围绕它，世界才形成了今天世间的运转规则。有时候，我会觉得，上帝期望通过它来检验人们的心灵。"

金钱，是生活和事业的工具；人，不应该成为金钱的奴隶。追求合理的财富，而不是显赫的财富，清醒地使用财富，愉快地施舍财富，在适当的时候和场合心满意足地离开财富，这才是人与财富之间最优化的关系。

3.7
歧视是种病

许同学在安默斯特学院读本科。暑期回家，谈到在这所名列全美前三甲的著名文理学院的学习和生活，许同学眉飞色舞：优美的校园、顶级的师资、小班教学、春假期间和同学们结伴横跨美国……

我问他："这一年来，在美国有什么不开心的事情？"

许同学不假思索，说道："白人教授和同学对我们亚裔学生有种族歧视。小组作业，白人同学宁愿和黑人、印度人组队，也不愿意找亚裔同学；社会学课上，教授给亚裔同学打分普遍偏低。我后来看了几位高分白人同学的作业，也没有比我好在哪里。"

"那你是怎么处理这些麻烦的？"

"没办法，除非教授指定的小组划分，通常就是我们亚裔抱团取暖。那个社会学教授，我到他办公室和他理论半天，他坚持打分是客观的，我不客气地指出他对我们亚裔学生有种族歧视的嫌疑。他愣了一下，没有说话，后来我们就不欢而散。"

"如果没有法律意义上的证据，不要随便说别人'种族歧视'。如果教授反控你，你是需要举证的。你刚才这句'待我们甚至不如黑人'，就有种族歧视的嫌疑。"

偏见比无知更可怕

当我们感到受歧视的时候，想一想我们自己是否也同样歧视他人？

随便找出一个招聘广告，我们都能看到类似这样司空见惯的要求：男性，本市户口，年龄35岁以下，身高一米七以上，相貌端正，普通话标准……

短短三十多个字，充斥着五种歧视：性别歧视、户籍歧视、年龄歧视、相貌歧视、口音歧视。相对于这些歧视本身，更值得思考的是为什么这样的语言竟然可以堂而皇之地公开表达？

随便一次闲聊中，我们都可能听到地域歧视、出身歧视、职业歧视、经济与社会阶层歧视、民族与种族歧视、性取向歧视等。

岁月是公平的，每个人都会从年轻变老。城市户口还是农村户口、名门望族还是乡野草根、是男还是女，长成姚明、关之琳还是潘长江、利兹·维拉斯奎兹，自己有没有先天决定权？

无论一个人的先天情况如何，都不应当成为他人歧视的缘由。如果一个人的后天行为伤害社会或他人，才可以质疑谴责。

2000 年曾有一条引起全国热议的新闻，34 岁的北大毕业生陆某离开工厂，干起了卖猪肉的行当。三年后，他受邀站在母校的讲台上，他说："我给母校丢了脸、抹了黑，我是反面教材。"说完第一句话，几乎哽咽。校领导笑着说："北大毕业生卖猪肉并没有什么不好。从事细微工作，并不影响这个人有崇高的理想。"

这位领导的观念值得点赞，但貌似还不到位。但凡合法职业，其价值不在于本身是否"主流"，而在于是否对社会和他人有用。"士农工商"这样的职业等级划分，是农耕时代的产物，在今天的市场经济时代早已不合时宜。何况，只要于社会于他人无害，选择何种职业完全是个人的自由。

许同学问："那如果不设置条件，公司还能招到合适的人吗？"

有特殊技能要求的岗位，比如会计师、律师、大学教授，可以设置相应的任职要求。但是，对体貌特征设置要求，在美国是违法的。有一次在洛杉矶，我的同学加州州立大学阎俊教授神秘兮兮地带我去 Hooters 餐厅，但见服务员都是一个个身材火辣的妙龄女郎。他告诉我，这些员工都是采用类似星探的模式在街头和校园请来的，直接在招聘广告中设置身高三围等条件是违法的。

面对歧视，不妨"麻木不仁"

估计许多留学欧美的中国学生都有类似许同学这样的"受歧视"经历。他们大多出自中产以上家庭，在国内的成长过程中很少有被歧视的体验。为了解开许同学的心结，我谈起了自己的往事。

我们从农村到县城到省城到首都，一路备受歧视。受伤多了，心脏磨出老茧了，神经麻木了，即使面对歧视通常也视若无睹。

即使作为一个外来的穷学生，我在北美学习生活的过程中几乎没有受歧视的感受。美国和加拿大都是移民国家，北美是全球种族最为多元化的地区，就好像深圳作为一个移民城市先天具有较好的包容性。客观地说，北美的种群矛盾虽依然存在，但是经过数百年的磨合已经基本实现了和谐相处。

我在麦吉尔大学读 MBA 时，第一学期有一门"市场营销学"。洋人们热热闹闹地拉山头，亚裔学生备受冷落，有几位迫于无奈组成了清一色的亚裔团队。加拿大华裔 Edward Lee 看到我无人问津，把我带到了他的小组：除他以外还有一位法裔魁北克同学、一位非洲裔加拿大同学和一位印度同学。

"市场营销学"是最具挑战的 MBA 课程之一，洋人们耳熟能详的公司名和品牌名，我甚至毫无概念；洋人们会心一笑的典故，我表情漠然。以这样"白痴"般的角色加入小组，处境可想而知。为了在小组讨论时能有所贡献，我努力地阅读教材、认真地在网上搜索相关资料。但是，魁北克同学和印度同学对我费尽心思提出的观点置若罔闻。

冬季的一天，蒙特利尔大雪飘飞。虽然知道组员们都会缺席当天预定的会议，但我依然穿上羽绒服出发。当我踩着没膝的积雪到达管理学院的时候，只看到零零星星几个离家近的同学。下一次的会议，组员们主动和我打招呼，表达了对我那天冒雪赴会的敬意。那天的会议气氛友好活跃，在听我表达观点时，魁北克同学和印度同学目光温和。

就这样，一点点和同学们相互熟悉，一点点积累同学间的友谊，虽然后续课程的分组依然能感觉到"歧视"，但是境况已经大为改善。

换位思考一下，这算得上歧视吗？无论从作业质量还是得分考虑，谁不希望组员是英语母语的？

至于说教授们，歧视更是难得一见。相比政界和商界，学界最为开放包容，越是名牌大学，外来的教授比例越高。虽然确实有个别教授和亚裔学生谨慎地保持距离，但是起码形式上是合乎规范的。许同学所说的这位教授，我认为相当 nice。面对一个不明就里愣头愣脑的中国小年轻，他只能选择保持沉默避免激化矛盾。就好像当年教授们发现我们中国学生集体复印他们所著的教科书，对我们没有起诉没有另眼相待，他们知道中国学生太穷了，一本教材动辄 100 加元，差不多是我们半个月的生活费。

越优秀，内心的歧视越少

歧视是心魔，是人与生俱来的原罪。但是，与自己相比，一个人阅历越丰富、事业越成功、精神层次越高，歧视就越少。

我的同学陈赛你，给每一个登门的快递员一瓶矿泉水，每次开车进出小区都会和保安兄弟微笑说声"你好"。他说，他们都是外来打工的，不容易，让他们开心我也开心。

我虽然出生和成长在农村，但是少年时代觉得江苏是个经济、教育、文化较为发达的地区，就有点地域优越感。上大学后开始云游四海，到过中国的绝大多数省份后，这种优越感才慢慢淡漠。在马踏飞燕的故乡，随便一个地方就都能找出几千年前的历史，这些都是中国人共有的根；在哈尔滨的"腐败一条街"，和爽快的东北朋友们大口吃肉大碗喝酒；云贵川人乐观豁达，相处轻松随意……

歧视越少，生活得越轻松快乐！

歧视，缘于对外来文化的不熟悉、不习惯和不了解。交通越来越便捷，人群的流动越来越频繁，现代社会的歧视也随之减轻。川菜在江浙沪十分受欢迎，以往不能吃辣的当地人也慢慢习惯甚至喜欢吃辣。上海，曾经被认为是地域歧视最严重的地区。但是，现在年轻一代的上海人说普通话远多于说上海话，外地人很少感受到语言歧视。

我在南加州大学读教育学博士期间，有一次和同学们谈到了丹尼尔想念国内的亲人，在美国觉得不开心。"说者无意，听者有心，"当天晚上我收到一位本地同学的邮件。她说，回家后和丈夫、四岁的女儿开了个会，全票通过邀请我们免费住到她家去，附件中还有户型图和地图，标注了我们可以用的卧室、书房和车库。她说，两个孩子可以相互交流语言和文化。

扎克伯格为何高薪招聘说中文的保姆？不仅仅因为他的夫人是华裔，更重要的是主流美国人珍视多元文化的学习机会。正如美国著名黑人作家玛雅·安吉罗所说，"我们必须懂得，多样性造就了色彩缤纷的织锦。

本土造精英二代

我们必须懂得，织锦上的一针一线无论颜色如何，都有同等的价值。"

有人类群体存在的地方，就不可避免地存在歧视。无论先天多么优越、后天多么努力，我们总有不如人之处。人人都有营造平等环境的责任，但是消除歧视一定是个长期的过程。从短期效果来看，一定是调整自己的心态比影响他人容易得多。面对歧视，关键在于我们自己如何看待歧视、如何处理歧视。

美国女子丽兹·维拉斯奎兹是我们学习的榜样。由于先天疾病，她在成年后畸形，身高 1.57 米、体重不到 30 公斤。但是，她坦然面对"全球最丑女人"的称号以及旁人的异样眼神，积极地走向生活。她以自己的经历著书，在 TED 上发表了演讲——《一颗勇敢的心：丽兹·维拉斯奎兹的故事》。

与其纠结是否受到歧视，不如端正态度努力提升自己。毕竟，这个世界归根结底还是凭实力说话，正所谓"英雄不问出处"。

3.8 保持生命的纯真

15 岁的小 K 同学拖着个行李箱到了酒店房间，取出几瓶依云矿泉水和一台咖啡机，给我烧开水泡咖啡。他说，速溶咖啡不能喝，酒店的水不好。

老 K 打来电话："施老师，抱歉啊，中午约了领导谈事，中饭就凑一起了。"

午餐后回到房间，小 K 同学问我："老师，我发现你没有走到领导身边敬酒，只是在位置上端起酒杯意思了一下。"

施老师："场合不合适。有些场合可以，比如对长辈、老师、朋友、给父母治病的医生。"

小 K："但是，桌上为什么只有你这样呢？"

施老师："我不是这个圈子的人，简简单单反而大家都轻松。"

小 K："那领导会不会觉得你不尊敬他？"

施老师："有这种可能，因人而异。有一次酒席上，一群从 30 多岁到 50 多岁的公务员众星捧月一位 20 多岁的首长儿子，我也是这样平平淡淡。后来他走过来，凑到我耳边说'这桌人就你合适交朋友'。"

小 K："但是，从小我爸妈就带我和弟弟参加他们大人的活动，很强调各种礼节。"

施老师："你爸爸妈妈对你兄弟俩有不同的规划，你学习成绩这么好，他们希望家里能出一个大教授光宗耀祖，生意交给你弟弟。如果你自己也愿意今后做学问，就不必过于在乎这些场面上的套路，待人礼貌尊重就行。实际上即使是做生意做大官，也是大道至简。"

说话间，他给我端上一杯咖啡。

施老师："你爸爸从一个浙南山区娃到现在承揽地铁工程的大老板，给你创造了这么好的物质条件，有时间、有兴致的情况下可以过得讲究一点。但是平时呢，其实生活越简单越好。比如说，你爸爸太客气，给我订了这么好的酒店，但实际上只要安全、能上网、能洗澡就可以了。比如说，你太周到了，拖着个行李箱挺麻烦，喝酒店的水关系也不大。"

保持赤子之心

一档电视节目中，主角是一男一女两个四岁左右的孩子。女孩在展示歌舞才艺，老练的表情、标准化的肢体语言、与主持人得体的对答。一旁的男孩自顾自地倒腾玩具，在被男主持人问及最喜欢女主持人阿姨什么时，男孩头也不抬地说："屁股。"满场哄笑……

真善美中，最可贵的、最难做到的，都是"真"。赤子之心，纯洁、率真、善良、无欲、顺乎自然，是一种看似柔弱实质厚重的美德。孟子在《离娄下》中说："大人者，不失其赤子之心者也。"即使功成名就的大人物，也不应当丧失孩子般的纯真。老子在《道德经》中说："含德之厚，比于赤子。"西方的《圣经》，同样提倡成人保持孩童般纯洁的心灵，藉此才有资格升入天堂。

赤子之心，富于好奇心和想象力、生机勃发，是创新精神的内核。孩童能直观地观察事物的细节，把握事物间的关联。犬子三岁时说有人在给小草理发，原来是工人在修剪草坪；外甥五岁时得意地说能分辨公母螃蟹，因为公蟹的肚脐"穿三角裤"。

为什么我们年龄越大，越无趣？因为我们越来越世故圆滑，离"真"越来越远，逐渐失去了"赤子之心"。更令人遗憾的是，在功利的教育之下，甚至许多孩子也早早地告别了赤子之心。

事实上，年龄并不必然成为赤子之心的杀手。第一次见到 Yves Bernard 先生，为他孩童般无瑕的眼睛所震撼，无法想象他曾是魁北克外交部驻非洲总代表。这样的纯真无瑕，似乎不存在于我们熟知的成人世界，即使有，大概只存在于偏僻山野的老农或者清心寡欲的纯粹学者身上。

即使有 30 岁的年龄差，我们依然无话不谈。他讲少年时在高尔夫球场捡球挣零花钱的趣事，我告诉他抓知了、玩火药枪的快乐童年，我们一起痛批小布什，逢年过节相互问候……有一次，他竟然将自己的信用卡信息通过电子邮件发给我。我担心信用卡的信息安全，他却说："钱很重要，但是跟许多东西比，又太不重要了。"

莫让青春染暮气

天津电视台的一期《非你莫属》节目中，一位求职者拿出一摞有关学生干部、社会实践和演讲等的荣誉证书。主持人问她，为什么不考研呢？她解释道，考研也考不上北京天津的大学，而且一直忙着学生会换届。她对于学习成绩欠佳的坦率，赢得了几位评委（潜在雇主）的赞赏。

她用一位师弟的评价来总结自己的特点，"给力、靠谱、亲"，强调这位师弟是她一手带出来的下一届学生会主席。一位雇主提问"你有什么缺点吗"，她回答"我在工作的时候特别严厉，但是私底下什么玩笑都可以开"。她还谈到自己三次下乡做社会实践，擅长写工作总结和工作报告。

主持人似乎在努力选择相对礼貌的语言："我在想象你的形象，你站在高处，太阳在你身后打着逆光，你披着一件大衣冲我们……"

网上有各种各样的评论，大多是对这位学生会主席十足官腔和权力崇拜的抨击。

一位领导给我讲了个"很傻很天真"的故事，他召集下属开会，请各部门列个支出计划，然后指派一位下属根据会议精神起草书面通知。结果，通知拿过来一看，下属未作任何文字修饰，原话照搬领导指示"年底前把预算结余花掉，否则……会影响明年的预算拨款"。

"实在搞不懂，她是硕士毕业的，又考上公务员，应该不傻啊！"

"不是傻不傻的问题，更大的可能是她根本懒得理睬这些人情世故潜规则。反正，我按照领导说的写下来总是没错的，至多你下次不找我干这类活就是了。领导，你会怎么看待这位下属呢？她在你手下还有没有前途？"

"你这个分析有道理，这样的年轻人似乎越来越多了，总体感觉他们比我们这代人简单实在。现在，政府机关评价一个干部关键还是看他本职工作做得如何。她是业务骨干，工作也很勤奋，实际上班子已经把她列为后备干部。"

简单的人际关系，并不意味着离群索居、不食人间烟火。实际上，无论官学商，职业生涯都是不断追求权力的过程。真正意义上的权力，是指对他人的资源控制能力，资源可以是权、利、名，也包括思想和技能。一个人拥有的资源越是具有独特性、稀缺性和不可替代性，他的权力就越大。如果不向大款借钱，就和大款平等；如果不找领导办事，就和领导平等。欲望和能力相称并保持在适度范围，人际相处自然就变得简单轻松。

前者学生会主席热衷权力，后者年轻公务员淡泊名利。但是实质上，她们都在追逐权力，只是她们追逐权力的内容和方式有明显的差异。前者忽视知识和技能的学习，追逐的是外部赋予的职位权力，她选择复杂，周围的世界就会变得暮气沉沉。后者扎扎实实地做好本职工作，追逐的是内在的个人权力，她选择简单，周围的世界就会变得清澈透明。

世界如何，归根结底是自身选择的结果。

物质越简单，生活越丰富

千帆阅尽，方知化繁为简。多数人到了一定的年纪才明白简单的意义。但是，1984 年出生的脸书创始人马克·扎克伯格早早地就想通了。

根据《2017 福布斯全球富豪榜》的数据，扎克伯格以 560 亿美元的身价名列全球富豪第五位。一件普普通通的灰色短袖 T 恤，是他留给人们最深刻的印象，甚至在一些重要的场合他也这么穿。他解释说："我买了很多件一模一样的灰色短袖 T 恤，我想让我的生活尽可能变得简单，不用为作太多决定而费神。因为选择穿什么或者早餐吃什么这些小事都会耗费精力，我不想把精力浪费在这些事上。"

没有豪车、没有豪宅、没有保镖、没有随从、没有绯闻的扎克伯格，唯一高调之处就是做慈善。2013 年，他捐款 1 亿美元赞助新泽西州纽瓦克市修缮学校，创下美国青年人慈善捐款纪录。

扎克伯格还说："我真的很幸运，我每天早上醒来能帮助超过十亿的人。如果我把精力花在一些愚蠢、轻率的事情上，我会觉得没有做好工作。"

想起了小时候读过居里夫人的一则轶事。她家里只有最简单的桌子和几张凳子，她说，家里的东西越多，浪费在做家务上的时间就越多。

在即将离开这个世界的一刻，我们想到的是存款、股票、豪宅，还是与你共度美好时光的亲朋好友、那些到过的名山大川，那些融进生命里的音乐电影和名著呢？

提倡简单的物质生活，并不是清心寡欲、排斥物质享受。每个人来到世上都只有这一遭，追求适度的物质享受无可厚非。但是，过度的物质追求使我们的生活变得复杂，离生命的真正价值越来越远，也容易使我们沉湎于安逸，在精神上变得平庸。家财万贯，一日不过三餐；广厦万间，夜眠不过三尺。简单不必简朴，简单是务实。无论住总统套间还是快捷酒店，享受大餐还是路边大排档，都视场合和需要而定，都泰然处之。

在《保持生命的单纯》一文中，著名作家周国平谈道："在今天，相当一部分人的忙碌是由两件事组成的：'弄钱和花钱'，而这两件事又制造出了一系列热闹，无非纸醉金迷、灯红酒绿、声色犬马。人生任何美好的享受都有赖于一颗澄明的心，当一颗心在低劣的热闹中变得浑浊之后，它就既没有能力享受安静，也没有能力享受真正的狂欢了。"

真实的幸福原是极简单的。我们所需要的，无非空气、阳光、健康、营养、繁衍，千古如斯，古老而原始。人们轻慢和拒绝神的礼物，偏要到别处去寻找幸福，结果生活越来越复杂，也越来越不幸。许多时候，我们不是作为生命在活，而是作为欲望、野心、身份、称谓在活，是为了财富、权力、地位、名声在活。

如杨绛先生所说，世界是自己的，与他人毫无关系。选择简单，世界就变得简单。保持赤子之心，简单与人相处，适度控制物质欲望，才是智者的生活方式。

Stay naive，stay simple!

第4章

求学与求知

孩子，我要求你读书用功，不是因为我要你跟别人比成绩，而是因为，我希望你将来会拥有选择的权利，选择有意义、有时间的工作，而不是被迫谋生。

当你的工作在你心中有意义，你就有成就感。当你的工作给你时间，不剥夺你的生活，你就有尊严。成就感和尊严，给你快乐。

——台湾作家龙应台，《亲爱的安德烈》

心情焦虑的乔妈带着两个儿子来找我。

大乔原就读于上海某大学的 A-level 课程中心，两年间辗转于五个培训机构，花了二十多万，见识了各式各样的托福/SAT 课程，基础班、强化班、冲刺班、保分班……但是最高分还是没有超过托福 70 分/SAT1200分。眼看着申请季节逐渐临近，乔妈着急了。

小乔在读小学二年级，课上很难集中注意力，作业经常忘记，成绩稳定在班级后三名。上次家长会上，班主任当众建议乔妈给他转学。自此，他被许多小朋友的家长拉入了黑名单。

乔妈：施老师，你一定要给大乔配备最好的老师，让老师们给他做好学习计划，多给他讲讲学习方法，平时看紧一点。

施老师：且慢且慢，你说的这些虽然都很重要，但是他读了那么多培训机构，花了那么多时间和学费，没见效果，根子应该不在这些因素上，还是先让他搞清楚读书为什么吧。

乔妈：施老师，你说小乔是不是多动症，是不是应该看看心理医生？

施老师：完全没有必要，他的班主任老师倒是可以去看看心理医生，至少需要复习一下儿童心理学。

对话大乔：读书 = 生活的选择权

施老师：大乔同学，你爸爸妈妈以前是怎么和你讲要好好读书的？

大乔：他们这些话讲了几百遍了，我可以倒背如流。人这一辈子，是一环扣一环的。小学好好读书，才可以考上好中学；中学好好读书，才可以考上好大学；大学好好读书，才可以找到好工作；找到好工作，才可以过好日子。

施老师：你觉得有没有道理？

大乔：小时候没概念，初中开始有点怀疑，上高中后麻木了。我舅舅的公司做得很大，他一个高中毕业生管着复旦、交大的毕业生。再说，我今后为什么非要找工作？我同学隔三岔五做直播网红，每个月都能挣上万元，我长的又不比他丑，唱歌不比他难听。

施老师：你觉得读书有用吗？

大乔：我不知道，应该有用的吧，但是不一定像家长和老师说的那么有用。

施老师：你设想一下，今后理想的工作是什么样子的？

大乔：我现在还不知道，但是肯定是我喜欢的，上班时间要灵活，而且我要能做主。

施老师：哈哈，你这些标准，基本上只有做老板或者自由职业者才能达到啊。当然，不是不可以实现。如果有本事，就可以挑老板，而不是被老板挑。如果挑来挑去挑不到合适的老板，还可以自己做老板。本事哪里来？天上不会掉下来，还不是一点点学来的？

大乔：嗯，我舅舅也和我说，他那个年代创业比较容易，今后就难了，都要有真功夫才行。

施老师：多读书有学问，还有许多好处。受人尊敬，不一定非要有权有势。你看过高晓松的节目吧，人家随便聊个什么话题，都头头是道，那么多人等着他节目更新。还有啊，喜欢读书的人内心宁静不会空虚无聊。要是把我放在一个深山老林里，只要有吃有住有书有网络，只要确保安全，我至少可以待一个月。

对话小乔：读书＝玩

施老师：小乔同学，你过得开心吗？

小乔：我每天都很开心！

施老师：在学校里也开心吗？

小乔：在学校里也很开心，有好几个好朋友，有体育课。就是考试不开心，开家长会不开心，老师批评不开心。但是，不开心的事情我一会儿就忘，就又开心了。

施老师：太棒了，小朋友就应该每天开开心心。你学习成绩不理想，是因为不够聪明还是因为玩得太多了？

小乔：我每天回家都踢足球，还要打游戏，一玩起来就忘记其他事情了。我打游戏是班上最好的，肯定聪明啊。

施老师：踢足球、打游戏，都是很有意思的，但是玩得太多影响做作业就不好了，今后还是要注意啊。你知道为什么要好好读书吗？

小乔：不知道，反正小孩都是要读书的。

施老师：小时候好好读书，长大了才可以好好玩。别人每周上班五天，你本事大两天工作挣钱就够生活了，多出来的时间不就可以好好玩了？你和爸爸妈妈出国旅游过吧？如果你精通外语，就不必依赖导游，自己想到哪里玩就到哪里玩。你喜欢打游戏，先把数学和电脑学好，今后可以编一个最好玩的游戏，让好多好多的人来玩。你把英语学好了，就可以把游戏做成英文版，而且对话特别幽默有趣，让全世界的人都来玩。

对话乔妈：读书的道理也要与时俱进

施老师：好好读书找到好工作才能过好日子，这个说法听起来很有道理，但实质上是"土法炼钢"，过时了。

乔妈：不会吧？施老师，你知道那本《哈佛女孩某某某》吧？这是育儿类排名第一的畅销书！最早出来的第一版我就买了，前前后后认认真真看了好几遍，那个哈佛妈妈不也是这样教育女儿的？

施老师：我记得这本书的早期版本是这样写的，看到街上被人赶来赶去的小贩，他们便借机告诫孩子，如果不好好学习将来就只能当个无证小贩。如果哈佛大学知道这个孩子好好学习的目的只是为了避免成为一个无证小贩，那发给她的录取通知书一定立即被撤回。读书为什么？不是消极地规避什么坏结果，而应该是积极地追求一个好结果。消极的动机，必然起不到长期作用。

乔妈：那我们这一代人，父母都是按照这个套路教育我们好好读书的，为什么现在失灵了呢？

施老师：在中国古代，踩着科举的台阶读书做官几乎是平民阶层唯一的上升通道。所以，读书就被提升到了信仰的高度；所以，千古以来堆积了无数颂扬读书的名言名句；所以，古人用不着像现在的家长一样绞尽脑汁搜肠刮肚哄孩子读书。

短短几十年，社会变化很大。现在的孩子，职场的选择有很多。而且，像你们这样的富裕家庭，孩子无法感受到生活压力。"万般皆下品，惟有读书高""书中自有黄金屋，书中自有颜如玉"，这些千年来迷醉天下读书人的古训，对于现在的孩子们来说至多是"心灵鸡汤"。如果我们用惯性思维谈读书的道理，就好像道德说教一样起不了实际作用。

小乔这个年龄段，讲大道理不会被理解，从玩的角度入手更加贴近他的心理状态。幼稚是好事情，学习不好、经常被老师批评的孩子，最需要担心的是自信心被伤害。后面，你要多注意这方面，把他保护好。

自我实现需求，才是长效的激励力量

粗看之下，无论乔妈、哈佛妈妈、龙应台，对于为什么要读书的解释，都差不多，都是强调认真读书符合孩子的自身利益。但是，回顾马斯洛层次需求理论，我们可以清楚地看出个中差异。

马斯洛认为：人的五种需求像阶梯一样从低到高逐级递升。在较低层次需求获得满足之后，会产生对较高层次需求的追求；已经满足的较低层次需求，就不再是一种有效的激励动力。

对照马斯洛的层次需求理论，我们可以感受到，乔妈的激励手段停留在低层次生存需求和安全需求的层面。如果通读《哈佛女孩某某某》全书，我们还是能找到许多高层次激励的例子。但是，仅仅从有关"小贩"的这段文字看，哈佛妈妈对女儿的激励手段类似乔妈。相比之下，龙应台短短的一段话，画龙点睛聚焦成就感和尊严——第四级和第五级需求。

这一代的许多孩子家境优越、衣食无忧，低层次的生理需求和安全需求不在他们的考虑范围，自然无法唤醒他们的求知欲和奋斗精神。

较高层次的社交需求和尊重需求，他们也能比较容易地在某个群体中获得。例如，游戏战队和飙车一族。

新生代自我意识强，客观上存在自我实现的内在需求。一旦自我实现需求被激发，孩子们会积极主动、竭尽所能、创造性地追逐自己的理想，在此过程中充分体会到自己的人生价值。

归根结底，从第一级需求到第四级需求，都只是动力短期有效的"蓄电池"；只有激发出孩子的自我实现需求，才能为孩子的一生进取配置一台"太阳能的永动机"。

求学还是求知

常春藤盟校的毕业典礼，通常会请一些科技界、商界或者文化界的杰出人物演讲。即使在"语不惊人死不休"的大人物中，甲骨文公司CEO拉里·埃里森依然鹤立鸡群。他在耶鲁大学 2000 届毕业典礼上的演讲，可能是常春藤盟校历史上最为嚣张、最为异端的毕业典礼演讲。

耶鲁毕业生们，请你好好看看周围。五年后，十年后，或三十年后，今天站在你左边的这个人会是一个失败者，右边的这个人也是个失败者。而你，站在中间的家伙，你以为会怎样？同样是失败者，失败的优等生。

今天我站在这里，并没有看到一千个行业的一千名卓越领导者，我只看到了一千个失败者。你们感到沮丧，这是可以理解的。为什么，我，埃里森，一个退学生，竟然在美国最具声望的学府里这样厚颜地散布异端？因为，我，埃里森，这个行星上的第二富豪，是个退学生，而你不是。因为比尔·盖茨，这个行星上的首富，是个退学生，而你不是。因为艾伦，这个行星上的第三富豪，是个退学生，而你不是。

现在，我猜想你们正在琢磨，"我能做什么？我究竟有没有前途？"当然没有。太晚了，你们已经吸收了太多东西，以为自己懂得太多。你们有了内置的"帽子"，哦，我指的可不是你们脑袋上的学位帽。

你们就偷偷摸摸去干那年薪 20 万的可怜工作吧。在那里，工资单是由你两年前辍学的同班同学签字开出来的。

眼下还没有毕业的同学，离开这里。收拾好你的东西，带着你的点子，别再回来。退学吧，开始行动。

一顶帽子一套学位服必然会让你沦落……就像这些保安马上要把我从这个讲台上撵走一样必然……

（此时，拉里被带离讲台）

求学 ≠ 求知

史蒂夫·乔布斯、比尔·盖茨、拉里·埃里森、马克·扎克伯格……这些辍学的"坏"孩子为什么会成功？

任何知识和技能的获得，无非来自三个途径：读万卷书、行万里路、交八方友。其中，行万里路获得的是"直接经验"，也即通过亲身实践获得的知识和技能；读万卷书和交八方友，获得的都是"间接经验"，也即从他人处获得的知识和技能。

求知 = 读万卷书 + 行万里路 + 交八方友

读万卷书、行万里路、交八方友，三者是一个有机整体，缺一不可，但又有阶段性的侧重点。

在中小学时代，求学是我们获得知识和技能的主要途径，求知几乎等于求学。在这个阶段，求学是读书的主要表现形式，学生主要读教材或者老师指定的书，少量涉及课外读物。

上大学后，完成学业依然是主要任务。但是，大学生有更多的时间、更多的自由可以选择阅读课外读物，可以广交朋友。作为成人，他们也有了更强的独立思考能力，在完成小组作业、参加教授的研究项目或者假期实习的过程中，开始了"行万里路"的实践。

走上工作岗位后，"行万里路"和"交八方友"在求知中的比例上升。读不读书，读什么书，取决于个人工作需要和个人喜好。由于脱离了学校，不再被迫读书，许多人便不读书或者很少读书了。

我们可以得出这样的结论：求知不等于求学；求知是目的，求学只是实现求知目的的手段之一；求知是永恒的，求学通常只涉及青少年时期；求知是绝对的，求学并非必须。

上述的成功者们虽然辍学，但是他们从来没有停止过行万里路、读万卷书、交八方友。

第一等好事，只是读书；几百年人家，无非积德。万般皆下品，惟有读书高。

如果我们理解了求学只是求知的途径之一，那么这两句古训分别改动两个字更为合适。

第一等好事，只是求知；几百年人家，无非积德。万般皆下品，惟有求知高。

读书有用吗

拙作《领导学：全球视野与中国实践》，浸透了我十多年的经典研读和教学积累。教材的趣味性自然不如小说，所以，写作过程中我尽可能把理论解释得浅显，选取的案例贴近实践。出版后，我兴致勃勃地送给朋友们，满心期待好评如潮。

一位500强企业的高管朋友告诉我，这本书比安眠药管用，临睡前翻上两页，马上就能呼呼入睡；一位做私企的学弟说，他读完了目录和序言，刚好赶上给云南山区的小学生捐书，就捐掉了。

某一线城市的局级领导培训班开课前，组织部领导对我说："施教授，我们这些干部都是从事实际工作的，理论他们不一定感兴趣也不一定听得懂。您尽可能少讲理论，多讲案例。"

我开玩笑说："实际工作，应当是领导们给我们做老师的讲课才对啊。案例要讲，理论也要讲，否则怎么证明我是个教授呢？但是，我保证把理论讲得任何人都听得懂，在工作中用得上。"

在一次面向青年人的励志演讲中，一位商界大佬宣称"读书无用"，获得了现场热烈的掌声。他说：成功与否跟情商有关系，跟读书多少没关系。不读书和读书太多的人，都不太会成功，所以别读太多书。

成功怎么定义？读书有没有价值？这些都是见仁见智的问题。但是，我们必须承认现实：有许多人不爱读书（特别是读理论）但事业有成，读书的价值因人而异。

孔子曰："生而知之者，上也；学而知之者，次也；困而学之，又其次也；困而不学，民斯为下矣。"

第一等人，生来就知道；第二等人，通过学习才明白；第三等人，遇到了困难才学习；最下等人，遇到困难听之任之。

对于不爱读书的"第一等人"，我常常这样谏言："你们悟性高、天分好，不读书也比爱读书的人强。但是，基于同一个对象的比较，才合乎逻辑。换一个角度，自己和自己比，是不是多读书、读好书会更厉害？"

无论悟性多高、天分多好，通过自身实践得来的人生感悟、知识和经验，总是有限的。行万里路固然重要，但是，如果全凭自身实践，那么人生区区几十年不够用啊。

"与君一夕话，胜读十年书。"交八方友固然重要，但是任何人的朋友圈都是局限的。想和格林斯潘讨论经济和金融，人家不一定赏这个脸。想和路遥讨论人生，还要等几十年才有机会。

但是，我们完全可以随时随地阅读古今中外智者的著作，感受并吸收他们的智慧。读书，是时间成本和经济成本最低、选择性最广泛的求知方式。

站在巨人的肩上，何乐而不为？

终身阅读，勤能补拙

中国新闻出版研究院发布的《第十四次全国国民阅读调查报告》显示，2016年我国国民人均图书阅读量为7.86本，较2015年增加了0.02本。人均每天微信阅读时长为26.00分钟，较2015年增加了3.37分钟。

如果能同时统计成功学、"心灵鸡汤"、通俗小说、段子在阅读中所占的比重，这份报告也许能兼顾反映国人的阅读质量。

在给一个90多人的MBA班授课时，我问同学们，规定的教科书之外每年读多少本书。有一位同学答二十多本，绝大多数同学说三四本。

"施老师，那你每年读多少本书？"

"具体数字不清楚，大概和你们全班加起来差不多。"

"怎么可能读这么多？我们读书少，你没有骗我们吧？"

"同学们的时间主要花在本职工作上了，自由支配的时间肯定比不上我们做老师的。读书是老师的本职工作而已，无涉高尚，也就用不着夸张。"

在解释为什么读书不多时，"没有时间"是第一位的原因。也有不少学生说，高中时代读书读伤了，上大学后见了书就倒胃口。

求学≠读书！人生是一场马拉松，前十公里拼命跑，人会虚脱。从小到大，我基本没有被强迫读书，也没有强迫自己读书。歪打正着，我也就从来没有反感过读书，读书对我来说就像吃饭睡觉一样的每日必需。

甲视力1.5，乙视力0.8。同站在三楼上，两人看到的风景自然不同。但是，乙登上五楼，手持望远镜，看到的风景也就不亚于甲。既然不是"第一等人"，就多读书吧，争取和"第一等人"一样"极目楚天舒"。有了这样的自知之明，年龄越大，我越爱读书。

阅读有精读和泛读之分。有的书，例如大多数人物传记、历史和科普类著作，囫囵吞枣、心不在焉、一目十行，读一遍浅尝即止。有的书，例如哲学，例如《大秦帝国》和肯·福莱特的"世纪三部曲"这样的历史文学类巨著，需要聚精会神、绞尽脑汁，甚至读上数遍，每一遍都有不同的收获。

通常认为，读专业书费脑子、耗时间，其实不然。领导学、管理学、心理学和教育学，这些是我的本专业。一旦熬过了经典阅读这个阶段，衍生的专业读物读起来轻松高效。真正费时间的读物，反而是人物众多、故事情节错综复杂的文学类、小说类，例如金庸的作品。

时间哪里来？发扬欧阳修的"三上"精神！我常常在餐桌旁边等上菜边阅读，火车上写作，航班上改试卷，腾出时间来干嘛？除了读书，下棋、打游戏、喝酒、侃大山也不耽误！

据说，软银创始人孙正义在 23 岁时得病住院，两年间读书 4000 本。对照自己的阅读体会，我相信，对于有一定自制力和时间自由度的人而言，每年读一两百本书是不难做到的。

由于混淆了求学和求知的区别，我们常常片面地强调求学。事实上，求学不等于求知；求知是目的，求学只是实现求知目的的手段之一；求知是永恒的，求学通常只涉及青少年时期；求知是绝对的，求学并非必须的。

现实中，不乏不爱读书而事业有成的案例，读书的价值因人而异。但是，如果我们和自己比，读书总是有益的。相对于"行万里路"和"交八方友"，"读万卷书"是时间成本和经济成本最低、选择性最广泛的求知方式。

另外，我们也常常混淆读书和求学两个概念。读书是广义的，而求学特指青少年时期的在校学习。如果家长和学校片面强调求学，往往会导致学生在离开学校后厌恶读书。求学是阶段性的，而读书应当是终身的。

高智商有多大用

A 家长：我和他爸爸都是生意人，从小成绩就不行，小孩读书不好也是没办法。

施老师：做生意能成功，智商会低吗？如果父母在孩子面前这样讲，小孩就找到不努力学习的借口了。

B 家长：我家孩子一天到晚学习，成绩就是不行，是不是智商有问题？

施老师：智商一定是一代高过一代，我几乎没见过智力不够用的孩子，成绩不好应该是其他问题导致的，例如，学习目的性不明确、学习效率低，等等。

C 家长：我家孩子除了读书啥都明白得特别快，为啥读书就是不行呢？

施老师：智商不分读书的智商和非读书的智商，其他事情明白得快，读书也一定能读好。

D 家长：我家孩子才三岁，背儿歌、背唐诗都是一遍就记住了，谁见了都夸他聪明。

施老师：上天造人很有讲究。小孩脑子里空荡荡的，学什么都特别快；成年后理解能力越来越强，但是记忆力越来越差。最不能夸孩子的就是聪明，聪明往往被聪明误。无论读书还是做事，智商只是成功的因素之一。

智力与智商

智力的学术定义是：人们认识客观事物并运用知识去思考、推理和解决实际问题的能力。美国俄亥俄大学的心理学家罗杰·格里菲思将智力分解为七个维度，见表 4-1。

表 4-1　智力的七个维度

维　度	描　述	工 作 实 例
算术	快速而准确的运算能力	会计：计算产品的营业税
语言	对书面和口头语言的理解能力，对词汇之间关系的理解能力	工厂经理：推行企业聘用制度
知觉速度	迅速而准确地从视觉上辨认差异的能力	火灾调查员：鉴别纵火责任的证据和线索
归纳推理	确定问题的逻辑后果并加以解决的能力	市场调查员：预测未来一段时间内某产品的市场需求量
演绎推理	运用逻辑来评估某种观点的价值的能力	主管：在员工提供的两项不同建议中做出选择
空间知觉	物体的空间位置变化时，能想象出物体形状的能力	室内装饰师：对办公室进行重新装饰
记忆力	保持和回忆过去经历的能力	销售人员：回忆客户的姓名

表 4-1 所列的智力七个维度，可以简单化地概括为数学知识和语文知识，这两门学科都是建立在严谨的逻辑基础之上。

我们可以把智力比作电脑的核心硬件 CPU，奔腾级、迅驰级的 CPU 能够运行 Window XP 这样的大型软件，而 386、486 只能运行 DOS 类的小型软件。

智商，即智力商数（Intelligence Quotient，IQ），是用于测度智力的定量指标。

20 世纪初，法国心理学家阿尔弗雷德·比奈和西奥多·西蒙提出了比奈-西蒙智力量表（Binet-Simon Scales），用于测度某一年龄段学生的平均智力，据此来预测学生未来的学业成就。

在比奈-西蒙智力量表的基础上，斯坦福大学心理学家刘易斯·特曼于 1916 年提出了斯坦福-比奈智力量表（Stanford-Binet Intelligence Scales），并很快成为在美国使用的标准智力测试，经不断发展延用至今。

目前大多数 IQ 测试方法采用标准差为 15 的正态分布，也即平均智商定为 100，68% 的人智商在 85～115 之间；95% 的人智商在 70～130 之间。

$$智商 = \frac{心智年龄}{实际年龄} \times 100\%$$

假定一个 10 岁孩子的心智年龄达到了 12 岁，则他的智商为 120（12/10×100）。

"智力崇拜"不可取

科举制度影响了中国一千多年，使国人有着尤其强烈的"智力崇拜"。我们要讨好他人，最有效的做法就是夸他们家的孩子"聪明"。显然，聪明人更可能学有所成。

四位家长有关智商的观点，都存在一定程度的误区。ABC 三位家长怀疑孩子智商低？大可不必，我几乎没有见过新生代智商不够用的。

1983 年，新西兰奥塔哥大学政治学教授詹姆斯·弗林发现，人类智商呈现逐年增加的现象，这一现象被称为"弗林效应"（Flynn effect）。

导致"弗林效应"的可能原因主要有以下三类：

（1）环境因素：接种疫苗、污水处理，使许多传染疾病近乎绝迹。

（2）生物学因素：近亲通婚减少（杂交优势显现）、更好的营养、人类的颅顶增大。

（3）社会学因素：更多人接受良好教育，社会复杂度提高、大脑接受的刺激增多。

得意于孩子高智商的 D 家长，淡定淡定！人生和事业的成功，智力是决定性因素吗？许多学者对此持怀疑态度。

同样在 1983 年，最早的反智能学者之一、哈佛大学心理学家霍华德·加德纳提出了"多元智能理论"。他认为，影响人生成功的因素是多元的，包括：言语—语言智能、音乐—节奏智能、逻辑—数理智能、视觉—空间智能、身体—动觉智能、自知—自省智能、交往—交流智能、自然观察智能等。

另外，领导学的研究发现，智力与领导有效性之间的关系很复杂，并非表面看起来的正相关关系。加州大学伯克利分校的心理学家埃德温·吉赛利认为，领导者的智力极高或极低都会削弱领导有效性。一方面，领导工作的复杂性要求领导者具备一定的认知能力，低智商者难以胜任领导工作；另一方面，高智商的领导者和追随者可能存在交流障碍，因为高智商领导者会沉迷于自身的想法不能换位思考，或者他们高深的想法、跳跃性的思维超过了追随者的接受能力。

智力的激发

1978 年中国科技大学首次招收少年大学生，我父亲看了有关 13 岁宁铂上大学的报道后大受刺激，幻想着他的儿子今后或许也能如此这般光宗耀祖。他把报纸递给我，希望把这种刺激传染给我。而八岁的我无动于衷，装模作样读完一转身就找小伙伴下象棋去了。

父亲仍心存侥幸，过了两天，不惜以一顿午饭的代价，请了乡中心小学德高望重的退休校长来测试我的智商。老校长出的题目，有动脑的也有动手的，据说都与我的年龄段相当。说来惭愧，我来者不拒，战无不败，屡败屡战，毫不气馁。最后，面对精神如此强悍的小朋友，老先生终于崩溃。

中午吃饭的时候，父亲虔诚地向老校长敬酒，怯怯地问："测试结果怎么样？"

老校长干完酒，一块肥肉在嘴里上下左右不停地旋转。思想斗争了半天，终于乡绅的正直占据了上风："好好学习，今后上大学也不是一点希望都没有。"

那个年代，招待人一顿大鱼大肉实属不易。可怜我父母，赔了票子又折了面子。于我，总体来讲倒是件大好事，从此父母对我降低了期望值，我就拥有了轻松自在的童年和少年。唯一的后遗症是，我会"间歇性"地怀疑自己的智商。

后来，我考上了大学，考上了研究生，留学加拿大、美国……

智力和勤奋，与我学业上的进步不成比例。对此，我一直心里不踏实，总想搞清楚智商到底是咋回事。

在南加州大学的心理学课上，Robert Rueda 博士帮助我解决了多年的"智力困扰"。

"教授，一些智商不高的人也能取得学业和事业的成功，从智力的角度怎么解释？"

"比奈认为，智力概念很宽泛，受到很多因素的影响，不能简单地用一个数字来量化。智力随时间变化，比奈 - 西蒙量表只能测度儿童时期的智力。"

"是否可以这样理解，智力会随着年龄增长而偏移，成年后知识和经验的积累会影响智力？"

"是的，完全正确。"

高智商的儿童，接受新知识相对较快。进入少年和成年期以后，童年时期智商的价值逐渐"褪色"。学业的成功，需要更多地依靠自我驱动的求知欲、高效率的学习习惯和适合自己的学习方法。

以我的高中时代为例，假设我的智商是平均值 100，班上两位聪明同学 A 和 B 的智商都是 120，再假设我们的勤奋程度相同。我有着强烈的求知欲，视读书为快乐，学习的时候大脑充分开放，智商被激发成了 120。A 同学还没有理解读书为什么，智商只发挥了 80%，即 96。B 同学有明确的学习目的，即希望考上大学跳出农门，但是学习的枯燥感有时会影响他大脑的开放性，智商只发挥了 95%，即 114。

这个例子，大概解释了智力平常的我为什么在高考中超越了聪明同学。智力的发挥，同样适用"狭路相逢勇者胜"的道理。

单一的高智商并不能必然地带来人生的成功，我们应当从"多元智能"的角度培养孩子更广泛的智力和能力。

智力的潜力，不等于智力的发挥。在恒定的智力潜力条件下，好奇心、好胜心、良好的学习习惯和学习方法等等，可以最大程度甚至超水平地激发智商。

"智力崇拜"不可取！

读书，人生最简单的一件事

我五岁上村里小学之前没有摸过铅笔，在乡镇读初中，复读一年勉强跻身县城高中。三年中，自由散漫，上课不爱听讲，作业时常不交。早七点艰难地爬出被窝，晚八点半准时从教室走向宿舍卧倒。平日里博览杂书，耍耍口琴笛子打打排球。高二开始受聂棋圣的影响迷上围棋，高考前请假一周到南通比赛。在老师们的一片反对声中，幸得陆祖培副校长力排众议："让他去比赛吧，他要是玩不开心高考也会受影响。"

高三的某一天，被陆校长叫去谈心，问及高考，狂言起码本校内无人能敌。此言传出，闻者窃笑。及至发榜，不幸言中，在 1987 年的江苏省启东县泛起了一点小水花。

17 岁赴省城上大学后，越发沉迷于围棋这个"木狐狸"，相比之下，画机械图、装配电路索然无味。于是乎，黑白之道越行越远，浑浑噩噩红灯挂起。临近毕业幡然悔悟，不学无术何以谋生？

在老家乡镇企业的日子里，我白天绘图纸混工资，下班后喝酒吹牛打麻将与工人阶级打成一片。和同事们唯一不同的是，我每天坚持利用零星时间学习两个小时，哪怕打完麻将已是深夜。一年多后，考上中国科学院系统科学研究所，幸运地成为 1993 年全国招录的 1 万多名硕士生博士生中的一员。

在中科院，从考研英语勉强上线到全班托福第一名，我用了一年时间。数年后，我留学加拿大麦吉尔大学，争分夺秒用 14 个月时间完成二年制的 MBA 项目。

读书是人生最简单的一件事！这样的豪言壮语，如果出自一个智力超群、勤奋努力的学霸之口，例如一个中科大少年班的学霸，相信读者朋友们羡慕嫉妒崇拜绝对恨不起来。一个"间歇性学渣"王婆卖瓜，自吹自擂这些陈谷子烂芝麻，多少有点难为情。但是，鉴于接触到的许多孩子披星戴月学习而效果不佳，还带累全家不得安宁，我斗胆谈谈自己的学习心得。相比学霸，"学渣"的学习体会也许更有参考价值。

除了读书，哪件事情你能掌控

为什么说读书是人生最简单的一件事？

读书当然并不简单，但是读书主要是个体活动，与他人关联度甚小。如果有自我驱动的强烈求知欲，持之以恒，讲求效率，方法得当，想学不好也难。读书的因果关系十分简单清晰，学业有成，主要归功于自己；学无所成，不能归咎于他人。

想想我们的生活和工作，几乎任何事情都与他人紧密关联，成与败，很大程度上掌控在别人手上。

"斗地主"时，"地主"抓了一手好牌，能不能打赢，还要看"农民们"手上的牌以及他们的配合。

想请朋友吃饭，取决于朋友是否赏脸、是否有空。

你看上了一个美女或帅哥，还得看人家是否瞧得上你。

想升职涨工资，取决于老板对你价值的估量。

想炒股发财，取决于其他股民特别是庄家的交易行为。

……

阅历越丰富，越会感慨人生艰难、诸事不易，越有无力感。两相对比，便会发现读书才是人生最简单的事情。自己可以把控的事情都做不好，牵涉别人的事情还能做好吗？

考第一名的，大多爱玩会玩

A同学天天熬夜，几乎没有在晚上11点半之前睡过觉。班主任告诉家长，正常情况下，晚上10点钟能够完成作业。问题出在哪里呢？效率，效率，效率！她耳朵里塞着耳机听音乐，做20分钟作业就要看看手机或者吃点零食。我问她，熬夜就是和自己过不去啊，为什么这样呢？她说，小时候妈妈看她做完了老师布置的作业，就塞给她课外习题，她就用磨洋工来对抗。

我劝导A妈："不能见不得孩子玩，想想自己，难道一天到晚全是在工作吗？读书和玩没有本质矛盾，学霸大多是爱玩会玩的。你要是不相信，我给你讲两个我的学霸同学的故事。"

我的本科同学胡晓宇，是足球场上的骁将、玩"四国大战"打升级的主力队员，大二开始谈恋爱。就这样啥都不耽误，跳级读专业课照样拿满分，搞得师兄们脸面尽失扬言要群殴他。若干年后，得知他在瑞士洛桑联邦高工拿了博士学位，在苏黎世 IBM 公司任高级研究员，关于云存储的论文全球引用数第一，同学们没人觉得惊讶。

从玉泉路的中科院研究生院 558 室到中关村 88 号楼 106 室，我被室友丁曙初和徐景整整"虐"了三年。我们一起到海中市场买菜，一起在中关村操场看露天电影，一起看武侠书，一起在宿舍里打麻将，他俩顺理成章地成为科技精英，而我依旧只能做个科技的崇拜者。

从小学、中学到大学，求学是个长期的过程，对于求知者来说读书甚至是终身的过程。求知是快乐的、有成就感的，也伴随着枯燥感和痛苦感。即使意志再坚强的人，也不可能仅仅靠意志来长期对抗枯燥和痛苦。

生活、学习、娱乐，都是正常每一天、快乐每一天的组成部分，相互之间不仅不矛盾，而且互相促进。玩得不开心，就很难学习好。学习不好，也影响玩的心情。

补课，有钱任性！

B 同学说，爸爸给他报了五个课外补习班，其实对他来讲是没有用的。

"我上了一天课已经很累了，到补习班就是玩，补习班的老师也不像学校老师管的那么严。不懂的东西，无论老师讲多少遍我还是不懂。如果能静下心来自己揣摩，倒还能够弄懂一些。有时候，我上课注意力不集中，没有听懂，想一想反正还有补习班，就无所谓了。"

我对 B 爸说，"你当年考上大学，也是因为上了补习班吗？"

"我们那个年代没有课外补习班，大家都不上也很公平。现在的课程比我们当年知识点多，上培训班总比不上好，总比在家瞎玩好吧。"

"你这是有钱任性啊！身体健康靠正常吃饭，还是靠脑白金？无论有多少知识点，学习的道是不变的。课上把知识点搞懂，课下做题巩固，这才是正道。同样的知识点学两遍，花钱还是小事，把孩子搞得疲惫不堪，毫无意义。只有一种情况可以考虑课外辅导，那就是孩子在某个学科出类拔萃，需要拔高，校内的课程无法满足。除此以外，补课就是饮鸩止渴，就是靠吸毒提神般的恶性循环，就是慢性自杀。"

"他班上的同学几乎都在上培训班，我家小孩也不能不上啊？"

"别的同学都在上培训班，你家小孩就应该上，这里边看不出逻辑上的因果关系。人往高处走，为什么非要和别人一样呢？你健身节食干什么呢？像你这样的帅叔是少数，你干嘛不向我这样的胖子靠拢？"

热爱学习

所有领域的学习，都是在解码世界，包括我们所处的物质世界和内心的精神世界。对于学习的热爱，源于对生活的热爱。

我从高二开始热爱学习，学习的动力不是为了"跳出农门"，而是探索这个缤纷世界的好奇心。七门功课中，我尤其热爱数学、物理、语文和政治，除了英语以外陆续考到了第一名。

文科学习，许多学生认为难在需要背诵。对于需要记忆的知识点，尽可能编成口诀，这是个"投机取巧"的好办法。但是，刻意背诵往往效果不佳。如果我们能在放松的状态下，沉浸在对于美的享受中，记住就成为自然而然的结果。

从高二开始，无论大小考试，语文在班上没有考过第二名，古文和作文部分几乎不扣分。原因何在？古文的美，美到摄人心魄，无法用语言来描述。

"物华天宝，龙光射牛斗之墟；人杰地灵，徐孺下陈蕃之榻。落霞与孤鹜齐飞，秋水共长天一色。渔舟唱晚，响穷彭蠡之滨；雁阵惊寒，声断衡阳之浦。老当益壮，宁移白首之心；穷且益坚，不坠青云之志。胜地不常，盛筵难再。临别赠言，幸承恩于伟饯；登高作赋，是所望于群公。"

一字字读王勃的即兴之作《滕王阁序》，一句句体会骈体文的简练对仗之美、作者的才华气度、宾主间微妙的较劲互动。管它是不是在高考范围内，读完欲罢不能，几番下来，刻骨铭心。

辩证唯物主义的学习，虽然很烧脑，但是乐趣就在其中。"一切事物，都有产生、发展和灭亡的过程"，第一次读到的感觉是直击灵魂深处，是三观的升华，哪里还想得到这是考试的知识点？

每晚八点半，在从教室到宿舍的300米途中，脚步轻快，心中洋溢着快乐和充实。虽然不知道未来会怎样，但是我深信离前途又近了一步。临睡前，躺在床上，用20分钟时间放电影般地回忆当天学到的各科知识点，盘点哪些已经掌握，哪些需要明天回炉加工。在快乐和充实中进入梦乡，第二天醒来又开启快乐和充实的新的一天。

自 主 学 习

老师的责任是照顾尽可能多的学生，慢慢地我感觉到跟着老师的节奏走有点浪费时间，便开始琢磨自主学习。

重复性做题，可以巩固已经掌握的知识，下一次遇上同类型的题可以确保得分。但是，我十分抗拒这种做法，因为太浪费时间。

对于老师批改后的作业或考卷，我会认真分析。按照原因将错题分成两类，一类是没有掌握知识点，就需要彻底弄懂；另一类是粗心大意，提醒自己下次注意即可。后续的作业，如果涉及的知识点已经掌握，我就直接漠视，拒交作业。所以呢，我就有比较多的时间，可以用于寻找难题，甚至可以给自己编考题，或者玩耍睡觉。

考卷考的是学生，但是题目是老师出的，所以就要换位思考，琢磨出题人的意图。研究历年考题，特别是评分标准，是提分的好办法。从如何避免扣分（而不是如何得分）的角度分析，不求有功，但求少过，让改卷老师找不到扣分点。这个过程充满兴奋，好似军统破译了山本五十六的飞行计划。

学生一旦养成了自主学习的习惯和能力，就好比雄鹰挣脱笼子，自由自在地翱翔在知识的蓝天白云中，巍巍群山和茫茫大海都无法阻挡。

成长和学业，都是一个长期的过程，都有其自身的客观规律。从长远来看，把孩子视作家庭的中心，是走向教育误区的第一步；让孩子的学习成绩绑架一个家庭的气氛，是阻碍孩子学业成功的第一步。

读书基本上是一项个体活动，与外部因素关系不大。具有成为杰出学者潜力的孩子固然不多，但是几乎所有孩子都具备完成大学教育的内在素质。与人生的大多数重大事项相比，读书本来是最简单的一件事，但是被我们的家长们和教育体制搞复杂了。

焦虑之下的家长们，请冷静下来，回想一下自己的学生时代，哪些因素决定了自己或者同学的学业有成。自我驱动的学习动力，长期坚持的毅力，重视效率、劳逸结合的学习习惯，总结适合自己的学习方法，养成自主学习的习惯和能力，如果能做到这些，难道学业成功不是自然而然的吗？

4.5
托福，需要考两次吗

中考后，何同学进入了广州一所中学的国际部。他对我说："施老师，我的目标是常春藤。"

"很好啊，同样上大学，当然尽可能要上名校。年轻人就应当志向远大。"

人不张狂枉少年！

接下来，我给何同学分析了申请常春藤基本的硬实力和软实力要求。标准化考试方面，需要考托福、学术能力考试 SAT I/ACT、五门以上的 AP/SAT II，而且分数都要有竞争力。

"要对付这么多的考试，最佳的办法是不超过六个月搞定一项考试，争取每项考试都是一次通过。"

何妈妈一脸怀疑："六个月够吗？考一次就能达到理想成绩吗？我身边朋友们的孩子，许多光托福就学了两年，考了四次五次甚至更多的。"

我问何妈妈，"你当年考大学，考了几次？"

"一次。如果第一年考不上，家里就不一定给我复读的机会了。我们大学这个班，绝大多数是一次考上的。"

"是呀，从技术角度看，考试一次通过是完全可以做到的。我考大学，考研究生，考托福、GRE、GMAT……人生中所有重要的考试都是一次通过的。我不同阶段的同学们，大多数也是这样的。现在的孩子们智商比我们高，学习条件比我们好。如果做不到考试一次通过，那就要在自己身上找找非技术原因了。"

伤其十指，不如断其一指

在《中国革命战争的战略问题》一文中，毛泽东对红军时期反围剿的军事经验做了总结。他说："对于人，伤其十指不如断其一指；对于敌，击溃其十个师不如歼灭其一个师。"

考试，和打仗同样的道理，同样应当集中力量打歼灭战。

备考时间越长，考试成绩就越好吗？绝对不是！

能把考试当做享受的超级学霸应该不多，对于大多数人来说，考试是一种煎熬。"我看到托福书就想吐了"，这样的话我听过 N 次。

既然考试是一种煎熬，那么"被虐"的时间当然越短越好。对于绝大多数中学生来说，第一次接触托福/SAT 等标准化考试的真题时，感觉犹如读天书。但是，新鲜感和好奇心能在相当程度上抵消畏惧感。第一个月学下来，一定会感觉进步神速。坚持学习两三月内，进步依然是显著的，但是新鲜感和好奇心越来越淡。三个月后，新鲜感和好奇心消耗殆尽，成绩的提升迎来"瓶颈"。此时，毅力成为提高成绩的关键。如果备考周期到了六个月以上，枯燥感与日俱增，对考试的对抗心理占据上风，许多学生的毅力将崩盘。

上述的客观心理过程决定了备考必须一鼓作气，一举拿下。否则，将陷入"备考时间越长，对抗心理越严重，成绩停滞不前甚至倒退"的恶性循环；一项考试拿不下，后续的考试项目接上来了，"旧仇添新恨"，必然顾此失彼。

相反，如果用最少的时间一举拿下一项考试，将对学生的心理产生积极效果。自信心增强了，对付后续考试必将产生良性循环。

上培训班，有必要吗

脚还没跨出国门，标准化考试培训费用已经花了十万二十万，这样的情况比比皆是。

现在的高中生，上托福和SAT的培训班似乎是留学之前的"规定动作"。甚至，已经通过了四级六级的大学生们，绝大多数也要上培训班。当年的皇子读书，还有伴读切磋竞争，而现在的许多学生和家长却迷信小班，认为越小越好，最好是一对一。

很少有像教育培训这样的行业，无论经济上行还是下行，永远是蒸蒸日上。如雨后春笋般涌现的培训机构们，对学生和家长的诉求十分配合。基础班、强化班、冲刺班，让你读完一个还有一个，循环往复以至无穷。

冷静下来，我们问问自己：考个托福、SAT，有必要上培训班吗？

不了解托福考试考什么、有哪些题型、各项的分数分布？托福考试的官网上写得清清楚楚，一目了然。听培训机构的老师们介绍这些信息，难道会比官网更权威更精确？

不熟悉解题技巧？那么，首先，考试主要考的是功力，是基本功，凭借所谓解题技巧能提高几分？其次，即使想钻研解题技巧，搞到往年的全真考题，做上十套八套题，再研究一下网上铺天盖地的备考资料，也能了解得八九不离十了吧。

学生迷恋上培训班，往往是出于偷懒的心理。他们把在培训班上的听课作为主要的学习手段，替代课下的做题和思考，其结果是"消化不良"。家长们爽快掏钱，一方面，源于从众心理——别人家的孩子都在上；另一方面，过于相信金钱的力量。如果冷静下来想一想，自己的学生时代上过培训班吗？学习，主要靠内在驱动，还是借助外力？答案，不言而喻。

练兵不能靠打仗

试想一下，检验和提高一支军队的战斗力，主要靠什么？靠实战吗？实战当然有效，但是以真刀真枪来检验和提高军队的战斗力，成本太高、风险太大了，战场上没有亚军，打无把握之仗无异于自取灭亡。

那应该靠什么呢？靠平时训练，靠临战前高频率高强度的模拟实战演习！

在掌握题型和基本的解题思路后，提升标准化考试成绩最省钱省时间的方法就是不断地模考。通过大量模考，学生可以阶段性地检验自己的水平，找出与目标之间的差距，并且有针对性地缩小差距。

如果学生有自主学习的习惯和能力，获取好成绩不必上考试培训班，多次上同一课程的培训班更是弊多利少。对于大多数学生来说，他们处在被动学习的状态，让他们参加培训班也是家长面对现实的无奈之举。

最优秀的教学方法应当以学生为中心，老师定期安排学生模考，然后对模考进行讲评，从中发现学生的薄弱环节，提出针对性的解决方案，并监控后续学习的进程。

可惜的是，现实中几乎所有培训班的教学方式都是以老师为中心，老师循规蹈矩、平铺直叙、按部就班地授课，学生把上课作为学习的主要形式，课下不愿意花时间预习、复习、消化课堂内容。家长就陷入了迷惑之中，孩子一考再考，多次上同样的培训课程甚至上遍了主要的培训机构，为什么成绩还是差强人意呢？

有多少机会可以重来

有一种观点认为：美国的大学选拔体制比中国的高考更合理，美国高中生可以多次报考 SAT/ACT、择最优成绩递交，而中国的高考一考定终身，每年只有一次。

这种观点听起来有一定的道理，但是实质上似是而非。首先，如果准备充分，一次考试机会足矣。其次，正因为每年只有一次，中国高考顺带考察了学生的心理素质和临场发挥能力。这两项难道不是人生中重要的能力吗？如果用心理素质不好、临场发挥不好来解释考试的失败、人生重大事件的失败，于事有补吗？

完成美国本科学业，需要通过三四十门课程。毕业后，继续攻读硕士的中国学生也不在少数。美国大学普遍作业量大，阅读量大，平时考试多，学习基础和学习习惯较好的中国留学生也往往疲于奔命。难道也要依赖课外培训机构？难道也要多次考试才通过？如果没有自主学习的意识，没有养成高效率的学习习惯，不掌握适合自己的学习方法，这六年将是一生痛苦的回忆。

人生多少事，机会转瞬间。进入社会后，人生的重要机遇往往就在一瞬间。初次见面，让对方产生好感，机会往往就在一瞬间；在工作中脱颖而出，机会往往就在一瞬间；创业融资，说服投资人，机会往往就在一瞬间……

十多岁的孩子，人生才刚刚开启。从标准化考试开始，养成自主学习和"断其一指"的习惯，造福一生。

如果准备充分，考试一次足矣。一次努力就可以解决的问题，用赌运气的态度多次尝试，这种做法后患无穷。这些道理实际上显而易见，许多家长从内心是认可和接受的，因为他们自己就是这么走过来的。

但是，即使明白了这个道理，实际对待孩子的时候能守住立场的家长少之又少。他们大多又回到了"多给孩子一次机会"的"温情脉脉"，不断地给孩子报班，不断地给孩子报考。

现实中，托福考了五次八次的学生屡见不鲜。孩子的"有钱任性"只是表象，家长无原则的退守才是根源。

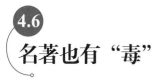

名著也有"毒"

吕同学在一所"常春藤"名头的国际学校读初三，吕妈给我发来语文老师和英语老师建议的学年阅读书目（表4-2）。我一看全是文学名著，当然，不看也能猜个大概。

表4-2　老师建议的学年阅读书目

类　　别	书　　名
文学（英文）	《鲁滨孙漂流记》《老人与海》
文学（中文）	《基督山伯爵》《麦田里的守望者》《平凡的世界》《高尔基三部曲》
历史	《上下五千年》《明朝那些事》

读书，贵在杂

走进书店，琳琅满目。而今的孩子们不是没书读，而是可供选择的书过多，造成了家长们的选择困难。

我们都理解，合理饮食、科学饮食对于健康的重要性。合理的食物结构，包含了蔬菜、鱼肉、水果、牛奶、粗粮杂粮等，每一样都重要。如果摄入了腐败变质的食物、地沟油，就会危害健康。蛋白质是好东西，但是过度摄入也会中毒。

读书也是这个道理，贵在健康，贵在结构合理，贵在杂。三观不正的书会害人，满满"正能量"的心灵鸡汤会误导人。文学名著陶冶我们的心灵，帮助我们了解这个复杂的世界。但是，文学名著大多涉及人性的阴暗面，风格凄凄惨惨戚戚，青少年时代如果读得过多有可能影响性格。此外，学生的课外阅读时间有限，书目的结构合理尤为重要。

优秀的伟人传记就是上品的"鸡血"，少年时期不可不读。自然与科学，推荐晦涩的《时间简史》以及轻快的《国家地理杂志》。历史文学类，重点推荐肯·福莱特的"世纪三部曲"。这套书以英、德、俄、美几个家庭的变迁为线索，描绘了从"一战"到冷战时期，欧洲和美国波澜壮阔的巨幅历史画卷。无论王公贵族，中产阶级，还是煤矿工流氓无产者，作者对人物心理拿捏自如。重要的推荐理由：作者"没有一个饱受折磨的灵魂"，没有政治观念的主观推销，没有价值观的刻意灌输，将国家的兴衰、个人的命运多舛娓娓道来。"大家都在写内心的痛苦，可我总是觉得很开心"。而这种淡淡的味道后却是绵长的人生思考，就如清早的一杯淡咖啡。

根据吕同学的年龄段、个性和爱好，我为他定制了一份年度泛读书目（表4-3）。

表4-3　适合吕同学的年度泛读书目

类　别	书　名	作　者
文学	《围城》	钱钟书
	《平凡的世界》	路遥
历史文学	《大秦帝国》	孙皓晖
	《巨人的陨落》《世界的凛冬》《永恒的边缘》	肯·福莱特
历史	《国破山河在：从日本史料揭秘中国抗战》	萨苏
自然与科学	《时间简史》	史蒂芬·霍金
	《互联网第三次浪潮》	史蒂夫·凯斯
	《国家地理杂志》	National Geographic
人物传记（政治类）	《邓小平传》	理查德·伊文思
人物传记（商业类）	《史蒂夫·乔布斯传》	沃尔特·艾萨克森

一位高中女生的另类书目

当你看到下列高大上的书单（表 4-4）时，猜想读者肯定是个两鬓斑白的大学教授。不然！读者 Heather 就读中国人民大学附属中学，书单中列出的只是她印象中比较深刻的部分书目。Heather 的娃娃脸总是阳光灿烂，高中三年的"另类"阅读并没有把她变成妈妈所担心的"怪物"。

表 4-4 一位高中女生的另类书单

部分阅读书目	作　　者
《国史概要》	樊树志
《动物凶猛》	王朔
《请你安静些，好吗？》	雷蒙德·卡佛
《裸体午餐》	威廉·巴勒斯
《论摄影》	苏珊·桑塔格
《我们》	尤金·扎米亚金
《1968：撞击世界的年代》	马克·克兰斯基
《悉达多》	赫尔曼·黑塞
《格雷戈里·柯索诗选》	格雷戈里·柯索
《在轮下》	赫尔曼·黑塞
《巴黎的忧郁》	沙尔·波德莱尔
《美丽新世界》	阿道司·赫胥黎
On the Road	Jack Kerouac
What we talk about when we talk about love: stories	Raymond Carver
The Catcher in the Rye	J.D. Salinger
Nine Stories	J.D. Salinger
Howl and Other Poems	Allen Ginsberg
Fahrenheit 451	Ray Bradbury
Without Feathers	Woody Allen
Ladyboys：the secret world of Thailand's third gender	Susan Aldous，Pornchai Sereemongko

赴美留学的孩子们，无论你是否是"受虐狂"，无论你读什么专业，"受虐"不可避免。越是精英大学，"受虐"越惨。教授们给出的必读书目

中，可能有柏拉图的《理想国》、尼可罗·马基亚维利的《君主论》、塞缪尔·亨廷顿的《文明的冲突》、亚里士多德的《伦理学》、卢梭的《社会契约论》、弗洛伊德的《梦的解析》、威廉·斯特伦克的《风格的要素》……

你会痛苦地发现，其中任何一本书都不是轻松幽默的。更让人癫狂的是，你的许多美国同学在中学阶段就已经读完了这些书。

2017 年 8 月，Heather 启程赴波士顿学院求学。在中关村的一家乌苏里江野生大鱼店，我一边大快朵颐，一边对她说："你经受过严酷的美式阅读训练，本科学业一定很顺利，研究生要争取上常春藤。"

有价值的阅读 = "受虐"

从 Heather 身上，我看到了少年时代的自己。当年可以读到的书不多，无聊之余，初中阶段我把父亲书架上的《毛泽东选集》看了不止三遍。高中阶段，泪眼婆娑的琼瑶作品自然看不下去。限于我当年的认知能力，金庸作品给我的感觉也只是大侠们打打杀杀，不似今日复习感悟诸多有趣。两相比较，还是父亲书架上的马恩列斯著作更有意思，虽然看得云山雾罩。

后来，加拿大美国的教育体系又强化我的阅读习惯，少年时代的"受虐"倾向越来越"无药可治"。架不住多人推荐《明朝那些事儿》，我购来一册。作者名不虚传，语言幽默，以讲故事的方式娓娓道历史，可读性甩正史两条街。凭借顽强的毅力，我勉力读了几十页。

吃菜，有人关注食材是否新鲜，有人关注味道如何。读书，有人看重书承载的信息，有人看重可读性。青菜萝卜各有所爱，好在市场经济时代，青菜萝卜都有足量供应。

我喜欢吃清蒸鱼，因为清蒸才是新鲜鱼最好的做法。如果加了诸多调料，是不是为了掩盖鱼的不新鲜呢？带着这样"阴暗"的心理，加上以往购买无数好评如潮畅销书的血泪教训，我对绑上五颜六色的"腰带"、封面上一串名人隆重推荐的畅销书保持警惕。

且不说名人们是否有空真正通读了所推荐的书，任何名人的推荐都不如时间的推荐，任何领域的阅读，都应当尽可能读经典、读这个领域的开山大作。

赴美留学的毕竟只是少数，我们大多数人是否可以待在读书的舒适区免遭"虐待"呢？

无论身份高低、学问高低，每个人的一生都在探究三大终极哲学问题：我是谁？我从哪里来？我要到哪里去？能让我们站在巨人的肩膀上，帮助我们理解人生、理解自然、理解科学的经典名作，大多枯燥烧脑。有价值的阅读往往是"受虐"，但是如同寡味的清蒸鱼一样有益无害。

你所排斥的，往往正是你最需要学习的。读风格轻快的畅销书，网络碎片化阅读，无可厚非。但是，费脑子的书，更值得一读。

广义的阅读

纸质书的阅读，是我们日常所指的阅读，也即"狭义"阅读。"广义"阅读，指人利用自己的各种感觉器官去感知周围的事物，其形式和渠道包括但不限于：家庭成员之间的对话、电视、电影、音乐、杂志和网络等。各种形式的广义阅读本身都是中性的，对孩子的影响可以是积极的，也可以是消极的。现实中，广义阅读所产生的消极影响往往被家长们忽略。

以电视为例，电视是除了家庭成员以外孩子最早接触的外部信息载体之一。除了专属于孩子们的动画片，孩子们从婴幼儿阶段起，也会被动地跟着家长看其他电视节目。

假设，在两个家庭中，和孩子接触最多的家长分别为甲和乙，他们的电视阅读习惯见表4-5。

表4-5 甲、乙两家长的电视阅读习惯

	甲家长的电视阅读习惯	乙家长的电视阅读习惯
电视剧	《还珠格格》《甄嬛传》	《康熙王朝》《茶馆》
战争片	各种款式的抗日神剧	《燃烧的太平洋》《纪实》频道
其他	各类选秀节目、相亲节目	《探索》频道

电视节目都经过有关部门的审核，孤立地看，其本身基本是无害的。但是，每位家长都有自己的电视阅读习惯，家长是孩子最早的也是最重要的老师，长期的、大量的、有偏好的电视阅读组合在一起，就会对孩子产生一定的影响。一旦孩子的电视阅读习惯形成，就如同"肌肉记忆"一般习惯成自然。

试想一下，从长期来看，甲家长和乙家长将分别对孩子产生什么样的影响？

4.7 人生不分文理科

基因的力量是强大的，张同学和当年的爸爸一样严重偏科。张爸希望我尽快给他儿子转到美国理工科特色的高中，他说："我当年要是文科稍微高一点，就上清华了。现在儿子要是参加高考，肯定也是被文科拉后腿上不了好学校。"

"无论在国内还是在美国读书，无论今后做什么工作，知识面还是尽可能丰富一点。你是工程师出身的企业高管，从大学毕业到现在，读的书有什么变化？"

"20多岁，主要看专业方面的书；30多岁走上管理岗位，侧重看管理方面的书；现在40多岁，工作中和人打交道的比重远远超过和物打交道，所以喜欢看历史、哲学和心理学。"

"现在高科技时代，理工科背景的创业者比比皆是，你儿子今后也有可能创业或者做高管。到那时候，他能说，'我是工科生，财务报表我是看不懂的，营销的事情别向我报告；我不懂心理学，所以人力资源管理、和人打交道的事情我不管；我不懂社会学，不懂社会，所以别让我和各种外部利益相关者打交道？'江湖上有一句话，出来混，迟早要还的。年轻时欠下的知识债，早晚要还的。"

"这些道理，我也对儿子讲过。但是，他说他就是个理工男，天生对文科缺根筋，反正理工科学好了也一样有饭吃。"

"知识结构杂，不仅仅对工作有利，生活也会变得更有情趣。我在中科院华罗庚小组工作时，听计雷研究员讲华老的趣闻逸事。当年他担任华老助手，经常见到华老谈古论今赋诗，见到华老和贺龙元帅，像两个老农一样盘腿坐在地上，津津有味聊武侠书。十几岁的孩子，有很强的可塑性，一切皆有可能。孩子对文科不感兴趣只是表面现象，本质上是他对文科的教育方式不感兴趣。我来给你讲一个以前的案例吧。"

从小学开始，南京的 S 同学就展现出过人的理工天赋，在数学、物理、航模和计算机等领域取得了许多省级和国家级的奖项。升入一所市重点高中后，他觉得学校在理科方面的教学过浅，而语文和政治等学科索然无味，便向家长要求转读美国高中。

S 就读的著名私立高中位于纽约州，许多老师拥有名校的博士学位。在数学课上，老师让他担任助教，目前正在自学数论，并准备美国高中数学竞赛（AMC12）；AP 物理 C 课程取得了满分后，学校指派了一位博士给他一对一开小灶。

感恩节期间，一位美国同学帮他联系住到当地的家庭。房主老先生是一位 IBM 公司的退休工程师，教他编程、放飞无人机，给他讲了许多 IBM 的闲闻趣事。

令家长和我想不到的是，S 同学对文学、历史、伦理、哲学和政治课程也产生了浓厚的兴趣。在完成课程论文的过程中，他深入比较中美两国的宪法和主要宗教信仰。

兴趣面的扩宽，反映在了本科学校和专业的选择上。他选择综合性大学而不是理工科特色的大学，把物理学作为第一专业、政治学作为第二专业。

知识是个有机体

提起达·芬奇，第一反应就是欧洲文艺复兴时期的一位天才画家。

事实上，他还是一位杰出的发明家、天文学家、建筑工程师。他通晓数学、物理、天文、地质、生理等学科，擅长雕刻和音乐。爱因斯坦认为，达·芬奇留下的约 6000 页手稿如果在他未去世时发表，科技可以提前 30~50 年。

本杰明·富兰克林是《独立宣言》和美国宪法的主要起草者之一，是美国的"开国之父"之一。除了思想家、政治家、外交家和文学家的名头，他还是 18 世纪美国最重要的科学家、发明家和实业家之一。他系统地提出了正负电、导电体、电池、充电、放电等电学概念以及避雷针的设想，是双焦点眼镜的发明者和近代牙科医学之父。

携程旅行网的联合创始人梁建章，本科和硕士专业都是计算机。2011 年，他获得斯坦福大学经济学博士学位，次年与李建新博士合著《中国人太多了吗？》，分析了人口结构变化对中国经济的影响，并全面检讨了计划生育政策。

原新东方联合创始人、现真格基金合伙人王强，毕业于北京大学英国语言文学专业。上世纪 90 年代赴美后，为了就业考虑决定改读计算机硕士学位。他凭借三寸不烂之舌成功说服了纽约州立大学计算机系主任，后者还"买一送一"捎带录取了王太太。他不仅顺利获得计算机专业的硕士学位，毕业后还成了贝尔传讯公司的计算机工程师。

这些跨学科"雌雄同体"的现象，其实都并非"奇葩"。知识本来就是一个有机的体系，只不过后来被人为地肢解成不同的学科。"我能把英语学好，就能把计算机学好，因为英语是语言，程序也是语言。"我把王强的这句话理解成雄辩而不是诡辩。数学、物理、计算机、语文和哲学，这些学科都有基于逻辑性的共通之处。

专业化的必然性和局限性

随着科学技术的加速度发展，社会分工越来越明晰，专业越来越细化和深化，专业化成为一种必然。"不为良相，愿为良医"，农耕时代的老中医往往是熟读四书五经的落第秀才，他不但"包治百病"而且还为乡邻写春联、写诉状；而现在一位患了胃病的牙医必须求助于专业的内科医生。

但是，过早和过度的专业化也有一些潜在的风险。

亚里士多德认为，一个人的专业化程度越深，也就越容易忽视那些让人依然成为人的生活常识。一个狭窄的领域，往往意味着一个狭窄的头脑。专家，是对越来越少的事物知道的越来越多，直到他对无关紧要的东西知道的透透彻彻。另外，过度的专业化，可能滋生封闭心理，专家往往是孤独的人。

在《培养独立思考的教育》一文中，爱因斯坦指出：通过专业教育，学生可以成为一种有用的机器，但是不能成为一个和谐发展的人。教育最根本的问题是，帮助学生形成自己的价值观和情感，使学生具有一定的明辨是非以及辨别道德高低的能力。否则，学生也就如同动物园里被训练过的动物般机械，而不能算是一个真正意义上的人。学生除了学习知识外，还应当走进社会，走进生活，学会与人相处，体察世间百态，这样才能成为一个有感情的人，而不能成为一个只会机械性工作、没有感情的动物。知识的过早专业化，不但会使文化生活得以依托的精神严重挫伤，甚至丧失殆尽批判性思维和独立思考的能力。

"学好数理化，走遍天下都不怕"，重理轻文是中国学生偏科的主要形式，其历史可以追溯到1952年至1953年的全国性的高校"院系调整"。经过"院系调整"，我国的高等院校从民国时期的英美模式改造成苏联模式，一批历史悠久的综合性大学被拆分为文理、工科、政法、医学等专科大学，一批人文学科被取消。

以强调理工科专业化为特征的苏联式高等教育体制，为我国国民经济建设提供了大量急需的专门性人才，这种模式在传统经济时代有一定的合理性甚至优越性。但是，在强调创新的新经济时代，专业化教育模式的局限性越来越凸显。

专业划分是人为的，专业是碎片化的。但是，我们的现实生活是完整统一的、跨学科的，因而无法被专业化，无论我们喜欢还是不喜欢。

乔布斯的传记作者沃尔特·艾萨克森断言："一个具有强烈个性的人

身上集合了人文和科学的天赋后所能产生的那种创造力，我相信这种创造力也是在 21 世纪建立创新型经济的关键因素。"

跨学科的知识结构和知识整合能力，如何培养

培养一个具有跨学科知识整合与应用能力的孩子，并不需要特殊的教育。如果我们理解了知识本身就是一个有机体，不同学科的知识之间可以相互触发创新的灵感，那么，在生活中造就一个多面手就成为一件自然而然的易事。

一个五六岁的孩子完全可以理解许多大学程度的专业知识。早餐的时候，你问他，吃第一个包子是不是很开心？第二个呢，第三个呢？自然而然，他就理解了边际效益递减的经济学概念；在游泳池里，告诉孩子浮力的概念和计算；小朋友之间发生肢体冲撞，借机讲解牛顿第三定律……

孩子上小学了，开学典礼见到校长和教导主任，上课有班主任和任课老师，食堂就餐接触后勤部门。家长完全可以据此向孩子讲解学校涉及的各个职能部门和命令链，推而广之让孩子理解一个公司、一个城市乃至一个国家的组织机构和管理体制。马斯洛层次需求理论、蝴蝶效应、基尼系数……一个小学生完全可以理解和掌握这些貌似高深的概念。

结合生活实例讲解，中学生完全可以理解人类知识体系中任何学科的绝大多数概念。以领导学为例，西方学者研究了整整一百年，涉及社会学、心理学、政治学、认知科学、统计学、信息科学等学科，12 岁的孩子至少可以理解 70% 的领导学概念。至于信息技术这些前沿学科，天生就是属于新生代的，一个两岁小孩 iPad 玩得可能比成人溜。

目前，麦当劳在全球 100 多个国家和地区有近 4 万家连锁店，品牌市值超过 811 亿美元。麦当劳有汉堡、薯条、甜品和饮料的独特秘方吗？没有！麦当劳成功的关键因素在于创始人雷·克洛克的跨界学习和整合能力，当年他借鉴了福特汽车标准化、流水线的生产模式。

知识是个有机体，人生不分文理科。

各行各业都需要有深度研究的专业人士，但是具有跨学科知识整合和应用能力的跨界者更可能带来突破性的创新。越创新，越跨界。

知识是学来用的，不是用来学的。任何学科收获的知识都应当尽可能在生活中用起来，知识一旦整合成自由流动的"活水"，自然就会相互触发灵感，学科间的界限就自然被打破。

生活即教育！在生活中学习，自然就不会偏科，自然就能养成跨学科知识整合和应用能力。

高徒出名师

孔教授是一家大型国企的总工程师、武汉大学兼职教授。1985年，他考上武汉大学，成为本乡考上重点大学的第一人。村里连续放了三天电影庆祝，场面比过年还热闹。

孔教授对正在读高一的女儿寄予厚望，希望我给他女儿配上国内最棒的托福和SAT老师，并且强调要一对一，最好多排一些课，把她的业余时间填满。

施老师：孔教授，你眼里所谓的"好老师"，怎么定义？

孔教授：大概就是三点：基本功扎实，盯得紧一点，为人师表。

施老师："985"科班出身的老师，讲讲托福SAT绰绰有余。盯得紧，不如帮助孩子自己理解学习的意义。课时不在于多，在于孩子能消化，并能养成自主学习的习惯。

孔教授：课时少，能考出高分吗？

施老师：你当年是怎么考上武汉大学的？老师的因素，自己的因素，各占多少比例？

孔教授：不谦虚地说，我当年考上武大，和老师关系不大。我这句话并不是不尊重老师，当年的老师们很敬业、师德也很好。我考上区里高中后，发现任课老师只有两位本科毕业生，其他都是大专生甚至高中毕业的代课老师。脑子里轰的一声，一下子觉得完蛋了。我想考一所好大学，既然不能指望老师了，就自学吧。现在一想，反而是件好事。

施老师：是呀，我们的学生有 SAT 满分，初中生托福过 100 分的也不少，90% 的功劳在学生本人。高徒本天成，名师偶得之。以点睛之笔提升学生的境界，这才是名师的价值。

孔教授：嗯，这个观点有道理，我们就是这么走过来的。

施老师：至于你提到的为人师表，我这里的老师们不强调这个概念，我们只强调是否对得起家长的学费投入和孩子的时间投入。

好老师，怎么教，教什么

孔教授对自己考上大学的总结，相信在这一代农村出身、学业有成的家长中具有一定的代表性。

我的本科阶段浑浑噩噩，错过了许多好老师。在中科院读硕士时，才感受到了什么是好老师。导师们很少讲课，每周给每个博士生、硕士生布置自学任务，并鼓励学生们听各种主题的讲座，周五下午召集所有学生逐一做简短的报告，然后集体讨论，再布置下周的任务。这个方式很厉害，充分激发了学生自主学习的潜力，师生之间切磋探讨效果也非单打独斗可比，而且没法偷懒没法滥竽充数。

也许你会质疑：这种教学方法只适合研究生阶段，因为孩子们的知识储备还不够，有的自觉性也不够。其实不然！每个孩子都生来就是高徒。这种教学方法，与学生的知识储备和聪明与否关系不大。另外，学习的自觉性与年龄无关，关键在于日常养成。

1989 年，韩国棋手曹薰铉击败当时如日中天的中国棋圣聂卫平，夺得第一届应氏杯冠军，自此开启了他的"围棋皇帝"之路。曹薰铉对围棋更大的贡献在于，他培养了一位"青胜于蓝"的弟子——李昌镐。后者取得了那个年代的世界职业围棋比赛"大满贯"，被公认为围棋史上不可不提的人物。

有趣的是，师徒二人棋风迥异。棋如其人，天才聪慧的曹薰铉兼具轻灵飘逸和强大的战斗力，雅号"曹燕子"和"柔风快枪"；智力算不上出众的李昌镐棋风朴实无华、大巧若拙，被戏称为"石佛"和"少年姜太公"。

九岁起，李昌镐作为内弟子居住在曹家，师傅传道，师母照料生活。李昌镐把白天在韩国棋院的对局记录下来，曹薰铉两至三天点评复盘一次。通常，曹薰铉只是概括性地指导行棋方向，从不填鸭式地灌输技术细节。在曹家的七年间，师徒两人几乎没有直接对弈过。

李昌镐的家长对曹薰铉的教育方式颇为不满，考虑让李昌镐另择名师。曹薰铉只是笑了笑，向他们讲起了恩师濑越宪作对自己的影响。在日本的十年内弟子生涯，师父只和他下过三四盘棋，更多的是在塑造他的精神和境界。濑越宪作先生认为，如果徒弟不能养成自己去寻找方法的能力，也就永远成不了大器。

高徒是怎样培养出来的？其实各行各业都差不多。高徒本天成，名师偶得之，或者说名徒出高师。跟着老师学的，很难超过老师。师者，所以传道授业解惑也。三流的老师，灌输知识点；二流的老师，因材施教，重心还在于知识点；一流的老师，"教学"，即"教学生如何学"，激发学生的自主学习能力和探索创新能力。

为人师表，还是职业精神

"在上课之前，首先定义一下我们之间的关系。我们麦吉尔大学管理学院，就好比一个咨询公司。院长大人是 CEO，系主任们是部门经理。而我，就是服务你们的一名客户经理。你们交的学费的一部分跑到了我的口袋里，成为我养家糊口、旅游度假的钱。我们之间是一种服务与金钱的交换关系。"

在麦吉尔大学攻读 MBA 时，我已经在中国传统文化中浸淫了 29 年，孔圣人"一日为师，终身为父"的师生关系定义深入我的骨髓。因此，第一学期的一门课上，一位白人教授关于师生关系的"奇谈怪论"着实吓了我一跳，借用现在网络时代的语言，真叫一个"雷"。

课堂里，老外同学们不为所动，一副理所当然的表情。但是，我注意到，我们几个来自中国大陆的学生还是面露惊奇，惊奇于西方社会人与人之间赤裸裸的金钱关系竟然渗透到了神圣的象牙塔，惊奇于对于这种赤裸裸金钱关系的赤裸裸表述。

第一学期结束，挂科的同学们纠集在一起，要找老师"算账"。当年我上本科时，"红灯"高挂好几盏，脑子里就从来没有闪过责怪老师的念头。这些外国学生，有的上课吊儿郎当，有的平时派对不断，不及格怎么能归咎老师？

好奇心驱使下，我旁听了"听证会"。会议桌的一侧，坐着"批斗"对象：院长、主管教学的副院长、MBA 项目主任和几位任课老师；另一侧，坐着怒气冲冲的挂科同学们。年龄稍长的蒙特利尔本地女生梅丽莎被推举为主持人，她站在会议桌中间八面威风，任何人发言之前都必须得到她的同意，包括院长。虽然最终结果没有扭转乾坤，第二学期教室空了两排，但是听证会的"惊悚"场面让我感到不可思议。

第二年有更离谱的事情，剑桥博士出身的人力资源课程老师，硬生生地被同学们的期末评语炒掉。惭愧的是，我也投了一票。

学生时代，我们大概都有幸遇到过德艺双馨的恩师。天地君亲师，恩师影响我们一生，我们对恩师的感情仅次于对自己的亲人。等到我自己做了大学老师，自认为就是个普通人，与其被架上高台上不去又下不来，还不如依葫芦画瓢学学庸俗易懂的洋老师们，回归教书谋生的职业本质。我通常在第一堂课上开个玩笑，降低学生们的期望值："我就是个教书匠，和木匠一样的匠人。我努力完成教学任务，争取对得起大家付出的学费和时间。如果大家看到我在街上打架斗殴，请你们：第一，不要诧异；第二，马上冲上来帮我。"

　　我们尊重私德高尚的人，但教师并不是基于品德和才能在全社会选拔产生。和医生、律师、会计师、设计师这些受过高等教育的职业人士一样，教师本质上就是一种谋生的职业。基于这样的认识，好老师私德固然重要，但是恪守职业操守更是本分。

第5章

性格与人格特质

成功者的人格解剖

史蒂夫·乔布斯缺乏耐心、喜怒无常、脾气暴躁、个性乖张；

小学时期的比尔·盖茨就让老师和同学们厌恶至极，管理微软时经常暴跳如雷；

盖茨的继任者史蒂夫·鲍尔默更火爆，发脾气时还会扔椅子；

在一次高管会议上，英特尔创始人安迪·格鲁夫曾把一位下属吓晕过去；

亚马逊创始人杰夫·贝佐斯，经常前额青筋怒暴，骂起人来难听话像连珠炮；

暴脾气的伟大企业家名单还有一长串：摩根、洛克菲勒、卡内基、福特等美国工业时代的企业家、"经营之神"松下幸之助；柳传志、任正非、王石等中国当代企业家。

凝聚他人，是领导者的必备技能。这些让下属胆战心惊的企业家何以成功？本文以乔布斯为例，分析人格特质对成功的影响。

乔布斯的"变态"人格 [②]

也许在一千年以后，苹果公司的主要创始人史蒂夫·乔布斯依然是人类企业史上不可不提的人物。他几乎以一己之力彻底变革了六大产业

② 本文有关乔布斯的主要资料来源：沃尔特·艾萨克森. 史蒂夫·乔布斯传 [M]. 魏群，等译. 北京：中信出版社，2014；Steve's Bio: *A Personal Perspective, Jean-Louis Gass*, www.mondaynote.com, Oct 30, 2011.

（个人电脑、动画电影、音乐、移动电话、平板电脑和数字出版），深刻地影响了我们的娱乐乃至生活方式。

乔布斯的人生汇聚了一系列传奇：出生即遭遗弃，后来也同样遗弃自己的女儿；大学期间吸食迷幻药，前往寺院禅修，最终中途退学；做过黑客，与他人创办苹果公司；30 岁被自己创立的公司炒鱿鱼；借助皮克斯重塑动画电影；在困境中创办 NeXT；重返苹果，成就了行业史上最令人震撼的"咸鱼翻身"案例；重塑音乐行业；按照自己的构想建立世界级的零售网络；改革智能手机行业并拿下半数行业利润；推动平板电脑成为现实，并拿下了像 iPod 一样辉煌的市场份额和利润份额；一个桀骜不驯的嬉皮士最终成为全球管理最完善企业的 CEO，在人生巅峰时刻离世……

一方面，乔布斯凭借近乎完美的品位震撼我们，囊括梦想家、艺术家、领导者、创新者等一系列头衔；另一方面，他有着近乎"变态"的人格特质，他本能地知道如何迅速有效地控制别人。

乔布斯的"现实扭曲力场"使人盲从，"哪怕他端给你一杯毒药，你也会乖乖地喝下去"。他拒绝接受社会交往的常情常理，毫无顾忌地向他人发泄情绪，哪怕是他的家人。他藐视常识，在被查出胰腺癌的八个月内拒绝手术，寄希望于通过素食、针灸和草药进行治疗，从网上寻找偏方，甚至请巫师帮忙。

乔布斯不是众人尽可效仿的模范老板，也算不上人类楷模。但他的个性、激情与他的产品之间是相互关联的。他的故事既有启发性也有告诫意义，其中充满了创新、品质、领导力和价值观方面的经验。

人格特质与成功的关系

"人格分裂"的乔布斯，为什么能取得如此举世瞩目的成功呢？要回答这个问题，我们必须从理解人格特质开始。

20 世纪中叶，美国心理学家欧内斯特·塔布斯和雷蒙德·克里斯特尔归纳出人格特质的五个主要维度，在此基础上提出了"大五人格特质"

模型（Big-five Personality Traits），见表 5-1。

表 5-1　大五人格特质模型

人 格 维 度	内　　容
尽责性 conscientiousness	可靠性、责任心、有序性与计划性的程度
外倾性 / 内倾性 extroversion/introversion	是否好交际、健谈、自信、积极，有进取心
经验开放性 openness to experience	是否富有想象力、心胸宽广、求知欲强，并愿意寻求、接纳新事物
情绪稳定性 emotional stability	焦虑、压抑、生气与不安全感的程度
随和性 agreeableness	是否谦恭有礼、性情温和并具有灵活性

对照表 5-1 中的模型，我们逐一分析乔布斯的五项性格特质以及各个性格维度对其事业成功的影响。

❶ 尽责性维度

尽责性，也即"做事靠谱"，自觉地尽最大努力完成任务。在人格特质的五个维度中，尽责性与领导有效性之间的关系最紧密。

乔布斯具备完美主义者的典型特征：他对同事要求苛刻，对自己更为苛刻。为了追求最高质量，乔布斯宁愿推迟产品的面市时间。他坚信：充满激情的工艺就是要确保最高质量，即使是隐藏的部分也要做得很漂亮。他会检查深藏于 Mac 机器内部的芯片和部件，从美学的角度进行评判，哪怕没有一个用户会看到它。

责任心强的领导者，其领导风格一般是绩效导向，员工关系相对欠佳。

❷ 外倾性维度

天上不会掉馅饼，机会都是争取来的。外倾者更愿意承担领导工作，拥有更多的朋友，在社交中更具主导性。外倾性维度对领导有效性的贡献仅次于责任心维度。

乔布斯的外倾性格，在少年时期就显露无遗。在 12 岁时，乔布斯打算做一台频率计数器，就动起了惠普公司首席执行官比尔·休利特的脑筋。他在电话号码簿上找到了休利特的号码，通话20分钟后，后者答应给他提供一些零部件。让乔布斯喜出望外的是，休利特还给了他在惠普公司实习的宝贵机会。

过强的外倾性也有其消极面，外倾者更为冲动、更可能采取冒险行动。科技行业的领先者，几乎都是这样的"赌徒"。幸运的是，他们赌赢了。

❸ 经验开放性维度

经验开放性高的个体，善于接纳新生事物，渴求新知识和新方法，因而更有创造力。

经验开放性维度对领导有效性的影响，取决于特定的情境。在充分竞争的行业，特别是高科技行业，领导者的经验开放性至关重要。在军事化或半军事化的行业、稳定行业、垄断行业，更倾向于墨守成规、严格遵守既定程序与步骤的领导者。

乔布斯的经验开放性毋庸置疑，在个人电脑、动画电影、音乐、移动电话、平板电脑和数字出版六大行业，他做出的都是开创性的贡献。

❹ 情绪稳定性维度

情绪稳定度，即情绪的自我控制能力。情绪稳定度高的人，生活质量更高，通常更为健康长寿。过于焦虑、敏感、神经质，或者过于"随遇而安"，这两种个性都会影响领导者有效性的发挥。适度的焦虑有助于提高工作质量和效率。

显然，乔布斯的焦躁和神经质已经远远超出了"适度"的范围。他估计自己不会长寿，因此渴望尽快取得事业上的成功。生命的紧迫感加剧了他的情绪焦躁，两者形成了恶性循环。

❺ 随和性维度

随和者虽然在社交场合受人欢迎，但是与工作绩效之间并非简单的正相关。由于较多地关注他人的感受，随和者容易在侧重人际导向的工作（如客户服务）中表现出色，但可能是较差的谈判者。

如果所处的行业不存在激烈竞争（如事业单位），随和的领导者表现出色且更被人认可；但是，在竞争激烈、业绩要求高的行业，随和者不宜担任主要领导角色。

随和，可能是离乔布斯最遥远的一个形容词。会议中，他会指着高管大喊："你这个蠢货，你从来就没有把事情做对过。"他会冲进一个工程师的办公室，对着他电脑上的作品吼道："这是狗屎"。许多苹果员工乘电梯时都要环顾四周，以免和乔布斯同乘一部电梯。

基于大五人格特质理论，乔布斯远超常人的尽责性、外倾性和经验开放性，以及出类拔萃的商业敏感性、"现实扭曲力场"般的魅力，解码了他的成功秘诀。

我曾经做过一个有趣的实验，分别向领导力课程的学员提问："如果生活在乔布斯的时代，而且有机会加入他的团队，你愿意追随他吗？"

30岁左右的MBA学员中绝大多数回答"不"，三四十岁的EMBA学员中约半数回答"不"，四五十岁的总裁班学员中多数回答"当然追随他啊，为什么不呢？"

回答"不"的主要理由是：乔布斯性格怪异、脾气暴躁，和这样的领导相处"伴君如伴虎"。回答"是"的主要理由是：跟着乔布斯可以最大程度地激发潜能，能做大事，还能挣很多钱。

坏脾气当然不值得赞美！每个人都应当时刻注意提升自身的修养，尽可能让自己和身边的人生活在和谐的环境中。但是，当我们审视他人的时候，特别是"良禽择木而栖"时，我们应当明白一个道理：跟随伟大的人，是让我们自己变得伟大的一条捷径。

以乔布斯为例，大浪淘沙，那些性格软弱的员工离开了，没有被他摧毁的人都变得更为强大，跟着他去影响世界。事实上，在乔布斯掌权苹果公司时期，员工的离职率非常低。即便是在公司最困难的时期，单纯因为厌恶乔布斯的管理风格而主动辞职的人也不多。在"暴政"之下，大多数员工都努力工作，而且对乔布斯充满感情。

对于少年儿童的性格养成，大五人格特质理论有着十分重要的现实指导意义。在理解了各项人格特质与人生幸福和事业成功之间的关系以后，家长们应当尽早引导孩子的性格养成。三岁定八十，性格一旦养成就难以改变。人格特质的培养，必须从娃娃抓起，从一件件生活中的小事做起。

5.2 "骄傲" 使人进步

我强烈地相信，应该把理想大声地说出来，公之于众。即使最终没有实现，我也不觉得丢人。

——南加州大学罗西尔教育学院院长 Karen Symms Gallagher 博士

在 Crosscut Public Media 网站上，有一篇对 Gallagher 博士的专访——*USC Education Dean：How Seattle brought me up*。

父亲过世时，我（Karen）11 岁，弟弟才 9 岁。在邻居、教堂和学校的帮助下，母亲艰难地撑起这个家。我从小就开始打工，第一份工作是在 National Insurance 的邮件房里。邻居妈妈们把我们姐弟俩当作自家孩子一样照看，经常带我们参加童子军和社团活动甚至亲子活动。初中和高中阶段的老师们也起到了很大的作用。特别值得一提的是，我的八年级科学老师兼学校辅导员 John DuGay 呵护着我，并把我导向大学之路。

西雅图和她的居民们塑造了我，影响了我日后从事教育，服务年轻人，特别是那些来自低收入和弱势阶层的年轻人。此后的岁月，为了更好地发展，我多次搬家。我怀念西雅图，一有机会就回去看望那里的亲人和朋友。

在西华盛顿大学时，我获得了一份数额不大的奖学金。课余时间，我做两份兼职工作，在图书馆整理书籍，在宿舍楼的餐厅担任服务员。我完成了本科学业，成为家族的第一个大学毕业生。

我是同届政治学专业仅有的三名女生之一。在上世纪 60 年代后期，女生读这样的专业是很"可笑"的。

在华盛顿大学的研究生院，我继续着本科时期的轨迹，更努力地学习和打工。期间，我和本科兼研究生同学 Pat Gallagher 结婚。"团队合作"显示了价值，我们俩一起攻读硕士学位，同时在多所中学教书。

在普渡大学的博士项目，我带着幼儿与朋友合住一个宿舍，我丈夫在另一个城市工作。在我忙于博士论文的时候，另一个朋友帮助我照看孩子。我的一个经验是：在任何地方任何时候，不要羞于寻求他人的帮助。

我的第二个经验是：把理想大声地公开地说出来。小时候，虽然我还不甚了解大学是什么，我就说我一定要上大学，而且我没有什么难为情。我对母亲说我还会读博士，母亲觉得我异想天开。但是，我大声地说了出来，而且做到了。

今天，在南加州大学罗西尔教育学院院长的职位上，我有了为下一代重塑公共教育体系的机会。我把我的理想大声地说出来：我们要在提供真正高质量的在线高等教育方面居于领导地位，我们要服务各种不同背景和经济条件的学生们。我对学生们、老师们和任何人说，无论学生起步的基础如何，都要积极地鼓励他们。把理想大声地说出来吧，并且牢记心中。实现理想并不是一件容易的事，所以不要忘记寻求帮助。

生命不必是公平的。我的母亲教会我，即使在艰难的环境下，也要乐观积极、自强不息并且善于获得他人的帮助。无论处于任何境地，每个人都可以学习，都可以取得成功。

进步，与谦虚无关

"满招损，谦受益。""言过其实，终无大用。""虚心使人进步，骄傲使人落后。"

这些格言固然有道理，但是，片面地强调谦虚，特别是形式上的谦虚，对于青少年弊大于利。

人到中年，也算有了点人生阅历。无论从名人传记和媒体报道中分析那些遥不可及的大人物，还是近距离观察身边的成功人士，我几乎找不到有一个人是凭借谦虚取得成功的。

初二学生曹同学在期末考试中获得了年级第一名，班主任老师让他在班上介绍学习经验。曹同学认真地写了书面发言稿，开篇句是这样写的："我在本学期的学习中取得了优秀的成绩，我把我的学习经验总结如下，供同学们借鉴。"曹爸一看，不合适，就改成了"在班主任老师和各位任课老师的精心指导下，在同学们的热情帮助下，我在本学期的学习中取得了比较理想的成绩。我把我的学习体会总结如下，希望能对同学们有一定的参考价值。"

曹同学拒绝接受爸爸的修改，他说："我考第一名，主要是靠我自己的本事。全班同学都是同样的老师培养的，为什么我考第一名呢？同学们对我的学习也没啥帮助。年级第一名就是优秀，怎么能说成比较理想的成绩呢？爸爸太虚伪了！"

曹爸担心："这小子从小就不谦虚，今后在社会上免不了被人嫉恨。"

我说："时代不同了，这一代人普遍自我、张扬，人际环境会相对简单，不必像父辈一样谨小慎微夹着尾巴做人。如果平平庸庸而口出狂言，你就是别人口中的笑谈；如果超过别人一点点，你会被人嫉妒；如果甩别人两条街，周围所有人对你的目光都是敬佩和仰视。年轻人的路还很长，人生有无限可能，人不张狂枉少年！即使成绩平平口出狂言，也应当鼓励而不是打压。随着阅历的积累，成年后自然会逐步建立自知之明。张狂不是问题，没有相称的成绩拿出来才是问题。与其批评他狂妄，不如进一步激发他，瞄准全市第一名。"

口头上的谦虚，和成功毫无关联性。获得成功的要素可以列出许多，如果我们给成功推导一个最简化的公式，那大概是：成功 = 理想远大 + 百折不挠 + 善用资源。

真正的谦虚，是知不足

1952 年，以色列共和国首任总统魏茨曼逝世。以色列驻美国大使向爱因斯坦转达了本·古里安总理的信，正式提请爱因斯坦为以色列总统候选人。爱因斯坦婉拒道："我一生都在同客观物质打交道，缺乏天生的才智和经验来处理行政事务。所以，我不适合担当总统大任。政治是短暂的，方程式是永恒的。"

2006年中国科协年会上，著名华裔物理学家、诺贝尔奖获得者丁肇中面对记者的提问，连着说了好几个"我不知道""我没资格回答这个问题"。

"知之为知之，不知为不知，是知也。"在某一个领域取得杰出成就，并不代表通晓这个领域，并不代表在其他领域也是专家，爱因斯坦和丁肇中的态度值得钦佩。

真正的谦虚，不是虚伪的自贬，而是在知识和真理面前保持足够的谦卑，是自知之明，特别是知不足。真正的谦虚，是对强者的敬重和惺惺相惜，而不是"既生瑜何生亮"的小肚鸡肠。

牛顿临终遗言："我好像是一个在海边玩耍的孩子，不时为拾到比通常更光滑的石子或更美丽的贝壳而欢欣鼓舞，而展现在我面前的是完全未探明的真理之海。"

日本围棋界泰斗藤泽秀行说："如果围棋上帝是10，我只懂其6。"一贯直抒胸臆的棋圣聂卫平说："如果这世界上真有所谓的围棋上帝，单从境界上讲，我拉住了围棋上帝的衣角，而藤泽先生则拽住了上帝的手臂。"

知识的海洋无边无际。一个人知识越多阅历越丰富，就越容易有自知之明。半径越大，圆周越大，接触的外部世界就越大。越有知识的人，越能感受到自己的无知，越可能达到真正意义上的谦虚。

"谦虚"使人落后，"骄傲"使人进步！形式上的谦辞，内心的自我设限，都不是谦虚。真正的谦虚，是知不足，是对未知世界的敬畏，是脚踏实地的长期努力。

人不张狂枉少年！家长应当鼓励孩子立大志，公开地说出自己的理想，视他人的嘲笑为外部动力；与此同时，培养孩子的勤奋和毅力，通过不断积累一步步接近目标。

5.3 硅谷专家是个文科生

严爸六十大寿，宴罢客散，喧闹过后更显落寞，他对儿子小严说："我这个年纪也想慢慢退休了，钓钓鱼、打打牌。但是没办法，你不愿意接班，我还得做下去。"

小严："制造业没前途，现在年轻人有几个愿意接工厂班的？"

严爸："制造业是不好做，但也得有人干啊，何况我们工厂也年年挣钱，你不就是怕苦怕累吗？你说投资行业发展前景好，在英国读的也是金融，我依着你给你注册了一个投资公司。当时你豪情万丈，好像下一个沈南鹏就是你。后来，一会儿风投，一会儿小额贷款、股票、期货。三年过去了，你交出什么样的答卷？"

小严："现在这些行业也不好做，竞争越来越激烈。"

严爸："世上有哪个行业没有竞争？做好哪一行不需要脚踏实地？你跑遍欧洲追着曼联看比赛，心静不下来，看项目、看股市的时间都没有，怎么可能搞得好？施老师，你说这一代咋这么懒，还喜欢找借口？"

严妈："老严，你看儿子就没顺眼过！今天喝多了，更来劲了。他还不到30，就能管公司了，你那个年纪还在卖苦力。他脑子比你好使，你承认吧？他今后肯定不比你差！"

施老师："小严总，如果你想成为下一个沈南鹏，就要像沈南鹏一样承受辛苦和压力。我给你讲一下我中科院同学李锬的故事吧。他的本科和硕士都是文理兼收的经管专业背景，本质上是个可以大段背诵《红楼梦》的文科生，后来完全通过自学成为美国一流的数据库专家。"

一个硅谷"投机者"的自述

1998 年，我在美国读完金融与财务方向的 MBA 学位，自知二流学校毕业生，英语能力和行业经验也是软肋，在美国金融行业很难就业。当时，金融风暴席卷东南亚，中国金融业也陷入一片萧条，回国在金融界就业也不太现实。

反观当时的 IT 行业一派乐观气氛，许多公司都在大肆招聘。在做了六个月难以糊口的会计工作后，我决定到硅谷碰碰运气。经过观察和分析，我瞄准了数据库管理。一方面，我在中科院期间选修过一门"数据库原理"，对概念不陌生；另一方面，数据库管理工作对专业理论背景要求较低，更注重实际操作经验。

我买了一本《ORACLE 数据库管理认证考试指南》，开始一页页死记硬背。当时的 IT 业，开源软件没有成气候，ORACLE 公司不提供免费试用版本。硅谷的数据库专家大多是印度人，在遇到问题时我很难找到合适的人请教，当时也没有 Google 和博客可供解惑。

我的实习期 OTP 签证即将到期，所以"临时抱佛脚"啃教材一个月后，我就急着找面试机会。面试中，面试官主要考察实际工作中的问题以及处理办法，我这样的"菜鸟"根本无力应付。每次面试结束前，我虽然明知毫无希望，但还是厚着脸皮向面试官请教答案。我诚恳的态度打动了一部分面试官，他们告诉我正确答案，并解释为什么，一些耐心的面试官甚至会分享他们对技术和工作的心得体会。每次面试后回到车里，第一件事就是把收获写下来，因为我担心回到住处就记不清了。经过不断的失败、不断的记忆和总结，我对数据库的理论和操作逐渐明晰。

经历了几十次面试失败后，我的好运终于来了。在一个叫 Novato 的小镇上，我有了一次较为成功的面试。面试官觉得我虽然知识和经验都不足，但是基本概念比较清楚，态度积极好学，就给了我试用的机会。

对于大型企业来说，数据库是业务的心脏。数据库的停摆，哪怕是低速运行，对运营都是致命的。DBA（数据库管理员）就像重症监护室的医生，天天临深履薄，必须 24×7 保证数据库的健康运营。我的主管就是这位面试官，他手把手教我，我几乎每天都主动加班，很快就能熟练处理一些基本操作。主管对我很好，他还经常帮助我提高英语水平，这对我后来的发展也很重要。相对于码农（程序员），DBA 的工作对英语能力要求高。我每天有一半的工作时间用在和客户打交道上，理解客户的需求和问题，在此基础上解决问题。

这些年 IT 行业跌宕起伏，我这样一个非理工背景的"投机者"能在Yahoo、eBay、Siemens 这些科技巨头中混下来，着实不容易。总结一下，大概有四条经验可以和年轻人分享：（1）不怨天尤人，凡事从自己身上找原因；（2）"无知者无畏"，勇于挑战自己；（3）长期勤奋刻苦；（4）脸皮厚，抓住一切机会向他人学习。

"积极的悲观主义者" vs "消极的乐观主义者"

曾经和一位加拿大同学讨论宗教与地域的关系。在谈到为何佛教在东南亚盛行时，他说，因为历史上这片土地上的人们苦难太多，许多人生来就是悲观主义者。

严爸说："小时候每到交学费的时候，家里就四处借钱。不用父母讲，自己就明白这辈子只能靠自己。初中没毕业就到城里打工，被人欺负了只能偷偷地掉眼泪。开工厂千辛万苦，几千万身家的时候，我出差还经常住快捷酒店。别看我整天嘻嘻哈哈，心里总担心明天出什么麻烦。"

上世纪 90 年代，时任微软中国公司总经理的吴士宏女士绝对是个传奇人物。1985 年，这位学了一年半《许国璋英语》的小护士壮起胆子去IBM 应聘。她站在长城饭店门外，用五分钟观察别人怎么从容地步入神奇的玻璃转门。面试中，主考官问她会不会打字？从没摸过打字机的她条件反射般回答"会"。面试结束后，她找亲友借了 170 元买了一台打字机，没日没夜地练习，双手累得吃饭拿不住筷子。一周后，她奇迹般地达到了专业级的打字速度。

进入 IBM 后，吴士宏的工作是沏茶倒水、打扫卫生，完全是"脑袋以下肢体的劳作"。有一次她推着平板车买办公用品回来，被门卫拦在大楼门口，故意检查她的外企工作证，进进出出的人们投来异样的眼光。她内心充满屈辱，暗暗发誓："这种日子不会长久，绝不允许别人把我拦在任何门外。"

无论李锬、严爸还是吴士宏，他们身上都体现了我们这一代多数人的共性——"积极的悲观主义者"。我们对这个世界有先天的悲观态度，明白自身的长期积极努力才是改变命运的唯一途径。在谋生打拼的时候，我们默默承受艰辛；受人欺负的时候，我们将委屈埋在心底；即使生活越来越好，我们依然有着根深蒂固的忧患意识。

经历过物质贫困岁月的父母们，会自觉不自觉地富养孩子，甚至许多普通家庭也把孩子当"富二代"来养。除了提供最好的物质生活条件，许多父母为孩子代劳学习以外的一切，竭尽所能搭起"避风港"。

纯粹富养长大的孩子，几乎必然成为"消极的乐观主义者"。他们觉得自己生来就理当衣食无忧、理当幸福，没有基本的抗压能力和耐挫折能力。一旦现实与理想有落差就很容易消极颓废，或者为自己寻找借口。久而久之，他们不珍惜享受到的一切，没有感恩心，对未来没有努力的欲望。

菩萨畏因，众生畏果

李锬一页页啃数据库教材的时候，一次次硬着头皮参加面试的时候，一次次厚着脸皮请教面试官的时候，绝对想不到数年后会成为美国一流的数据库专家。

吴士宏苦练打字的时候，端茶倒水的时候，推着平板车的时候，绝对想不到十多年后会成为顶级跨国企业的中国掌门人。

少年曾国藩苦读四书五经、屡试不中的时候，绝对想不到日后会成为"立功立德立言"三不朽的近世大儒。

曾国藩之父曾麟书一生赴考17次，43岁才勉强中秀才。受"基因拖累"，曾国藩14岁起前后7次参加县试，23岁时中秀才，在上榜者中列倒数第二。自视甚高的"今亮"左宗棠14岁列县试第一，讥讽曾国藩

"欠才略""于兵机每苦钝滞";17岁中秀才的学生李鸿章，当面讽之太过"儒缓"；后辈梁启超16岁中举人，评之："文正固非有超群绝伦之天才，在并时诸贤杰中称最钝拙。"

曾国藩时常自省"吾生平短于才""秉质愚柔""他人目下二三行，余或疾读不能终一行。他人顷刻立办者，余或沉吟数时不能了。"自知愚钝，他"守拙成巧"，以勤治惰、以勤治庸。

无论曾国藩、吴士宏还是李锬，他们都告诉了我们两个道理：五勤（身勤、眼勤、手勤、口勤、心勤）天下终无难事；智慧者都下笨功夫，莫问收获，但问耕耘。

在和新生代打交道的20年中，我几乎没有见过智力不够用的孩子，但是像小严这样眼高手低者太多太多。有些孩子，在确定留美之初都是志在耶鲁、麻省理工，但是行动上雷声大雨点小。抛开软实力和校内课程成绩不谈，仅仅是标准化考试中最基础的托福考试，寄望于培训班上教的"考试技巧"或者不断报考赌运气，而不是踏踏实实的努力，折腾两年都考不过80分，填写申请表时连父母姓名、家庭地址都会写错，但是申请递交后对结果又十分在意。

喜欢投机取巧的聪明人，往往"一惰致败"。面对这样的孩子，我脑中都会条件反射出一个英文单词"deserve"，中文意思为"应受、应得"。除非年少时的不幸境遇，例如，因家贫失学，我们绝大多数人活出的人生大致与自己的能力和素质匹配。成功主要归因于自己，失败主要归咎于自己。一分耕耘，一分收获。谋事在人，成事在天。尽力谋事了，无论什么结果都应当无怨无悔；努力到位了结果也大体不差，上天不负有心人。

佛陀 Gautama Siddhartha 说："懒惰是通往死亡的捷径，勤奋是人生的正道。"小树的生长难以察觉，一旦阳光和水不足，则或夭或病，难成参天大树。勤奋和毅力，就是孩子成长过程中的"阳光和水"。勤奋努力的养成，是一个始于早年的长期积累过程，无法速成。

5.4 听话未必是好事

近年来，国内商学院的师资和教材越来越全球化，全球排名越来越高。但是，如果不能有效地激发学生的批判性思维能力，国内商学院的教学质量就无法和欧美同行相提并论。

我在大学执教 MBA/EMBA 近 20 年，感触最深的就是学生大多过于"温文尔雅"、过于"尊重"老师。在教学过程中，我鼓励学生们和我唱反调，鼓励同学之间相互辩论。考试前，我会"剧透"一道大题，请学生们对拙作《领导学——全球视野与中国实践》中的观点以及授课中的观点提出质疑，并给出论据和反例。

遗憾的是，无论如何鼓励，大胆唱反调的学生比例不高，和北美商学院课堂上的唇枪舌剑相去甚远。每次考试，总有几位学生在试卷上回答："老师，您的书写得很好，课堂的观点也没问题，实在挑不出什么毛病。"即使答题了，大多不痛不痒，有价值的观点寥寥。

在某大学的一次 EMBA 开学典礼上，我作为教师代表发言：

"很遗憾地告诉大家：读完 EMBA 课程，大家成为优秀领导者的概率显著上升，成为行业领导者的概率却急剧下降。原因何在？我们原来思想自由奔放，无拘无束，天马行空。掌握了 SWOT 分析、五力模型、波士顿矩阵，我们的思维可能会越来越受到束缚，遇到问题大脑就会条件反射冒出这些套路。在全球化和信息化的时代，技术和商业模式日新月异，一切章法和套路都将成为我们登顶的绊脚石。"

猜想主席台上学校和商学院领导们一定表情复杂，我马上切换"频道"：

"当然，我的意思不是劝同学们退学。本校的 EMBA 项目鼓励学生对老师的每一个观点、同学的每一个发言，本能地想一想有没有反例，能不能得出相反的结论，不放弃任何一个辩论的机会。如果大家都这么做，读 EMBA 的时间投入和经济投入就一定物超所值。"

世界，是怀疑者的舞台

20 世纪英国杰出哲学家兼数学家伯特兰·罗素说："这个世界的问题在于：聪明人充满疑惑，而傻子们坚信不疑！"

批判性思维，是创新的无形基础；创新，是批判性思维的有形结果。人类的每一个进步，都是在否定前人的基础上取得的。在任何领域，年轻人都不应当束缚于任何书籍、信条和权威。学会怀疑，习惯怀疑，是迈向优秀的第一步。

麦吉尔大学管理学院教授亨利·明茨伯格说："我总是对太流行或广泛接受的东西表示怀疑。"作为当代国际管理学界最著名的离经叛道者，他并不是为了否定而否定。《管理工作的本质》《管理者而非 MBA》《管理至简》《社会再平衡》……他的著作无不洋溢着打破传统及权威迷信的独到见解。

另类的人不一定优秀，但是优秀的人一定与众不同。曲高和寡，越优秀的人，理解你的人就越少，在精神层面就越孤独，承受的外界压力就越大。但是，正因为绝大多数人的棱角被磨平了，循规蹈矩、谨小慎微，才为少数"叛逆者"留下了极佳的机会。

世界是怀疑者的舞台，成功的路上不拥挤！

有朋友说："施老师，你总是这么倡导叛逆，可能会误导年轻人。"

为人之道，千古不变；做事之术，并无定规。

做人，必须尊重社会的公序、良俗、准则，照顾周围人的感受；做事，为什么不尽可能"叛逆"，尽可能和绝大多数人不一样呢？

为什么人越长大越没个性

基于两个出发点，我在课堂上鼓励学生唱反调：一则，领导学是领导科学与领导艺术的有机结合，即使领导科学也不一定是永恒真理，争论理所应当；二则，我希望从同学们的反馈中吸取一些有价值的思想和案例，为后续教学和教材改版获取更好的素材。

30 岁左右的 MBA 学员以及更年长的 EMBA 学员，在知识、生活经历和工作经历方面都具备较好的储备，许多甚至已经走上了重要的管理岗位。但是，为什么大部分学员不唱反调，或者唱不出高质量的反调？

人是万物之灵，生来就有从独特视角观察和把握事物间联系的能力。知识和经验是把"双刃剑"，我们的知识和经验越多，越容易失去孩童的赤子之心，失去好奇心、想象力和思辨精神，就失去自我。

个性和批判性思维的缺失，也有着家庭、学校和社会的外部原因。崇尚求同、压抑个性，是中国教育存在的问题。我们多数人从小就被灌输尊重长辈、老师和领导，即使有不同意见也通常藏在心里，至多通过委婉的方式间接表达。有学员说，他在某门课上提了不同看法，老师当场拂袖而去。

尊重不是礼貌，不是顺从。人格尊重，才是唯一真正意义上的尊重。相比表面上的礼貌，各自坦诚地表达观点、促进教学相长才是健康的师生关系。

听话的原则

在和家长的接触中，听到家长抱怨最多的一句话，就是"这孩子不听话"。

孩子的成长当然离不开家庭、学校和社会的引导。即使成年以后，每个人都需要从外部环境获得反馈，借助外力完善自我。问题的关键在于，家长在让孩子听话之前，需要先问自己以下几个问题：

（1）我要求孩子听话，出发点是希望他改正缺点错误，还是潜意识里是为了维护自己的权威？

（2）如果是希望孩子改正缺点错误，那么我的判断是否正确？是否我自己错了？

（3）如果我确认孩子存在这个缺点错误，那么我对其严重程度的判断是否正确？

（4）如果孩子的缺点错误不是那么严重，采用适度提醒或者"冷眼旁观"的方式是否更合适？

许多家长的潜意识中很看重在孩子面前维护自己的权威。实际上，在任何场合都没有必要在意自己的权威，特别是在家庭中。首先，权威是建立在实力基础之上的。有实力，就不在乎别人怎么看待；没有实力，别人的尊重也是虚幻的。其次，在孩子的眼里，父母的情感是永恒的，而父母的权威是短暂的，因为他用不了几年总能在社会上见识到比父母更有学识、更有财富、人生境界更高的人物。一个不摆家长架子、客观看待自己的家长，更能赢得孩子的尊重。

如果无涉权威，确实是孩子自身存在缺点、错误，那么，应当视缺点、错误的性质选择相应的应对方式。

哪些话必须听，哪些话无所谓听不听，哪些话不能听？表 5-2 归纳了常见的几类亲子矛盾点，并对家长给出了应对建议。

表 5-2　常见的几类亲子矛盾点及应对策略

序号	类　别	例　子	应　对
1	家长观点正确，孩子做法不妥事关重大	健康：偏食、不爱运动 性格：任性、消极 价值观：以自我为中心、爱抱怨	高度重视 尽早纠正
2	家长观点正确，孩子做法不妥但是事情无足轻重	奇装异服	适度提醒 "冷眼旁观"
3	家长观点正确，但时代不同了	个性张扬，不"谦虚"	尊重孩子 适度提醒
4	家长越权，过度干涉孩子	家长强行安排专业 / 职业	尊重孩子 提供建议

成年后批判性思维的缺失，是在童年、青少年时期逐步形成的。

如果不注意保持思辨精神，知识和经验越多，越可能成为束缚我们发挥创造性思维的枷锁。

中国的传统文化，对批判性思维的养成有一定的消极影响。

家长们无力去影响学校、影响社会，但至少应当在家庭中避免伤害孩子的个性发展。过度强调"听话"，会打击孩子的自信心，压制孩子发挥思辨能力、想象力和创造力。

5.5 "绝症"游戏迷的溯源

魏爸说：搞不懂，电子游戏有什么好玩的？这孩子竟然上瘾到逃学。

施老师说：多数成人也有某种瘾，不知道你抽烟喝酒打麻将是否上瘾。就拿电子游戏来说，种类那么多，只要你去尝试，必有一款适合你。

魏妈说：儿子自从去年开始迷上了游戏，成绩直线下降。明年就要中考了，我们着急啊！他爸爸都揍他了，揍完了问他还打游戏吗？他说戒不掉。最近一次揍他，他还手了。说实在话，他一米八的个子，要是玩真的，他爸爸不一定打得过他。还好，他也就是象征性的还击一下。

施老师说：绝对不能对孩子动手，否则事情会越搞越糟！

魏妈问：是不是要送到戒除网瘾的专门机构去？我又有点担心。这些机构良莠不齐，时常有暴力乃至死亡的报道。

施老师说：游戏本身不是洪水猛兽，归根结底是他的自制力出了问题。如果小时候和孩子约定，每天只能玩半个小时，告诉他玩太长时间不但会玩物丧志也伤眼睛。如果孩子能做到，父子俩可以一起玩，其乐融融。现在木已成舟，亡羊补牢就麻烦多了，但也总会解决的。没必要送到机构去，如果方法得当，在家里就能够解决。家长首先要调整心态，你们不妨换一个套路，例如，三个人平等地开一次家庭会议。如果他坚持要打游戏，可以答应他，可以去网吧，甚至可以不上课。

魏妈说：放任他打游戏？这怎么能行，这不是毁了他？

施老师说：容忍他打游戏，他总有百无聊赖、回归正常的那一天；禁止他打游戏，不但解决不了问题，反而可能惹出大祸。冰冻三尺非一日之寒，暴力抗拒、离家出走，岂不更糟？2017 年 6 月，杭州一个 13 岁男孩因为痴迷打"王者荣耀"和父亲发生口角而跳楼，这事你们听说过的吧？两害相较，当然取其轻！

网瘾的自身原因

网瘾在各个年龄段都可以看到，但网瘾的高发人群是 12~18 岁的青少年，其中尤以男性居多。青少年的网瘾，有其年龄段特有的生理和心理原因。

❶ 生理原因

12~18 岁的青少年，大脑和神经系统尚未发育完全，理解力、判断力和自制力都不足。如果在成长过程中缺乏自制力的培养，他们往往意志力薄弱，面对诱惑不能有效地自我控制。

❷ 心理原因

即使有了一些基本的是非对错概念，青春期的孩子依然可能任性逾矩。他们对新事物充满好奇，他们寻求刺激、惊险和浪漫，他们喜欢相互模仿、攀比、从众，甚至为了跻身于某个群体而不计对错。例如，十二三岁的男生，从电影、电视、网络等媒体中看到威风八面的黑帮人物，明知违法而模仿甚至结成少年黑帮群体。

在网络的虚拟世界中，游戏的强烈刺激、电影和视频中的暴力和色情场景、与陌生人聊天的新奇，恰好满足了青少年的这些心理需求，网络游戏被称为"电子海洛因"自有其吸引力。

叛逆，是青春期早期的普遍心理特征。但是，叛逆的程度因人而异。如果家长简单粗暴不注意沟通方式，或者对孩子关心不够导致亲子关系疏远，叛逆就会在青春期早期达到顶峰。此时，家长对于孩子网瘾的干涉就很难取得效果。

上网、打游戏，在青少年中是普遍现象。但是，为什么有的孩子能放弃耗费多日即将造出的超级武器、撤下马上就要升级的小号，甚至果断删除游戏？归根结底，在于个体之间的自制力差异。而自制力的养成，与家庭的日常教育息息相关。

网瘾的家庭原因

青少年网瘾有其年龄段的生理和心理原因。但是，不良的家庭环境和不当的家庭教育，才是孩子形成网瘾的关键原因。

❶ 家长无原则的娇惯和放纵

指出家长的娇惯是孩子形成网瘾的重要原因，许多家长（特别是妈妈们）可能觉得委屈，"他爸爸工作忙不大关心孩子，我是从来不娇惯孩子的。我每天都盯着他学习，家长会每次都是我参加，孩子表现不好我会打他。"

妈妈们的注意力往往集中在孩子的学习上，以为只要学习优秀就万事大吉。殊不知，孩子的任性是在生活小事中一点一滴积累而成的。

宝宝一哭，家长马上抱起来哄；

幼童拒食，老人在后面追着喂饭；

为了让孩子"吃好"，家长大鱼大肉侍候，孩子逐渐远离素菜；

幼童在商场撒泼要挟，家长马上去满足他不合理的购物需求；

孩子不喜欢数学，因为数学老师没有对他特别青睐……

所谓任性，是指一个人对自己的不当愿望或过度欲望不加克制、自我放纵，不考虑无理行为的消极后果，并且排斥、抗拒外来的规劝、约束和管教。孩子一旦尝到任性的"甜头"，从此就像"脱缰的野马"一发而不可收拾，久而久之，执拗、易冲动甚至为达到目的要挟父母。

❷ 见不得孩子上网、打游戏

娇惯显然不利于孩子的成长，但是家教严格的家庭为什么也有染上网瘾的孩子？

看到邻居孩子的网瘾后果，某妈妈防患于未然，从儿子小学三年级起就不惜断了家里的网络。待儿子上了管制手机使用的寄宿初中，妈妈大舒了一口气。在一次家长会上，老师表扬这个孩子朴素，家长才发现儿子每周一交给老师的是他另外买的小米手机，到移动营业厅一查，主要使用的 iPhone 手机月话费竟然长期超过 800 元。

娱乐，是人的天性。适度的上网打游戏，益智怡情。家长不应当极端地禁止孩子上网，矫枉过正不但不能消除孩子上网、打游戏的愿望，反而会刺激孩子的叛逆心，只不过形式上表现得更为隐蔽而已。

❸ 家长自身的坏习惯

现在的许多家长，本身就是"网络瘾君子"或者"手机控"。这样的家庭环境，无疑就是滋生孩子网瘾的温床。

家长抽烟、酗酒、赌博、晚睡晚起，这些行为虽然和上网无关，但也助推了孩子网瘾的形成和深化。如果家长自身不自律，他们的说教必然苍白无力，最终失去教育的权威性。

网瘾的预防、控制和戒除

沉迷网络，最直接、最显性的后果就是学业上的失败。但是，相比之下，网瘾对身心的伤害才是更长期更严重的麻烦。孩子沉迷于网络，在虚拟世界中寻找存在感，将导致内心越来越空虚、孤独，在现实世界中越来越缺乏自信并引发人际交流障碍。

一位家长说，他儿子大学毕业后拒绝工作，和女朋友一起住在家里的另一套高档公寓。俩人成天打游戏、网络购物，吃饭叫外卖，一个月都不下一次楼。除了缺钱花，儿子从不和父母联系，而且拒绝父母来探视。半年后，他和太太忍不住去看望孩子，发现公寓里一片狼藉，儿子体态臃肿不堪，对父母进门置若罔闻连头也不抬。

网瘾的形成非一日之功，一旦形成就难以修正。正人先正己，家长应当尽可能戒除自身可能存在的坏习惯，例如，抽烟、酗酒、赌博、晚睡晚起，至少不要在孩子面前肆无忌惮。此外，家长早期介入，对孩子潜在网瘾的预防和控制能起到事半功倍的作用。

❶ 从小培养孩子的自制力

任性的反面是自制。自制力，即一个人对于自身情绪和行为的控制能力。自制力建立在理性之上，理性意味着趋利避害、追求最佳结果而不是图一时之快。

如果孩子能够永远生活在父母的羽翼之下，作为父母也许没有什么不能容忍的。但是，孩子早晚要"闯荡江湖"，早晚要适应环境而不是让环境适应自己。学习、工作、生活，有哪件重要的事情不需要自制力呢？

从孩子懂事起，家长就应当坚持原则，培养孩子理性和自制的好习惯，不以恶小而听任之。让孩子尽早明白，以自我为中心的任性，在现实世界是行不通的。

❷ 支持上网，适度监控

孩子们生来就是"信息时代的物种"，网络是他们的学习、生活和工作方式。他们上网、打电子游戏，就如同我们在孩童时代弹玻璃珠、丢沙包、斗鸡一样正常。

堵，一定不如疏。从孩子两岁玩 iPad 上的简单游戏开始，家长一方面应当支持孩子玩电子游戏；另一方面必须严格设定并监控打游戏的时间上限。待孩子上小学后，家长应当指导孩子上网，教孩子如何在网上获得健康的学习和娱乐资源，并监控孩子在网上的活动，一旦发现问题及时提出警告。

我的一位同学，在中科院某所担任研究员。从儿子上小学开始，他为儿子示范讲解主要的电子游戏。几年下来，儿子不仅没有染上网瘾，而且对各类游戏的设计原理和盈利模式了如指掌，亲子关系也得到了很好的促进。

支持孩子上网，就不会让孩子产生逆反心理；严格限制上网时间，就能培养孩子的自制力。从孩子接触网络早期开始，"两手都要抓，两手都要硬"，将网瘾"扼杀于摇篮之中"。

❸ 对于网瘾的孩子，戒急用忍

一旦错过了预防和控制孩子网瘾的最佳时机，孩子染上网瘾了，家长怎么办？打骂和放弃教育都不是办法。

有一位爸爸威胁网瘾的儿子，再打游戏就滚出家门。这孩子真的拎起几件衣服出去了，要不是妈妈追出去劝回来，后果不堪设想。

急事宜缓办，戒急用忍。"忍"并不意味着无原则的姑息，而是先避免场面的失控，待气氛缓和后再逐步寻找解决方案。

孩子的网瘾，有本人、家庭和社会的诸多原因。在一些学校中，对学生的评价几乎仅有学习成绩一项指标，导致多数成绩不出众的学生在现实世界缺乏存在感，部分学生转而寻求虚拟世界中的存在感。

网瘾，从本质上说都是自制力不足的外在体现。网瘾的孩子身上，几乎都能找到家庭教育的问题。网瘾的根本原因，在于家庭的教育失当。预防、控制和戒除网瘾，家庭才是主角。

5.6
理性、感性与任性

"你们为什么非要逼我考高分，逼我上大学，逼我留学？我再次告诉你们，我的理想是当农民！"

面对陶同学的质问，父母多少有点茫然和无奈。就"为什么要读书"这个话题，一家人讨论了整整一下午。我的建议很简单："强扭的瓜不甜，学习归根结底是你自己的事情，想通了为什么学习才能学下去，才能学得好。如果你是我的孩子，十岁前我就让你体验农村生活了，如果你经过认真考虑决定终止学业去当农民，我不反对你试一试。"

小陶是个"问题孩子"吗？不！第一次见面，我就很喜欢这个双眼纯洁无瑕的大男孩。在深圳的一所国际学校高中部，他的学业成绩名列前茅。他四岁开始学习小提琴，已经达到了准专业的水准，学校和社区活动的舞台上经常有他的身影。

逐渐熟悉他以后，我甚至自愧于自己灵魂的"小"。在超市买牛奶，他会一瓶瓶地挑，不是挑最新鲜的，而是挑最接近保质期的。评选优秀学生，他主动让给其他同学，"反正我已经拿过了"。新来的班主任让他这位学习委员介绍班上同学的情况，特别是那些"差生"。他说："老师，我们班没有差生。至于每个同学有什么缺点，请慢慢观察，我不想让老师对部分同学有先入为主的偏见"

……

所以，当陶妈在电话中说儿子是个不孝的"白眼狼"时，我甚是震惊。

"爷爷病危住院快两周了，我多次催他去医院看看爷爷，他理都不理我。"

"怎么可能呢？是不是有什么特殊原因？是不是从小和爷爷不亲？"

"不是的，他上小学之前一直是爷爷奶奶带的，和爷爷亲得很。"

小陶则是这么解释的："妈妈老是唠叨，烦得很，我本来打算上周末去看爷爷的。"

"百善孝为先，第一时间去看望病重的长辈，是做人的本分和本能。这和妈妈唠叨不唠叨没关系，和你心情好不好、忙不忙没关系，甚至和这个长辈与你亲不亲也没多大关系。别和妈妈赌气了，还是尽快去医院吧。"

就读弗吉尼亚大学后，小陶时不时在微信上的"冒泡"依然让我脑洞大开。

小陶：施老师，我想生活在原始森林。

施老师：好主意，你来找个好地方，咱俩一起去。

小陶：施老师，我想当一个超级大流氓。

施老师：哈哈，太棒了，让我想象一下你一副流氓腔的模样。

陶爸陶妈看到我们的对话，有点紧张，"这孩子总是胡思乱想，要不要我们和他谈谈？"

施老师：相信孩子，他变不了坏人。别当真，他只不过是稀释一下学习压力而已。

理　　性

所谓理性，是指人们客观冷静地看待问题、基于逻辑进行分析推理和判断，以利益最大化为原则采取行动的思维方式。

理性的人，尊重事物发展的规律，富有逻辑性，较少犯错误（特别是大错误）；理性的人，情绪稳定，处理问题不冲动，较少被个人情绪所困扰；理性的人，考虑问题全面周到，对事物发展的最坏后果有预案，较少有赌徒心态。

一切科学研究都是基于理性之上的，因为真理的本质即为客观和逻辑。例如，经济活动的本质是以最小成本获取最大收益，"理性人"或者"经济人"是经济学理论体系的一个基本假设。

启东乡绅俞洪昌说："智者借鉴他人教训，中者汲取自身教训，蠢者拒不接受教训。"理性的培养，同样离不开"读万卷书、行万里路、交八方友"。鉴于每个人的经历和阅历都是有限的，仅仅反省自身的教训是不够的，善于洞察和感悟他人的教训是培养理性的"快车道"。

理性是一种可贵的性格特质，理性人的事业和生活更容易波澜不惊、顺风顺水。但是，过于理性的人，往往做事一板一眼墨守成规，灵感和想象力不足，决策时瞻前顾后缺乏决断力。过于理性的人，在生活中可能优秀而无趣，与性情中人相比缺乏亲和力和感染力，让人敬而远之。

面对杭州外国语学校的一位学霸乖乖女，我煞是头疼："你难道就没有做过一件'荒唐'或者'奇葩'的事情？"

"好像没有啊！"女孩侧着头偷偷看了看爸爸，停顿了几秒说，"有一次，我翘课两天，一个人跑到北京看了 Bigbang 的演唱会。"

"太棒了！这件事一定要写到申请文件中，可能会起到扭转乾坤的作用。"

女孩的爸爸疑惑地问，"我记得这件事，她不顾我们的反对，留了张纸条便偷偷地溜了。施老师，这是违法校规的事情，你确定要写进去吗？"

施老师："咱们这个年纪多少有点'三高'问题，你还喝酒吃肉吗？"

女孩爸爸："肯定比年轻时候少多了，但是不可能不喝酒不吃肉啊。要是完全听医生的说法，那活着还有什么意思？"

施老师："是的，这是合理的分寸。孩子的优秀和理性已经充分展示了，如果不加点感性'调料'，在常春藤招生官的眼里就是一台无趣的'中华学习机'，而不是一个有血有肉有性情的活生生的人。"

感　　性

感性，是和理性相对的一个概念，指一个人主要依据感官认知和个人情感来看待问题、处理问题的思维方式，也即"跟着感觉走"。

感性的人，直觉敏锐、善于观察、感悟力强、富有创造力；感性的人，情感丰富、细腻、浪漫，富有人情味、亲和力和感染力；感性的人，一旦找对方向，会爆发出对事业的激情和持久坚持。

在文化艺术等领域的杰出人物中，感性者居多。

《童年》《恋曲 1980》，都是华语音乐教父罗大佑的经典名作。《童年》，历经四年不断修改而成。而创作《恋曲 1980》，罗大佑仅仅用了 30 分钟，词曲一气呵成，可谓"名作本天成，妙手偶得之"。

围棋是人类最具挑战性的智力活动之一，棋坛佼佼者中大多数是计算型棋手，他们擅长深远精准的"穷举式"计算。但是，传世名局往往出自对棋形有天然敏感的直觉型棋手。2006 年，天才棋手罗洗河落子如飞、一路过关斩将，获得第 10 届三星杯世界围棋公开赛冠军。其中，半决赛对阵韩国棋手崔哲瀚的一局堪称世纪名局，他主动放弃三劫循环的和棋，似神来之笔豪弃 46 子后赢得大胜。2016 年的最后一天，有幸当面讨教，"神猪"淡然："我本能地感觉到就应该这么下，然后再去计算确认。"

科学研究强调理性，要求严密的逻辑性以及严格遵从客观规律。例如，1869 年，门捷列夫通过对已知 60 多种元素的分析提出了元素周期律，预言了三种新元素及其特性。此后不久发现的镓、钪和锗，其原子量、密度和物理化学性质都与门捷列夫的预言惊人相符，周期律的科学性得到了举世公认。

但是，我们可以发现，许多巨匠级的科学家都有艺术家式的感性一面。牛顿被苹果砸了脑袋，灵光一现发现了万有引力定律。1928 年，英国细菌学家亚历山大·弗莱明度假回来，看到实验室里与空气意外接触过的金黄色葡萄球菌培养皿中长出了一团青绿色霉菌，霉菌周围的葡萄球菌菌落已被溶解。对人类有着重大影响的青霉素就此被发现。

当然，感性也有消极的一面。基于第一感和直觉的主观思维方式，难以保证判断和决策的长期可靠性；情绪化的为人处世，也往往为人际交往带来麻烦。

任　性

想当农民，想生活在原始森林，想当超级"大流氓"……这些既反映了陶同学偏感性的性格特质，也反映出新生代年轻人成长过程脱离现实生活的弊端。因为厌烦妈妈的唠叨而拒绝去医院看望爷爷，则是一种极端的感性，是感性的病变——任性。

所谓任性，是指一个人对自己的不当愿望或过度欲望不加克制、自我放纵，不考虑无理行为的消极后果，并且排斥、抗拒外来的规劝、约束和管教。任性者通常清楚地知道，或者潜意识中明白，任性行为对人对己的消极结果。之所以明知故犯，只是图一时之快，以及满足自己"绑架""要挟"他人的心理欲望。一旦习惯成自然，任性者将逐步丧失常情常理常识。任性者以自我为中心，哪怕本性善良，其行为也会表现为自私自利。

没有人喜欢与任性的人交往，任性者在人际交往的过程中将逐步成为"孤家寡人"。不离不弃的亲人将成为永久的受害者，当然受害最深的是自己。

（侧栏）第 5 章　性格与人格特质

从儿时开始，任性在日常生活中不经意间一点一滴地养成。正因为任性的形成是一个"温水煮青蛙"的隐性过程，家长往往在孩子的不讲道理达到相当程度后才会有所警觉。此时，他们百思不得其解"这孩子怎么这么任性"，殊不知自身在其中扮演了"催化剂"甚至"始作俑者"的角色。

理性和感性，都是人正常的、健康的性格特征。战略上理性，战术上感性，"率性而为不逾规"才是最合理的分寸。

作为性格的一个维度，理性、感性有其先天的因素，后天难以也没有必要做很大程度的改变。对极度理性或极度感性的孩子，家长应当提醒孩子并帮助孩子适度调整。"天生我材必有用"，无论理性还是感性，每个人都可以扬长避短，在适合自己的职业领域发挥价值。

任性，是性格的"毒瘤"，于人于己有百害而无一利。任性一旦形成就很难纠正，因此讲道理应当从娃娃抓起。家长应当让孩子从小理解这些道理：这个世界不以任何人为中心，主动适应环境而不是让环境适应自己；做不做一件事情，不是取决于自己愿意不愿意，而是应不应该。

5.7 爱说才会赢

无论美国升学顾问还是家庭教育顾问的工作，都离不开和孩子本人的深度沟通。不知不觉20年过去了，接触的对象从"80后"到了"00后"，我感到和孩子们的沟通越来越辛苦。如果问对某件问题的看法，回答很可能只有两个字"还好"；如果刨根问底问一件具体的事情，往往听得云里雾里。

讲清楚一件事情，有那么难吗？无非就是一篇口头记叙文，时间、地点、人物、事件的细节描述，加上一点个人感受。

为什么孩子们越来越不爱说、不会说呢？原因如下：

❶ 自身的原因

无条件获得的优越物质享受，反而使许多孩子缺乏生活热情。从小见多识广，使他们淡定、处变不惊。所以，他们懒得说。生在网络时代的他们，习惯于词组和短句的碎片化表达，较少成句成段地表达。所以，他们不会说。

❷ 学校和家庭教育的原因

我们的教育体系和许多家庭几乎视学习成绩为考评学生的唯一指标，从幼儿园到研究生阶段，没有关于表达沟通的训练，更谈不上系统培养。"该生尊敬师长、团结同学，上课认真听讲，课下能独立完成作业……"学校体系假大空的作文陋习，从老师提供的推荐信可见一斑。

❸ 传统文化的原因

中国传统社会崇尚不苟言笑、四平八稳、韬光养晦，不赞赏甚至厌恶那些话多的人。"君子讷于言而敏于行""沉默是金""水深则流缓，人贵则语迟""祸从口出""言多必失"……翻开字典，能找到无数诸如此类的成语。

机会，都是说出来的

南加州大学建筑学院院长马清运，被美国《商业周刊》评为全球最具影响力的三大建筑大师之一。一次拜访马先生，简单的礼貌寒暄之后，他的第一句话就是："我一旦有个想法，即使还远谈不上成熟，总是第一时间告诉别人。从学生时代开始，我就话多。因为爱说话，我比别人多了很多机会。"

他解释道，灵感往往是突然冒出来的，如果不抓住机会和别人探讨，就可能转瞬间消失。

2005年，时任美国国务卿赖斯发表《确保打开更宽广、更开放的国门》的讲话之前，签证是赴美留学路上最大的拦路虎。此前全国签证率最高的为上海领区，学生签证通过率约为 25%。当年的两个美国签证成功案例，能很好地说明说话的重要性以及如何说话。

年轻的 A 女士想申请美国旅行签证，但是她大学毕业后从事自由职业，家里现金存款不多。她问我，是不是找朋友的公司开一个工作证明，然后找人挪点钱存到银行？我说绝对不要作假，作假既有违诚信也没必要。

签证官指着表上空白的工作经历栏，她递上几张国内外旅行的照片，"我毕业后什么都没做，就是享受生活"。签证官让她提供存款证明，她说，"我们家没有存款，我老公是从事金融工作的，信奉'有现金是可耻的'。"

上海某民办学院的 B 同学，申请赴美国一所大学专升本，父母都是西北地级市的科级公务员。非名校学生、家庭经济实力难以证明，她自己感觉签证希望不大。我评估她的软实力不错，完全可以一试。

她向签证官递上父母的工作证，坦率地承认父母的工资收入不高。接着，递上几张爸爸的藏獒养殖场的照片，以及一张载有爸爸获得省级信鸽比赛冠军报道的报纸。她说："这是中国最凶猛、对主人最忠诚也是最昂贵的犬类，每一条藏獒都足够我在美国学习生活一年。"签证官一句"really?"，兴致盎然地看着藏獒的照片，听她科普藏獒。

在快节奏的现代社会，如果你相信"贵人语迟"就没有说话的机会；如果你相信"言多必失"，就永远不能锻炼出说话的本领。言多不一定失，看看梁宏达和高晓松的视频节目，他们滔滔不绝、观点鲜明却又自然得体。

会说，是最大的本事

2010 年上海世博会前夕，我受邀为上海世博会事务管理局做了一次关于跨文化沟通的培训。他们希望的主题是沟通技巧，而我认为有效的沟通无招胜有招，过多地注重技巧是本末倒置。

良好的口头表达，意味着言之有物、言之有序、言之有理、言之有情。按照重要性排列，说话的法则包括：真诚、了解对方的游戏规则、有内容、有逻辑性。法则是"道"，而技巧属于技术层面的"术"。

❶ 真诚

取信于人是有效沟通的前提。说真话最轻松，取得的效果也最好。说假话也许能一时得利，但是贻害无穷。一句假话可能要用一百句假话来圆，假话一旦破灭就会失去诚信。除非特定场合的善意谎言，否则假话全不讲。

季羡林先生提倡"假话全不讲，真话不全讲"，这是沟通的第一法则。

❷ 了解对方的游戏规则

美国签证看起来很"奇葩"，常春藤名校的博士全奖拒签不计其数，全自费的却不乏成功案例。由此，许多人得出这样的结论：美国签证取决于签证官的心情好不好，亚裔签证官更可能歧视中国人，等等。

试想，签证涉及国家利益，签证官可以为所欲为吗？实际上，美国社会对人的评价兼顾硬实力和软实力，美国签证的主观性恰恰是美国文化的反映。

文化差异，不仅仅是国家之间的概念，也存在于价值观、地域、职业、经历等有异的个体之间。如果我们不能在沟通之前换位思考了解对方的游戏规则，那么沟通技巧再高超也只是"对牛弹琴"。

❸ 有内容

对于大多数职业，在大多数场合，假话、大话、空话都是说话的大忌。有内容、有质量的讲话，听一整天也意犹未尽；无内容的讲话，即使是十分钟也让人厌烦。无论形式上犀利还是温和，说话应当传递实质性的信息、表达鲜明的观点。

围棋比赛的电视直播中，配有职业高手为业余爱好者讲解棋局。一些讲解者会这样评价棋局："黑棋不错，白棋也还可以，这盘棋还很漫长。"让业余爱好者听得云里雾里。棋圣聂卫平则不同，他会清晰地评判孰优孰劣："这盘棋可以说已经结束了。白棋这是五子棋的下法，不属于围棋的范畴。"他的讲解让棋迷们直呼过瘾，原因不仅仅在他技术上的境界，也与他率真、直抒胸臆的个性有关。

❹ 有逻辑性

让别人信服的说话必须做到言之有序、言之有理，也即说话要注重逻辑性。在第二个签证案例中，如果 B 同学仅仅向签证官提供藏獒养殖场的照片，孤立的证据不足以取信于人。我让她带上父亲获得信鸽赛冠军的报道，佐证他是个出色的玩家，两者一起形成证据链。

会说话，从"不要脸"开始

诸葛亮舌战群儒，纵横家苏秦佩六国相印，三寸不烂之舌是表，旷世才华是里。我们普通人虽然达不到他们这样的高度，但是也完全可以成为会说话的人。

说话是人的本能，每个人都有能言善辩、出口成章的潜能。但是，为什么现实生活中会说话的人很少呢？都是面子惹的祸！

入学麦吉尔大学 MBA 后，我十分痛苦地发现学分最高的一门课竟然是 presentation（演讲），为期一年；而且每门课都要上台讲，包括小组形式和个人形式。第一次上台，手都不知道往哪里放，英文口语也不行，神情呆滞背书一般匆匆完成后失魂落魄地溜下台。对照老外同学演讲时的眉飞色舞、神采飞扬，我恨不得钻地缝。

丢人丢多了，脸皮越来越厚。有一天我突然想通，反正丑态已被大家看到也抹不去了，再丢一次人又如何？心态放开了，讲话能力自然突飞猛进。2000 年 11 月离校前的最后一堂课上，富有逻辑性的观点、翔实的数据、自然的肢体语言、间或的幽默，使我关于电子商务趋势的演讲赢得热烈的掌声和笑声。回到座位上，我的德国同学 Liz 问我，"Don，你还记得你的第一次演讲吗？""记得，当然记得！"

两年后在同济大学研究生国际班的课堂上，一位外国同学说："老师，你即使在我们国家的大学也称得上明星老师。"我说："那要感谢你们西方大学的教学模式，让我们羞涩的东方人抛开了面子。"

自拟"我说故我在"墓志铭的徐小平老师曾经对我说，他加入新东方后的第一次演讲就砸锅了，回到暂居的俞敏洪家，躺在沙发上黯然神伤。事实上，几乎所有的名嘴都始于失败，但是他们最终战胜了自我的怯懦。

口头、书面和肢体语言，是沟通的三种主要形式，其中尤以口头表达最为常用、最为重要。

在我的美国、加拿大同学中，几乎见不到害怕说话、不会说话的人。美国学生，从幼儿园开始，就要给老师和同学们讲故事，表达自己的观点。小学开始，课堂发言是各门功课成绩的必要组成部分。到了大学，特别是人文专业、商科和法律等职业类专业，presentation、辩论甚至是每天必做的功课。反观中国，即使读完了研究生，可能也没有公众演讲的经历。现代社会人际交互越来越频繁，让孩子从小爱说、能说，这是精英教育的重要组成部分。

就像英语口语的学习一样，面子是制约我们进步的最大障碍。说话，没啥好怕的。作为普通人，说错话又有多大后果呢？

5.8
自卑与自信

谈到上高一的儿子，公务员姜爸笑容满面，不过全是苦笑。他说，儿子性情孤僻，同学之间很少来往，一放学就溜出去夜里才回来，也不知道他在干什么。

在三里屯的一个地下酒吧，我见到了姜同学，露在 T 恤衫和短裤以外的皮肤上覆盖了斑斑文身，左耳带了个大号的耳环。

"老师，你一定在想对面的这个是坏孩子。"

"不存在！打扮前卫的不一定是坏人，西装革履的也不一定是好人。不过，你肯定很有个性，你是第一个约我在酒吧见面的学生。"

"这是我们乐队的地盘，咱们聊个半小时，一会儿乐队有活动。"

"很羡慕你啊，玩音乐多开心啊。"

"在我们乐队，人人平等，大家玩得来才凑在一起，大家很认可我的架子鼓。但是在学校里我很自卑，我学习不好，个子又矮，一进校门就觉得有抑郁症。"

"你这哪是什么抑郁症，能说出自己得了抑郁症的基本上就不是。你这就是轻度的自卑，没啥了不起的，完全在正常范围内。好好玩你的音乐，玩出名堂来，你自然就会自信满满。"

自卑是把"双刃剑"

和情商概念一样，我们日常所理解的自卑与其学术定义不是一回事。个体心理学的开山鼻祖阿尔弗雷德·阿德勒认为，"当一个人遇到无法解决的问题却深信自己能够解决时，就会表现出自卑情结"。也就是说，与某种标准相比较后产生的失落感，并不足以产生自卑，正如美国前第一夫人安娜·埃莉诺·罗斯福所说的，"别人想要让你觉得自惭形秽，也要你自己同意才行"。

认识到自己没有周润发那么霸气、周华健那么大气、周杰伦那么才气，这不是自卑，这是自知之明。但是，如果非要把自己整容成周润发的样子，这就是自卑的表现。

出身中产，认识到家庭经济条件不适合添置豪车，这不是自卑，这是自知之明。但是，如果非要把别克换成保时捷以期望他人的高看，这就是自卑的表现。

事实上，任何人都有或多或少的自卑，甚至包括事业成功者。一次课间，南加州大学的一位墨西哥裔教授说："昨天应英国公使的邀请，参加了英国驻洛杉矶领事馆的晚宴。进到宴会大厅，满目金碧辉煌，突然间觉得有点自卑。我在洛杉矶的贫民区长大，家里兄弟姐妹一大堆。往事不堪回首！"

除了童年阴影以外，身体上的缺陷、生活条件的不利因素、成年后感受到的各种社会势力压制，都是产生自卑的主要源头。

适度的自卑是驱动人不断进取、超越自我的动力。美国前总统约翰·肯尼迪年轻时体弱多病，但是他热衷运动，从事过赛艇、美式足球、高尔夫球等项目，在哈佛大学时加入校游泳队，逐步成长为"二战"时的海军英雄。

过度自卑，或者长期深陷在某一点上的自卑，将会导向两种极端的消极后果。过度自卑的一种极端后果是怯懦，不敢与人交往、产生社交阻碍，不敢面对普通人都能克服的困难，更谈不上挑战自我；过度自卑的另一种极端后果是蛮干，刻意地试图摆脱自卑，挑战明显不可能实现的目标，在努力失败后加剧自卑，形成恶性循环。

自卑是人的一种正常心理，我们需要做的是保持适度的自卑，从过度自卑中走出来，而不是刻意消除自卑。

走出自卑的"泥潭"

我的童年和少年时期，也曾被内向和自卑所困扰。我自卑于脸上的零部件劣质（三角眼、大鼻子、厚嘴唇），总体装配质量差（尖嘴猴腮）；自卑于学习不好，经常被老师批评；自卑于体育成绩永远无望达标，因为比多数同学小两岁。不知道出自哪位高人，当年的中小学生体育成绩标准基于年级而不是实际年龄。

幸亏小学和初中时的两段经历，把我逐渐从自卑的泥潭中拉了出来。

有一天，同学们排队放学回家。有一条半人高的大狗从前面狂吠冲来，同学们纷纷狼奔豕突。我个子最矮，排在队伍最前，跑得又最慢，自然是狗的最佳目标。反正逃不了，我鼓足勇气向这条狗冲了过去。意想不到的是，它竟然灰溜溜地跑了。

对于一个十岁的孩子，当时只是多了一个吹牛的谈资：你们看，这条狗是被我吓跑的。细细想来，我后来能把一些人生重要决策简单化，都得益于此。既然面对的是不可避免的麻烦，为何不鼓足勇气冲过去呢？

有讽刺意味的是，我对自己学习能力的信心，来自"不务正业"的斩获。我从小喜欢看报纸翻闲书，初三时在全校时事知识竞赛上获得满分。这是我有生以来第一次有了点面子，至今还记得其中一道题考的是美国第一架航天飞机的名字哥伦比亚号，它的发射时间是1981年4月12日。

无论学业和事业的成功，还是生活的快乐，自信是一个先决条件。但是，在当今的教育体系下，除了少数学霸以外，多数学生难以从学校获得足够的积极反馈。所以，家长应当主动担负起保护孩子心理健康的角色。

自卑感从婴儿时期开始萌芽，在大人面前，婴儿能感知自己处在被保护和照顾的弱势地位。通常，强烈的亲子关系使婴儿时期的自卑感在不断成长中逐渐淡化。到了少年早期，自卑感开始明显呈现。此时，如果家长直接向孩子指出自卑这个概念，只会加深他的自卑感。更好的方法是，告诉孩子每个人都不是完美的，上天造人有一定程度的公平性。但凡一个人，总有比大多数人更突出的优点，以及比大多数人更突出的缺点。

如果孩子的自卑倾向较为严重，家长应当及时地挖掘孩子的优点，比如某门课程学得不错、某项文体特长、人缘好，等等，甚至刻意把一些微不足道的优点适度夸大。找到了突破口，点燃了孩子在某个或者某些方面的自信心，在后续的成长中将会弥漫开来，渗透到学习和生活的方方面面。

把握自信的分寸

自信，往大里说，就是自得其乐，坚守自己的价值观，宠辱不惊，富贵不淫，贫贱不移，威武不屈；往小里说，即相信自己在某个方面具备充分的能力，能达成某项目标。

自信的人，在理解和尊重行为规范的前提下，敢于尝试，坚持不懈，不易受他人左右，即使经受失败也会坦然接受后果。显而易见，这样的人在事业上更容易取得成功，在生活中也更容易获得幸福。

自信心从哪里来？自信心的培养，源自生活的一点一滴，讲大道理无济于事。经受挫折，从挫折中感悟和提高，才是建立自信的唯一途径。孩子打电子游戏碰上难关，恼怒之下摔了 iPad；遇到一道难题，没怎么动脑筋就想放弃。这种时候，家长应当告诉孩子，容易的事情没有挑战性、无趣，征服困难才会有成就感。当孩子被小朋友欺负的时候，家长应当尽可能让孩子自己解决，只有在事情过于复杂和严重的情况下，才为孩子出头。

家长应当鼓励孩子从小迎接适合相应年龄段的各种挑战，在此过程中尽可能袖手旁观，甚至故意设置一些麻烦，而不是为孩子的成长构建一个个避风港。

新生代比上一代人看起来更多自信、更少自卑，这是中国社会和经济快速发展的积极结果。但是，细究之下，其中不乏盲目水分。以我的美国升学顾问工作为例，在回答目标学校有关"你有什么缺点"的问题时挖掘不出自己的缺点，校内成绩和标准化考试成绩稀松平常但是信誓旦旦把目标定为常春藤，这样的孩子为数不少。

远超自己实力的自信，是虚幻的自信，是盲目的自信，是缺乏自知之明的表现。如自卑一样，自信也是把"双刃剑"。自信过度，会走向自满自负，甚至狂妄自大，在行为上体现为毫无意义的冒险，其后果不亚于过度自卑。

自卑和自信都是把"双刃剑"。保持适度的自卑和自信，对心理健康有着至关重要的作用。

至于什么是恰当的"度"，和年龄段有着相关性。人不张狂枉少年，青少年时期，自卑比狂妄更消极，适度的超出自身实力的自信有着正面价值。成年后，特别是事业有成后，不妨多给自己留一点自卑。

成功、幸福的一生，从自爱开始。自爱，建立在自知之明的基础之上，建立在适度的自卑和自信之上。自爱的人清晰地明白自己的优点和缺点，为自己的优点自豪，也能坦然接受自己的缺点。

人无完人，一个人最大的优点莫过于有自知之明。帮助孩子客观、全面地认识自己，是每一位家长的重要职责。

合群与独处

谢同学在纽约大学读商科，大一暑假回国，天天忙于应酬。一个星期过去了，家庭聚餐还没有列入他的档期。

谢妈不高兴了，给我打电话说："施老师你帮我劝劝他吧，你说话比我们好使。朋友再重要，也要见见爷爷奶奶，和家里人好好吃顿饭也是应该的吧。还有啊，他的这群同学朋友什么样的人都有，我很担心他跟着别人做什么坏事。"

谢同学相当给面子，百忙之中和我约了个中午的自助餐。

"这一年过得开心吗？"

"蛮好的，成绩还可以，交了不少朋友，有中国同学，也有白人、黑人、南美人。"

"很好啊，上大学不仅仅是为了读书，各种各样的朋友也是人生重要的财富。你是怎么理解朋友的？换句话说，什么样的人可以做你的朋友？"

"玩得好、谈得来的就是朋友啊；玩不到一起、谈不到一起的就不是朋友。"

"如果有个人想法经常和你不一样，是不是就不能做你朋友啦？如果大家长期离得很远，是不是友情就会慢慢淡了？"

"应该是这样啊。我看我爸爸的朋友，大部分是他这个生意圈的，他们三天两头在一起。"

"我在你这个年龄的时候也是呼朋唤友不亦乐乎，但是回头想想，其中大多是浪费自己的时间也是浪费别人的时间。'及时雨'宋江、'莱阳梨'杜月笙朋友遍天下，他们是江湖大佬，我们普通人消受不了那么多朋友。"

真正的朋友

年轻的时候，其实我们不懂得朋友。我们口头所说的"朋友"，大多就是个熟人而已，甚至仅仅是一面之交。我们所理解的朋友，就是玩得好、谈得来的一群人，殊不知这样的"朋友"中，有良友、挚友、诤友，也不乏损友。

真正的友情是什么呢？不是中国传统文化中的哥们义气，因为那是人性中浅薄、虚伪、无聊的糟粕！我十分认同前老板王强老师所言，"友情跟荷尔蒙一样，特点是野性、没有原则，友情的野性需要与公司治理所要求的游戏规则，与强大、冰冷甚至残酷的理性碰撞，被程序正义的理性驯化。否则，友情不足以支撑一个企业的正规化治理，一定会分崩离析。如果友情能在这个前提下接受驯服，他就会变成冷冰冰的理性之外的一个取之不尽的资源。"

❶ 朋友，贵在品

没有价值观的连接，朋友无从做起。对方的才华能力、地位权势固然重要，但是能成为朋友，关键在于三观接近，特别是对方人性中恶的一面其程度可以被接受。利益相关者可以成为朋友，但是朋友不必是利益相关者，甚至可以纯粹如伯牙子期。君子周而不比，小人比而不周。

❷ 朋友，贵在真

有一位商人，时常奉劝体制内的朋友们廉洁奉公，要喝酒可以随时找他，而在某位并无利益关系的公务员朋友"沦陷"后，他出面安慰家小、安排年货。

真朋友，不会对你犯大错熟视无睹，不因你的权势想沾光，不因你的落魄而远避。

❸ 朋友，贵在杂

人的成长，无非三条途径：读万卷书、行万里路、交八方友。朋友之间异质性越大、观点分歧越大，对双方的价值越大。谈笑多鸿儒，往来有白丁，三教九流各有千秋。

朋友四类，缺一不可

朋友大致可以分为四类。当然，一个朋友也可能兼有多重角色。

❶ 事业上相辅相成

甲乙两人合伙做生意，珠联璧合、天衣无缝。甲主外，乙主内；甲谋战略，乙抓落实；甲雄才大略，乙心细如丝。合伙十多年，两人从无矛盾，至今尚未明确股份比例，堪称人类企业史上的经典。

因为对方，他们各自的人生都上了一个台阶。这样的友情，血浓于水，已经超越了事业的范围。

❷ 困难时出手相助

当年，我雌伏乡镇企业备考研究生，同学朋友通过书信、电话鼓励我；当年，如果没有同学朋友给我凑钱，我就只能拿着麦吉尔大学的录取通知书望太平洋兴叹。

一帆风顺的人生并不多见，几乎所有人都会遭遇困境。无论物质上还是精神上，雪中送炭的友情弥足珍贵。

❸ 得意时敲响警钟

人，看不到自己的后脑勺，所谓当局者迷。以人为镜，可以明得失。国人大多明哲保身，非亲朋好友难得会说一句谏言。批评你的朋友，说难听话的朋友，是不可或缺的真朋友。

我这辈子收到的两份最温暖的礼物，都来自我敬爱的纪良大哥。

第一份厚礼是一张小板凳。纪良大哥说："我请人定做了三张，一张给你，一张给我哥，一张自己留着。等我们老了，坐着小板凳钓钓鱼或者晒晒太阳。"

第二份厚礼是一台 Surface 3。纪良大哥万里带回国，千里送到手。在南京南站匆匆聊了半小时，我们又回归"淡如水"的交往，一年打不了一个电话。

合群是本能，独处不可少

人，是群居动物。对朋友的需要，出自人性的本能。自幼儿时期开始，我们每个人的一生都缺少不了友情。即使是荒岛上的鲁滨孙，也需要一个"礼拜五"。

一方面，与亲情爱情一样，友情是幸福人生不可或缺的情感需要。另一方面，我们又不能过于依赖友情。

交友之道，贵在随缘，顺其自然。友情是后天的，双向自愿选择；朋友是动态的，缘分聚聚散散。无缘的从无话不谈到无话可谈，慢慢地淡了、散了，也许永不相见；有缘的不离不弃，即使离开也时常想起，再见时依然如故。无论是人生中的匆匆过客，还是一生的挚友，缘分不在于时间长短，真诚相待就无遗憾。

所谓君子之交淡如水，也即友情应保持适当的距离，否则于双方来说就是一种负担和累赘。我经常问学员，你们为什么花费不菲的时间和经济成本上 MBA/EMBA？各种答案中，结交人脉列在考量因素的前三位。我给学员们建议，人脉最大的价值在于思想和信息的切磋交流，尽量不要把朋友当成倾倒消极情绪的"垃圾桶"，尽量不要利用人脉办事。

慎独，是儒家思想的一个重要概念。在他人不介入的情况下，依然自觉地规范自己的行为，依然不迷失自我，这是道德修为的最高境界。

无论多么爱热闹，内心不可失去独立，以免在独处时无所适从。越年长，越悟到了慎独的道理，就越会主动独处、享受独处。

小米科技创始人雷军说，越成功，越孤独。事业有成者，终日被压力和委屈环绕，工作上需要大量被动社交，但也应当尽可能留出时间独立思考、长期保持内心的宁静。

两三岁的幼童开始在户外玩耍，就开始有了朋友的概念。友情，是每个人一生中不可或缺的宝贵财富。在一定的场合下，例如，亲子关系较差、青年早期，朋友的影响甚至超过父母和老师。"近朱者赤，近墨者黑"，对于价值观形成、社会认知较弱的青少年来说，择友观教育至关重要。

小学阶段，是开始择友观教育的良机。家长要告诉孩子，真正的友情不是谈得来、玩得好，不是哥们义气。择友的关键考量因素是对方的价值观，而不是社会地位和经济地位如何、与自己是否有共同的兴趣爱好、性格脾气是否投缘。相反，与自己差异性越大的人对自己的价值越大。

生命，是由时间构成的。家长也应当告诉孩子，友情虽然重要，但也应当控制在适度的范围，把大量时间浪费在无效社交上实属不明智之举。

第6章
情商与领导力

警惕"高情商"

章爸高中没毕业就参军，因为机灵勤快肯吃苦，新兵连的训练结束后就被选送为汽车兵，第二年起给首长当司机。从部队复员时，他被早就"守株待兔"的共建单位领导招入麾下，从领导司机做到局机关办公室主任。

"我家这小子智商不高，像我；情商还行（此处省略三个字"也像我"）。他是不可能像你施教授一样做学问的，今后也就是靠做人混口饭吃了。"谈到儿子，章主任总是这么"谦虚低调"，时常伴有轻度的唉声叹气。但是，如果你经常听到他结合案例论述"情商在机关进步中的重要性"，看到他微信圈中转发的"情商比智商更重要"的鸡汤，想必不用看他的眼神就能感知他的"情商优越感"。

用不着父母教，小章似乎天生就知道如何让身边的人开心，以及待人接物的分寸。班主任生日，他会带上老爸给的购物卡；其他老师生日，他会递上一张手绘的贺卡；同学中的好朋友生日，他会送上小礼品；普通同学生日，他会道一声"Happy Birthday"。

但是，高二班委改选，他意外地落选班长。失去从小学一年级开始"承包"的领导岗位，小章遭到了人生最大的一次打击，感到十分委屈和不解。从铁哥们处，小章知道了同学们对他的三条意见："不做事，高一一整年没组织过像样的班级活动；和稀泥，不能有原则地调解同学之间的矛盾；只唯上，不愿意向校方反映同学们对于食堂卫生方面的意见"。

"小章怎么会被选下来了？这些孩子们都怎么啦？"章主任愤愤不平。

"领导，你认为的'情商'是什么？"

"这不很简单吗？情商高，就是让周围的人开心，就是人缘好，就是不得罪人。"

"是啊，大多数人是这么理解情商的。如果情商这么定义的话，我这样的低情商碰到你这样的高情商，怕被你卖了还在帮你数钱，所以本能地警惕、敬而远之。还是简单直接的人让人放心，哪怕说话难听一点。"

"那你和我这样的'坏人'怎么能做那么多年的朋友？"

"八面玲珑的人，有好人，也有坏人。但是一旦是个坏人，因为讨人喜欢隐蔽性强，危害就更大。我们能相处，因为我们是老乡，有一群共同的朋友，任何一方做坏事的成本都比较高。我和你做朋友，不是因为你有多好，是因为你坏的底线我能接受。"

"你是个老师，我说不过你。但是，照你的说法，情商高还是个坏事情？这点，我不同意。"

"你一个高中毕业生能混得这么好，自己有能力、肯努力才是关键，当然也有时代的因素，也与你工作性质有关系。你所理解的情商在我们这代人中是兜得转的，特别是体制内。但是，你把高情商理解成八面玲珑，这是不完整的，甚至是错误的。这一代孩子所处的社会环境不一样了，少给你儿子灌输这一套情商理论。"

真正的情商，听"情商之父"怎么说

1990 年，耶鲁大学的两位心理学家彼得·莎洛维和约翰·梅耶共同提出了"情绪智力"（Emotional Intelligence，EI），其测度即为"情商"（Emotional Quotation，EQ）。

1995 年，在前人研究的基础上，耶鲁大学心理学家丹尼尔·戈尔曼出版了《情商》（*Emotional Intelligence*）一书。他把情商定义为"一种自我情绪控制能力的指数，主要是指人在情绪、情感、意志、耐受挫折等方面的品质"，具体包括表 6-1 所示的五个维度。

表 6-1　情商的组成部分及内容

情商的维度	内　　容
自我认知	能认知、体会到自己的感觉与情绪
自我调节	能正确处理自己的各种情绪，不否认它们的存在，对消极情绪不奢望消除
自我激励	能保持积极乐观的态度
同理心	能准确地理解他人的情绪，换位思考、设身处地地为他人着想
人际关系及社交技巧	善于与他人建立并维护良好关系

简而言之，我们可以把情商的上述五个维度归纳成两个类别：与自己相处的能力，也即前三项的组合；与他人相处的能力，也即后两项的组合。

能敏感地察觉自己的情绪，这是与自己相处的第一步。听起来有点奇怪，难道还有对自己的情绪没感觉的人？

是的，确实有这样的人。媒体常有这样的报道：某人坠楼，排除他杀可能，前同事回忆此人平时蛮乐观的，人际关系良好。长期在气氛压抑的家庭和单位中生活和工作，人会变得越来越麻木。正如风平浪静的海面下喷薄欲出的火山，一个看似心平气和的人可能潜藏着接近失控的情绪。

轻微的、零星的消极情绪，应当选择自我消化。但是，当感知到自己的消极情绪积累到一定程度时，忍无可忍则无需再忍，应当选择适当的方式及时地排掉"情绪垃圾"。高压锅为什么要开一个小孔呢？因为不断加热的密闭高压锅可能导致爆炸，有了个小孔，不断产生的压力就会被及时释放。

消极情绪排遣后，可能留有死灰复燃的"残渣"。此时，就要想一想人生在世不如意者十之八九，家家有本难念的经，借助阿Q精神逐步回归内心的平静。

换位思考，是与人相处的第一要诀。处理人际关系中的矛盾，既不能为了八面玲珑而失去原则，也需要兼顾双方的利益、诉求和感受。如果做到这一点，大概至少80%的人际矛盾都会自然解决。

虽然技巧属于"术"的层面，但是社交技巧是建立和维护融洽人际关系必不可少的"润滑剂"。第一次见面，尽可能记住对方的姓名。在不同的社交场合，明白自己是主角还是配角，据此确定适当的行为举止。逢年过节，许多人会群发祝福的微信或者短信。如果带上对方的名字或者称呼，只需短短的几个字，只需多花几秒钟，却是让人感到温馨的定制问候。

如何培养情商

高情商的人，善于调节自身情绪，人际关系和谐，容易获得他人的认可和支持，于己自得其乐。高情商的人，善于换位思考，人们都乐意交往，于人皆大欢喜。

高情商的价值，在管理岗位上体现得更明显。高情商的人与追随者之间容易建立深厚感情，容易解决分歧、达成共识，从而拥有更多的成功机会。基于样本研究，华盛顿大学领导学者弗雷德·卢森斯发现：拥有良好人际关系的管理者，比绩效高的管理者更容易获得快速晋升。

与性格、价值观和智商不同的是，情商可以在后天借助反思、学习以及生活经验的积累得到显著提升。

曾子曰："吾日三省吾身：为人谋而不忠乎？与朋友交而不信乎？传不习乎？"替人谋事要尽心尽力，与朋友交往要足够诚信，师长的传授要经常温习，"三省"从对人对己两方面强调修身，而且这种修身是每日必做、贯穿一生的必修课。

生活即教育，日常生活才是培养情商的教室。俗话说：吃一堑，长一智。自身的情绪波动、人际交往中的矛盾，都尽可能从自己身上找原因，尽可能反省自身的不足，每天前进一小步。如果做到这一点，那么日积月累每个人都可以成为智者。

许多人把高情商理解为八面玲珑、人缘好、不得罪人，并得益于这种理解。这种现象有其特定的社会文化背景。

"要警惕不会做事却会处世的人受到重用"，《华为基本法》的这一条接班人制度，为我们敲响了警钟。

让孩子们做一个简单率真的人，多学做事、少操练圆滑处世，这并不意味着情商不重要。高情商，对于任何人，在任何时代，都是人生幸福和事业成功的必要条件。高情商的人，善于洞察自己的情绪变化，善于调节自己的情绪；高情商的人，善于换位思考，基于真诚和共赢与他人建立并维护良好关系。

情商，可以在后天借助反思、学习以及生活经验的积累得到显著提升。

6.2
说难听话的都是恩人

苏师弟的女儿从小一路名校，初中阶段担任学生会主席，获得过一项发明专利；高中阶段组织了一些有影响力的社团活动。按照培养计划，她在高二时托福考出了 90 以上的成绩，五门 AP 课程全部获得满分。

在她申请哈佛、沃顿、斯坦福等美国顶级名校的暑期课程时，我发现了一些问题，例如，她不会按照重要性和紧迫性设定各项工作的优先级，申请文书立意不高、缺乏思想性，表格填写粗心……

对我指出的这些问题，苏同学反应激烈，逐一据"理"力辩。

苏妈："女儿，对老师长辈讲话要礼貌，不可以这样！"

施老师："我不介意你和我辩论，礼貌不礼貌不重要，你从我的批评中得到多少收获才是关键。正因为你很优秀，正因为你的优秀不需要别人来佐证，所以我对你的提醒和批评多于表扬。"

苏爸："爸爸妈妈请施伯伯把你当作自家闺女一样培养，他就是你的'教父'，他说的话就是我想说的。年终，我们公司开了个民主生活会，主题就是批评与自我批评。我第一个发言，总结了自己的七个缺点，同事们不依不饶又给我补充了五条。前年我去上海打高尔夫球，上海校友会的会长余伯伯把我臭骂了一通，说我这几年骄傲自大、玩物丧志、并底之蛙，几句话把我骂醒了。什么人说难听话？都是对你好的人！听得进别人的批评，你才会进步。"

为什么别人让你开心

生活中，从来不缺少这样一类人：他们态度总是那么谦虚，说话总是那么客气，行事总是那么低调。一句话，他们不得罪人，他们让人感到舒服。

年轻的时候，谁不愿意和这样"高情商"的人相处呢？但是，待到我们有了点生活阅历，甚至吃了一些"高情商"人的亏以后，看法就不一样了。如果有交往不深的人取悦自己，就会本能地自问：别人为什么要让我们高兴？

别人为什么要让我们高兴？其实，《战国策》中的名篇《邹忌讽齐王纳谏》早就给出了完整的答案。

齐国名臣邹忌身材伟岸、相貌堂堂。有一天，他问妻子："我和城北的徐公哪个更帅？"妻子说："当然你帅啊，徐公哪能和你比。"邹忌又问小妾，小妾也是如此回答。再问来访的宾客，答案也是如此。

直到有一天徐公来访，邹忌才知自己和徐公相差甚远。他睡前反思："妻子说我帅，是因为爱我；小妾呢，是因为怕我；客人呢，是因为有求于我。"

第二天，邹忌入朝，把这件事告诉了齐威王。齐威王听懂了邹忌的言下之意，于是公告全国：无论官民，向他提出批评和谏言者有赏。自此，齐国的国力渐强。

正如邹忌所总结的，他人取悦你无非出于三类目的：喜欢尊敬崇拜你、惧怕你、有求于你。针对这三类取悦，我们应当如何看待呢？

他人因为惧怕和有所求而刻意奉承，听者自然应当保持清醒的头脑，以免被"糖衣炮弹"所击中。

他人因为喜欢尊敬崇拜而说出的溢美之词，于己有益吗？

年轻的时候，我们遇到自己的能力解决不了的困难或者自己的心智不能承受的挫折，他人善意的谎言、言过其实的鼓励，自然是有益的。随着我们年龄的增长、心智的成熟，溢美之词不再具有正面价值。

受到他人的尊敬和崇拜，说明听者已经学业、事业有所成，又何需借助他人的夸奖来证明自己的成功？

接受批评 = 免费听课，何乐而不为

闻过则喜是圣人的修为，闻过不怒、从善如流是进取者的境界，闻过不快是普通人的本能，闻过则怒是心胸狭隘者的反应，闻过置若罔闻是颓废者的态度。

从对待不同意见（特别是批评）的态度上，就可以看出一个人的心胸和格局，就能判断他的人生和事业是不是在走上坡路。

如何向孩子们解释批评的意义呢？只需要讲清楚两句话。

❶ 被批评不丢面子，心胸狭窄才丢面子

金无足赤，人无完人。人非圣贤，孰能无过。我们每一个人每一天都会犯各种各样的错误，能力越强、做事越多，犯错误就越多。知耻近乎勇，承认自己不是个完人是接纳他人批评的前提。

我们看不到自己的"后脑勺"，所以他人的批评是我们了解自己缺点的一个重要渠道。以人为镜，可以明得失。

"普天之下莫非王土，率土之滨莫非王臣"，还有比皇上的面子更大的吗？帝制时代设有言官、谏官，专司提醒批评皇帝之责，且享有"因言不获罪"的豁免权。反观史上的明君，无不心胸开阔、虚心纳谏。

诸葛亮在《出师表》中说，"亲贤臣，远小人，此先汉所以兴隆也；亲小人，远贤臣，此后汉所以倾颓也。"人如果哪一天爱听好话了、迷醉其中，就是走下坡路的开始。

❷ 别人批评你，是看得起你

你可以尽情地享受奶油布丁，也可以每天一杯苦丁茶。甜品还是苦

物，取决于关注美食还是关注健康和身材。对一个成熟理智的人来说，赞美虽甜，就如奶油布丁一样无益；批评虽苦，如苦丁茶有"败火排毒"的功效。

早年打工，得到领导表扬喜形于色，被领导叫过去私下里训几句也有点小窃喜。领导表扬你，是欣赏你，是对你好；领导批评你，是觉得你是可塑之才，也是对你好。领导要是不理你，那就心里发慌了。

某地的朋友圈中有一位核心人物，事业成功，人性通透，豁达仗义，刀子嘴豆腐心，自称"地上的事情全知道，天上的事情懂一半"。酒桌上，我是他调侃、戏耍和批评的主要对象之一。为何我没皮没脸乐此不疲，一到此地马上通报准备"受虐"？

人生境界和胸怀，你高屋建瓴；社会知识和经验，你堪称博导。你把宝贵的时间用在给我传经送宝，不但不收费，我还能混吃海鲜混喝茅台，有这等好事还计较对方的"授课"方式？世事洞明即学问，嬉笑怒骂皆文章！初次相识的、熟悉后不投缘的，你彬彬有礼；你调侃我，恰恰证明认可我；被我调侃，你"花枝乱颤"很受用显出平等待人的平常心。

不是每个人都值得被批评，被人批评是一种福分。如果到了相当的年龄、经历了许多事情，才慢慢明白这些道理，那就亏大了。

非善意的批评和嘲笑，怎么看待？

对于简单粗暴但有价值的批评，多数人可能当时碍于面子不接受，但是冷静下来以后会反思，至少不会怀恨在心。对于善意而无价值的批评、非善意的批评嘲笑甚至恶意中伤，我们又该如何对待呢？

誉之所至、谤也随之，天下惟庸人无咎无誉。

马云有一句话："男人的胸怀是委屈撑大的，受的委屈越多，胸怀越大。"誉满天下的大人物，几乎必然谤满天下。成为大人物的过程就是不断经受委屈的过程，如果没有这样的心理准备，也就必然夭折在奋斗的半道上。

我们普通人本来无咎无誉，但是一旦想做点和别人不一样的事情，各种闲言碎语就来了。

当年报考研究生需要单位盖章和领导签字，也就无法保密。一个大学读得一塌糊涂的人要考研究生？我自然成为这家乡镇企业同事们的笑谈，甚至有尖刻的嘲讽中伤传到耳边。

技术科陈工买了些菜，在我宿舍简单加工后，我们俩边吃边聊。陈工从小嗜书如命，高考落榜后坚持自学获得大专学历。天南海北兜了一圈，陈工进入正题："有想法是好事情，但是你也要现实一点。现在这个事谁都知道了，万一考不上你还怎么待下去？"

"考研的决定不是一时心血来潮，别人怎么评价和我关系不大，就像你老婆把你这个书呆子赶到猪圈，你手捧着书无比淡定地与母猪共处一室一样。"

我没有接受陈工的意见，但是，他善意的批评规劝理当感恩。大多数人的心态无非是看热闹，基于他们自己的逻辑来推断也是无可厚非。至于恶意嘲讽蔑视中伤者，他们也是"恩人"。换一个角度，把他们的负能量转化为激励，用结果来证明自己才是最好的回应。

嘴不饶人心必善，心不饶人嘴必甜；心善之人敢直言，嘴甜之人藏谜奸。宁交一帮抬杠的鬼，不结一群嘴甜的贼。

对于批评，从忍受、接受到享受的心理过程，就是一个人心智成熟的过程。

从青少年时期开始，每个孩子应该培养强大的心智，闻过不怒、从善如流，追求自己的理想，何需对生命中匆匆过客们的恶意嘲讽蔑视耿耿于怀？正如丘吉尔所说的，"如果你对每只向你吠的狗都停下来扔石头，你永远到不了目的地。"

向芙蓉姐姐学坚强

苏州中学的 Tracy 同学拿到美国学生签证之后，我约她聊天。

"老师，爸爸妈妈说我没考 SAT/ACT，也没什么特殊的学术奖项和文体特长，就凭雅思 7 分和几篇申请文章能录取常春藤简直是'交了狗屎运'，到了康奈尔肯定是基础最差的，一定要比别人更加刻苦学习才可能迎头赶上。你是不是也要和我说这些？"

"恰恰相反，我想对你说的是，到了康奈尔以后，既要尽力而为，也要量力而行。万一撑不住了就告诉我，我再给你换一个更合适的学校。"

"那不行啊，我好不容易考取了常春藤，怎么能放弃呢？"

"康奈尔大学的校园在山上，从图书馆可以凭窗远眺山下的卡尤加湖和峡谷美景。就是这条壮观的峡谷，让不知多少人纵身一跃融进了大自然，让康奈尔大学有了'自杀大学'的别称。你需要提升学习上的'攻击力'，更需要提升心理上的'防御力'。迄今为止，你有没有经历过让你备受煎熬的挫折、压力和痛苦？"

"我看过一些中国学生自杀的报道，哈佛、普林斯顿都有。但是就算压力再大，我也不会自杀。我迄今经历过的最大压力是中考，其他方面好像没什么。"

"你要是我家闺女，我会建议你向康奈尔申请保留学籍，到社会上混一年再去。一年中，可以去富士康生产线上体会体会，可以学会做必要的家务，可以到处游历看看世界。"

"这个不可能！我还想早点毕业读研究生呢，何况爸爸妈妈也不会同意我晃荡一年的。"

"那我建议你上网查查芙蓉姐姐，思考一下从她的故事中能学到什么吧。"

名校生，比芙蓉姐姐少了什么

出生于陕西省武功县一个普通职工家庭，其貌不扬，复读考入陕西理工学院，研究生屡试不第，未婚生子后遭男友抛弃……我们很难把这样一个人和主流价值观定义的"优秀"联系起来。

2003 年，26 岁的史恒侠游学晃荡清华北大，自称"清水出芙蓉，天然去雕饰"，在北大未名论坛和水木清华 BBS 发帖、发辣眼的 S 型身材照，自此以"芙蓉姐姐"名号跻身一代超级网红。

走红之后的芙蓉姐姐一发而不可收拾，主持励志节目、举办公益演唱会、拍摄慈善写真、进入演艺圈、担纲农民网络春晚评委、做客央视访谈节目、受邀赴北大演讲，先后公开向"国民老公"王思聪和王宝强示爱……

芙蓉姐姐的走红，自然有着网络平民性和娱乐性的特点以及可能的幕后商业操作，但她远超常人的抗挫折能力才是关键。

我们习惯了欣赏杨丽萍的舞蹈、张曼玉的演技、王菲的天籁之音、央视知性美女的诗朗诵，难以消受芙蓉姐姐的"美貌"和"才艺"。芙蓉姐姐风起青萍之末，自然也为自己引来了无数的嘲笑和谩骂。但是，面对网上狂喷的口水，她兀自岿然不动，自我催眠、自我陶醉，瘦身成功，形象和气质脱胎换骨，从"刻意的高自尊"逐步走向真正的自尊和自信。

在微博上，她这样总结自己这么多年的感受：自信是建立在实力基础上的，每当你向前踏出一步，就会更自信一点。多多加油，磨砺自己，充实自己，激励自己，你一样可以对着阳光发出自信的微笑。

如果说芙蓉姐姐是"一只打不死的小强"，那么，许许多多的名校生则是"温室里的花朵"。

2016 年 12 月，一位就读俄亥俄州立大学大三的天津籍学生，自杀身亡；

沃土造精英二代

2017年2月，一位就读加州大学圣芭芭拉分校大二的佛山籍学生，自杀身亡；

2017年12月，一位就读康奈尔大学大四的成都籍学生，自杀身亡；

……

迈入名牌大学的学生，在许多家长和老师眼里无疑是优秀的。如果以这样的标准来衡量优秀，那么我们怎样解释网上层出不穷的名校生自杀报道？除了这些凋零的年轻生命，还有多少学生正在被心理问题所折磨？

成为一个优秀的拳击手，必须具备什么条件？出拳力量大，三下两下把对手打趴当然是最理想的。但是，击打是相互的，如果扛不住对手的击打，那么再强大的击打力都可能没有用武之地。

纵横人生战场，既需要锋利的长矛，也不能缺少坚硬的盾牌。和"打不死的小强"相比，"温室里的花朵"们欠缺了人生不可或缺的"盾牌"——抗击打能力。

生于忧患，死于安乐

一些家境殷实的家长可能这样认为，家庭条件足以保证孩子今后不会吃苦受罪，孩子只要好好读书不走歪路就可以了。看完冯小刚导演、张国立主演的电影《一九四二》，也许你就不这样想了。

河南延津，地主范殿元家境殷实、儿女双全。1942年，战争逼近，一场旱灾引发了饥荒。因为灾民"吃大户"，万贯家财付之一炬，儿子被杀。他赶着马车，拉着家人和粮食，加入往陕西逃荒的人流。开始他以为只是短暂的躲灾，路上不忘救济他人。三个月后到了潼关，车没了，马没了，儿媳和老婆饿死了，大年三十把女儿以五升小米的价格卖入窑子，为躲避拦截灾民的国民党军的扫射，刚出生的孙子不慎被闷死。万念俱灰的他，孤身一人逆着逃荒人群，向着家的方向走去，只想死得离家近些……

在一个乐观主义者眼中，战争和灾荒似乎离现在的我们很远，当年一个大户家破人亡、流离失所的故事说明不了问题。但是在一个悲观主义者看来，人有旦夕祸福，生于忧患、死于安乐，让孩子兼有能力和坚毅才能以不变应万变。

现任美国首席大法官约翰·罗伯茨，就是这样一位"积极的悲观主义者"。2017年夏，在儿子的初中毕业典礼上，他带给孩子们另类的祝福。

通常，毕业典礼的演讲嘉宾都会祝你们好运并送上祝福。但我不会这样做，让我来告诉你为什么。

在未来的人生中，我希望你时不时被不公正对待。唯有如此，你才真正懂得公正的价值。

我希望你遭受背叛。唯有如此，你才领悟到忠诚之重要。

很抱歉，我祝福你时不时感到孤独。唯有如此，你才不会把拥有朋友视为理所当然。

我祝福你人生旅途中时不时运气不佳。唯有如此，你才意识到机遇在人生中扮演的角色，进而理解你并不完全配得上你的成功，而他人的失败也不是理当如此。

当你失败时，时不时地，我希望你的对手会幸灾乐祸。唯有如此，才能让你意识到有风度的竞争精神之重要。

我祝福你会被忽视。唯有如此，你才会意识到倾听他人的重要性。

我祝福你遭受足够的痛苦。唯有如此，你才能对他人有同理心。

无论我是否祝福，这些都将在生命中必然发生。而你能否从中获益，取决于你是否能从不幸中领悟到它们传递给你的信息。

初三学生潘同学申请美国高中，他爸爸向我强调一定要选择正宗的军校。他说："我让儿子读美国高中，就是因为美国有军校高中。养成吃苦耐劳、守规矩的习惯，终身受益！"

两年后我为潘同学辅导大学申请时，曾经的柔弱少年已是英武挺拔的青年。两年的军校生涯中，他每天规律作息，没有玩过电子游戏，学会了开飞机，经历过孤岛生存……

许多家长让孩子一年四季洗热水澡，对孩子熬夜睡懒觉、夏天空调

朝上造精英二代

开到 18℃视而不见，不让孩子做家务。这些将孩子保护在生理和心理的"舒适区"的家长们，与潘爸相比，谁才是真正爱孩子？

曾经看过一段拳击训练视频，一位拳击手背靠墙角，被同伴们轮番暴击，且击打部位都是身体最薄弱的腹部。欲戴王冠，必承其重。如果你希望孩子成为人生舞台的"拳王"，就应当"出拳击打孩子最薄弱的腹部"。如果你狠不下心来，至少不能让孩子成为经不起风吹雨打的"温室里的花朵"。

6.4
距离曼德拉，我们只差两个台阶

在他所处的时代，纳尔逊·曼德拉也许是受到最广泛认可的人物。

为了反抗种族隔离制度，曼德拉在狱中度过了 27 年。1994 年当选南非总统后，曼德拉主动邀请曾残酷镇压黑人的前白人总统彼得·博塔、曾力主判他死刑的检察官以及坐牢时的狱警参加就职典礼。他选择化干戈为玉帛，致力消除种族仇恨，构筑一个"所有人都和睦相处，有着平等机会"的新南非。

尽管被奉为国父，但他在一个任期后就主动交出权杖；尽管深受世界人民爱戴，他清醒地认识到，"年纪大的优势之一就是，人们会因为你的灰白头发而尊敬你，会说各种各样的赞美之词，但这些话可能并不与你本人相符。"

也许是由于现实世界过于渴望完美无瑕的伟人，我们强行地把曼德拉抬上了一座他本人并不认可的神坛。但是，正如他的自述，"所谓圣人就是不断尝试的罪人"，曼德拉身上的人性光辉并非从天而降。他也有私心，他也时常犯错误，甚至为了政治利益有意犯下严重错误。

学生时代，他曾经是一名"学渣"，在课堂上如坐针毡。

1991 年，他前往赞比亚，利用自己的影响力游说赞比亚人选举独裁者肯尼思·卡翁达重新掌权。

1994年南非首次民主选举期间，他四处游说，试图把选民的最低年龄从18岁降至14岁，以确保非国大获得压倒性胜利。

在总统任期中，曼德拉政府严重忽视艾滋病在南非的病毒式蔓延，导致成年人的艾滋病感染人数攀升。

曼德拉的伟大之处在于：他能直面自己的缺点。在自传《漫漫自由路》中，他讲述了自己犯下的上述错误。他视自己为"一件正在演变的半成品"，不断地反省自己，承认自己的缺点，并致力于消除这些缺点。

仅仅依靠自省是不够的，曼德拉"以人为镜"、闻过则喜，哪怕对方只是个小孩。一次，他用一支气步枪射杀了一只麻雀，并向朋友的儿子吹嘘射击技能。这位五岁小男孩含泪对他说："你为什么要杀死那只鸟？它的妈妈有多难过。""这个小男孩比我更有人性"，从此，曼德拉戒掉了打猎。

第一个台阶：抛开面子、开始自省

A同学：留美第一年的成绩，GAP 3.48，差0.02分没上优秀生名单（Dean's List）。其实考试和作业都很好，教授们主观给出的参与分（participation mark）严重拉后腿。因为害怕英语说得不标准，因为担心发言质量不高被同学嘲笑，上课几乎从不发言。

施老师：没有思想比发言质量不高更没面子，水平都是锻炼出来的。别怕发言，你现在还不是什么大人物，说错话能有多大事？

B同学：最近很纠结。因为一件小事，我和好哥们已经两个星期没有讲话了。我想过主动和好，又有点丢不开面子；就这样僵持着，又觉得不对，我们俩从小学到初中一直是同班同学。

施老师：如果你错了，真诚地向哥们道歉。没有人不做错事，错了就认错，今后尽可能注意，堂堂正正坦坦荡荡，放下包袱才能轻轻松松。如果责任在对方或者双方都无所谓对错，那就忘掉这件事，主动地像以前那样相处。处理非原则性的矛盾，主动和好的一方不仅不会丢面子，反而能得到尊重和好评。

C同学：和同学朋友吃饭，基本上都是我买单，所以我朋友很多。

施老师：慷慨大方是美德，但是你还是个高中生，不应该这样花父母的钱。纯粹建立在利益基础上的是变质的友情，真正的友情是基于互相尊重和认可。

"面子就是一把钥匙，用它能打开那只藏有中国人诸多最重要性格的密码箱。"清朝末期，来华美国传教士明恩溥根据自己对中国人的观察，写了《中国人的气质》一书，开篇第一章就是"面子"。

百年后的今天，面子，可能依然是中国人性格中最重要的组成部分。

曾子曰："吾日三省吾身——为人谋而不忠乎？与朋友交而不信乎？传不习乎？"西方哲人苏格拉底说："未经自省的人生没有意义。"智者都有反省的习惯，而我们普通人为什么做不好呢？

一切都是面子的问题！一旦我们抛开了面子，失去的只是心灵上的枷锁，得到的是一个更自由开阔的精神世界。

人贵有自知之明！清晰地反省自己的缺点，是大勇气，也是大智慧。正视缺点的一小步，都是迈向优秀的一大步。只有承认了自己的缺点，我们才能完整地接纳自己，才能搭建好进步的第一个台阶。

第二个台阶：凭借毅力改正缺点

反省只是第一步，只是过程中的节点，改正错误才是目的。

在狱中，曼德拉努力培养对怒火的控制力。一次，他差点暴打一位激怒他的狱警，但最终改成口头警告。事后，他反思自己："尽管我让狱警闭了嘴，但他已经让我违背了我的自我控制原则。这一次，我败在了对手的手中。"

有人曾经问曼德拉，是否因为教师的种族歧视，他才没有学好法律。"我的老师确实是种族主义者，但这并不是我没有学好法律的原因。"在罗本岛服刑期间，曼德拉"浪子回头"，坚持自学南非白人的语言和历史，还组织其他犯人一起学习历史、经济学和政治学等学科，甚至帮助一些狱警撰写升职申请书。

后来，曼德拉承认非国大涉及了一些侵犯人权的事件，并对不肯承认这一点的党内同僚提出了批评。在非国大执行委员会抨击他要求降低选民年龄至 14 岁的立场之后，他选择了认错并改正。卡翁达落选后，曼德拉再次来到赞比亚，向赞比亚人道歉。

卸任总统后，曼德拉终于如梦方醒意识到艾滋病的危害。他承认，没有充分重视艾滋病的防治是他的一个重大错误。此后，他积极发声，强调检测和治疗的必要性。此外，他还打破禁忌，透露他的儿子正是死于艾滋病并发症，并以此为契机教育国民。

相信许多成年人在小时候曾经写过保证书、决心书，回头想一想，我们改掉了多少？老话说"三岁定八十"，改变自己很难，对于一个成年人来说更是几乎不可能。

为什么伟人能有强大的毅力改正缺点，而我们普通人做不到呢？毅力哪里来？自控能力是关键！

1945 年 8 月，毛泽东赴重庆与蒋介石谈判。因为蒋介石不吸烟，嗜烟如命的毛泽东在谈判过程中始终未吸一支烟。蒋介石感慨道："毛泽东的决心和精神不可小视！"

人与人之间存在自控能力的先天差异，但是后天的生活经历对自控能力的养成影响更大。在奥普拉·温弗瑞的脱口秀节目中，曼德拉坦陈："要是我没有进监狱，我就不能完成世间最困难的事情——改变自己。"

至少在潜意识中，我们每个普通人都有成为伟人的愿望。但是，伟人似乎是天生的、神秘的，离我们十分遥远。曼德拉对于这个世界最大的贡献，也许并不在于他取得的这些丰功伟绩，而在于他用自己的故事告诉我们，每个普通人都有借助反省和自控超越自我的潜能。

面子，不是生来就有的概念，孩童做错事情会内疚，所谓赤子之心。随着年龄的增长，我们的面子概念越来越强，越来越容不得他人指出我们的错误。过于在乎面子的人，实际上高估了自己的价值，并且把面子和尊严混为一谈。人自我感知的幸福度，与爱面子的程度成反比。人不可无耻，但可以"厚颜"。赢得面子是容易的，但是要赢得他人发自内心认可的尊严，就困难多了。尊严从哪里来，归根结底来自自己的品德、素质与能力。

不经历风雨，怎能见彩虹？苦难，是人生最好的老师！毅力、自控能力，都是需要经受生活的磨炼才能逐步养成的。

6.5
俞敏洪为啥爱自黑

上世纪 80 年代初在北大的时候，我还是一个比较土的人。其实在徐小平和王强心目中，我从来没有洋气过。直到今天，他们依然把我叫作农民，我的确有农民的性格和农民的踏实。我相信，没有我这份农民的性格和农民的踏实，就没有徐小平和王强在外面调侃我的机会。

在北大时，我就是徐小平、王强取笑的对象。我非常悲哀地发现，现在他们在任何一场演讲中依然在取笑我。但是我也非常欣喜地发现，取笑已经进入了不同的层次。当年他们因为鄙视而取笑我，现在他们因为尊敬而取笑我，这表明我的成长速度比他们要快。

徐小平参与了电影《中国合伙人》的拍摄。电影拍完了，他给我发短信劝我去看，说你一定会为自己在电影中的形象感动得热泪盈眶、当场晕倒。我想这哥们真够义气，居然把我描写得这么高大，这个电影我一定要去看。

看完电影，我发现徐小平在那热泪盈眶，他为自己在电影中的光辉形象而热泪盈眶。王强的形象在电影中叫作王阳，形象也很好。为什么？我们上大学的 80 年代还非常封闭，但电影中的王阳长发披肩，已经泡上"洋妞"了。

我对自己在电影中的形象很不爽：找个女朋友，女朋友跟老外跑了；上课，学生们全部跑了；好不容易跟领导打交道，被领导开除了；做生意自己做不起来，还是一大帮朋友帮着才做起来；合伙人想上市，还坚决不同意……

我就问我其他的大学同学，说这电影怎么把我描写得这么窝囊？一个同学说，老俞啊，你在大学的时候不光窝囊，而且挺猥琐的。他又说，徐小平把你在大学的形象提高了很多，你应该感谢他。

我的大学生活确实要比电影中描述的悲惨很多，因为电影中的成东青还谈过恋爱，可是我在大学里从来没有被人爱过，唯一爱我的人就是徐小平，还是个男的。但是，我确实在大学做了一件比较不错的事情，就是交了一帮有思想、有远见、有创新能力的朋友。我非常骄傲地说，新东方的团队建设其实在我上大学的时候就已经开始了。

——俞敏洪，2014 年，浙江大学大学生创业高峰论坛

幽默是人生的调味品

幽默，不是表面意义上的滑稽、逗人乐；幽默，雅俗共赏、不低俗。幽默的精华在于"幽"，那种隐喻的、略加玩味方可体会的感觉。将 Humor 这个舶来品翻译成"幽默"，是林语堂先生对现代中文的杰出贡献。

❶ 幽默，是一种面对麻烦时的勇气

2008 年，小布什总统突访伊拉克。在新闻发布会上，伊拉克记者蒙塔兹·扎伊迪向他连扔两只鞋，并高喊："这鞋子来自死于战争的寡妇和孤儿。"小布什躲闪腾挪，慌乱中不忘幽默，"告诉大家，这鞋子是 10 码"。

❷ 幽默，是一种智慧

徐小平老师似乎有着与生俱来的语言天分和幽默感，他的演讲和著作都极具鼓动性。2001 年，我们去青岛做一次演讲。看到二炮礼堂设施陈旧，徐老师对我说，这个场地不大合适。讲座开始后，他这样即兴开

场："新东方在青岛一炮还没有打响，就直接来到了二炮礼堂。"会场顿时一片欢笑，一句话化解了尴尬，预热了气氛。

❸ 幽默，是一种豁达、乐观、坦荡的性格

一次同学聚会，胖乎乎一副憨憨熊猫脸的葆总说："菜就别点了，不要浪费，反正喝了酒都要吐掉的。"众皆哄笑！他慢悠悠地点起一支烟，话锋一转："凉菜还是要点几个的，否则胃里没东西吐。"众再大笑！

幽默是快乐人生不可缺少的调味品，就如芥末之于三文鱼刺身，孜然之于烤羊肉串。往小处说，幽默可以帮助你化解一个尴尬；往大处说，幽默可以提升你的人格魅力和无形资产。于他人，幽默可以愉悦周边的人；于自己，幽默可以让我们更受欢迎，让人生更加轻松快乐。

草根的幽默专利：自黑与自嘲

有一位商界大佬，因为语言犀利而颇受争议。但是，事后证明他说的大多是真话，因而越来越多的人逐渐接受了他。这位大佬的表达从来都是一本正经，无论口语还是书面表达。在自传中，他反复强调，他的成功与显赫的家庭背景没有任何关系。

同样是成功商人，同样爱讲话，为什么俞敏洪喜欢自黑与自嘲，而这位大佬却这么严肃自重？

自黑与自嘲，属于心理学定义的"刻意的低自尊"行为的一种，其目的在于降低身段、更好地被他人接受。是否愿意自黑与自嘲，和自身的性格有关，和家庭背景有关，也和所处的职业有关。

草根的奋斗历程注定一路坎坷，受了委屈无处诉苦、遇到挫折无处求助，唯一的办法就是自我消化。自嘲，不仅仅是勇气的表现，更是智慧的彰显，所谓大智若愚、自贱无敌。

奋斗历程中的自嘲与自黑，反映了谦卑或者自卑的心态。成功人士的自嘲与自黑，反映走出自卑后的内在自信。

有一位事业有成的商人对我说："施老师，我初中没有毕业，没什么文化。"我说："你这句话如果15年前讲，那是低姿态的自我保护。但是现在这么讲，高调炫耀的成分更多。你无非就是说，'你看我，文化不高都能成就一番事业'。"

他呵呵一笑："好像确实是这么回事。"

在官学商三类社会主导力量中，官员不代表个人，他们的行为必须顾及政府的严肃性，官员可以幽默但不宜自黑与自嘲；学者中清高者多，他们不耻于自黑与自嘲；商人是"天生的妥协主义者"，圆润处世是他们的人生哲学。这种职业差异，导致了自黑与自嘲者通常以商人居多。

如何培养幽默感

当年就读南京理工大学（华东工学院）自动控制专业时，我不学无术、浑浑噩噩。20多岁后，我不断尝试、寻找真正适合自己的专业和职业，大学毕业十年后成为同济大学经济与管理学院最受学生欢迎的老师之一。

10多年前，受邀到复旦大学做一次关于大学生职业生涯规划的讲座，为了论证专业和职业选择的重要性，我讲了这段经历：

"南京理工大学末流学生，到了同济大学可以做一流老师！同学们请想一想，南理工在中国的大学中处于什么档次？"

台下一片哄笑，一片掌声，一片拍桌子声。

第二天，同事提醒我，有一位复旦学生在网上怼我。大意是：不能不说这个人有点魅力，讲的话有点道理。但是，"南理工怎么能和同济比？仅仅基于自己一个样本就得出贬低同济的结论，这是不科学的。这个人实在太狂妄了！"

我顿时愕然、惭愧、无语、无地自容……

一所大学在国人心目中的地位是长期形成的，经受过时间考验的，岂能被某个人的一句戏言左右？复旦也是我仰慕的国内名校，至少当年我考不上。我无非就是从逻辑的角度偷换了一个概念，当年南理工的我不完全是十年后同济大学的我，开个玩笑而已。为什么大多数同学都是一笑了之，而这位同学"受伤害"了呢？

冷静、理性，甚至有点偏执，是成为优秀科学家和工程师的必要条件。但是，优秀和有趣可以得兼，如果这位同学能培养一点点幽默感，是不是会生活得更有乐趣？

考虑到优秀的人不一定有趣，此后无论讲课还是写作，我都会适度收敛，以免无意中伤及一些"玻璃心"。

虽然从正史《史记·滑稽列传》和通俗小说《笑林广记》都可以感受国人的幽默，但是受传统文化影响，多数人说话还是谨小慎微、中规中矩。从小学到大学，我们的教育体系不推崇幽默，更没有关于演讲或沟通的课程或训练。

并不是每个人都有着先天的语言才能和快速应变的智慧，但是幽默感可以后天培养。钱钟书先生说，"幽默减少人生的严重性，决不把自己看得严重。"培养幽默感的关键在于，走出一本正经的儒家文化、束缚人性的程朱理学，"不把自己看得严重"。

从总角黄口到雪鬓霜鬓，一帆风顺的人生并不多见。幽默感是人生大餐最好的调味品，正如美国著名废奴主义者、牧师亨利·比彻所说的："一个人没有幽默感，就如同一驾四轮马车没装弹簧——路上的每颗小卵石都能激起颠簸。"

幽默感涉及勇气、智慧和性格。幽默感的培养，始于勇气和开朗性格的养成。

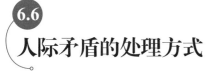

6.6
人际矛盾的处理方式

生活中，人际矛盾总是不可避免的。处理人际矛盾的能力，不仅仅是情商的重要组成部分，也是社会成熟度的一项重要指标。尽早学会客观地看待人际矛盾，理性并恰当地应对人际矛盾，对孩子的一生意义重大。

非原则性问题，人情＞道理＞规矩

范同学一家从外地过来，我发现他们的表情不太轻松。谈完范同学的三年培养规划后，我得空与他单独交流。

范同学说，从机场打车，司机嫌路途太近，要求另加 20 元。妈妈拒绝加钱，并说要投诉司机。爸爸觉得小事情犯不着计较，办事要紧，就答应了司机。

我问他："你怎么看待这件事？"

"和 20 块钱相比，和老师见面不迟到才是大事，爸爸息事宁人是对的。妈妈也不是在乎 20 块钱，要投诉司机是因为他违反规定了。"

"一个初中生能这样看待这个问题，很成熟、很优秀。我给你补充一点，碰上矛盾先尝试能不能理解别人，就是换位思考。假如你是这个出租车司机，你会怎么想？出租车司机挣的都是辛苦钱，对他们来说时间就是金钱。趴在机场等了两个小时甚至更长时间，心态好的司机理解好活差活是随机的，也有赶上好活的时候，心态差的有怨气也正常。"

"但是，出租车不能拒载，这是有规定的啊！我支持妈妈投诉他。"

"对待人际矛盾，情、理、法，三者要兼顾，完全根据法律法规不一定行得通。对于大事情和原则性的矛盾，应当按照法、理、情的次序考虑；对于小事情和非原则性的矛盾，应当按照情、理、法的次序考虑。"

"老师，那怎么判断事情的大小、是否原则性？"

"拿这件事情来说吧，司机提出加价可以理解，而且他说在明处，就是非原则性矛盾，投诉就免了吧；如果司机没有提出加价，而是故意绕路多收钱，就是原则性矛盾，就可以投诉。至于事情的大小，主要考虑利益受损的程度。如果司机提出加价 50 元，那就过分了，就应当拒绝。对于小事和非原则性矛盾，应当原谅而不是忘记。原谅，是理性的想通，从而改变自己的态度，消除愤怒和报复心；忘却，是非理性的忽略，实际上并不能做到。"

忍耐，在适度范围内

初中生彭同学的妈妈告诉我，她儿子最近情绪低落，盘问了好几天就差"严刑拷打"了，才说出实情。

一个月前，彭同学收到小学同学马某发来的微信。马同学说，要报一个吉他培训班还差800元钱，因为"不务正业"，所以不敢向爸妈要钱。马同学保证，一周左右从爷爷奶奶那里拿到钱后马上还钱。

七岁认识的发小"有难"，彭同学觉得义不容辞，爽快地微信转出800元。

但是，一周过去了，马同学没有还钱。彭同学想，他可能还是手头不方便，就再等几天吧，都是好朋友，不能催得太紧。又一周过去了，马同学还是没有反应。他可能是忘记了吧，彭同学这样想，便通过微信和手机提醒他该还钱了。没想到，马同学微信不回、手机不接，"人间蒸发"了。

彭妈说："看得出来，儿子这次很受伤。我让他给马同学发微信，让他月底前还清，过了月底就交给家长解决。儿子拒绝了，说马同学要是不主动还，就不要了。"

我告诉彭妈："你儿子厚道，初中阶段也是比较讲究'哥们义气'的年龄段。如果让自己很难受了，那么忍耐克制就不是解决问题的好办法。借钱应当还，何况对一个初中生来说800元不是个小数目。如果处理不好，他越是讲义气这件事对他的伤害可能越大，搞不好今后对价值观都有影响。至于马同学，不清楚他到底发生了什么、怎么想的，还是先了解一下情况再说。借钱如果用于正当开支，就不要找他父母，以免事情搞复杂。"

理性表达遗憾，对事不对人

高二学生方同学和我通电话，说当天和邻居老太太吵了一架。

方家住在一楼，时不时发现院子里有垃圾。塑料袋可能是风吹来的，但是里边装着剩饭剩菜果皮，风吹不动的呀。终于有一天，他发现是三楼住户从楼上倒垃圾。他上楼敲开了门，见开门的是个老太太，便礼貌地说："奶奶好，请今后不要再往楼下扔垃圾了。"老太太矢口否认，砰的一声关上了门。

方同学闷闷不乐地回家，心想："虽然她口头不承认，但是今后应该不会再倒垃圾了吧。"

没想到，院子里稀稀拉拉又出现了类似的垃圾。方同学留了个心眼，掌握了对方的"作案"时间规律，终于拍到了对方的"作案现行"。

待他上楼敲开门，把手机照片展示在对方面前，积累多日的愤怒终于一泻千里："你们这家人怎么这个素质，还有没有一点公德？"

老太太毫不示弱："我就是扔垃圾了，你能怎么样？你要是有本事，可以搬出这个小区啊？"

"施老师，要不是看她是个老太太，我早就揍他了。实在想不通，世界上怎么会有这么不讲道理的人！"电话中，方同学余怒未消。

"这个老太太向楼下扔垃圾，在被指出后不但不认错改正反而恼羞成怒恶言相向。显然，这件事是她的不对。最好的做法是把证据交给物业，让物业去处理。你当时直接和老太太交涉也行，但是不能说'你们这家人怎么这个素质'，如果说'你们这样做不合适'就妥当了。"

"这里边有什么区别吗？"

"根据这件事情，我们能不能得出一个结论，老太太是一个'坏人'？任何一个人都会偶尔犯错误，你会，我也会，对吧？那你说我们两个是好人还是坏人呢？矛盾的处理，要尽可能对事不对人。否则，矛盾不但解决不了，而且还会升级。"

美国理性心理学鼻祖阿尔伯特·埃利斯认为，让人不开心的不是矛盾本身，而是我们对待矛盾的态度。

面对人际矛盾，如果我们能够换位思考，推己及人、将心比心，那么矛盾会消失或者减轻。忍耐和爆发，都不是处理人际矛盾的好办法。宽容大度，可能会纵容对方变本加厉；爆发，可能会激发更激烈的冲突。

理性表达你的遗憾，对事不对人，才是解决矛盾最好的方法。

许多人心中有这样的假设前提：我善待别人，别人就会同样善待我。这个看似正常合理的潜意识，却是许多人际矛盾的"元凶"。世上最复杂的，莫过人心。有人侠肝义胆，"人敬我一尺，我敬人一丈"。有人却，"宁可我负天下人，不可天下人负我"。我们只能把握自己，很难改变别人，特别是一个成年人。

大多数人的一生中，很少有机会有能力选择和什么人相处。作为雇员，你基本上没有选择同事的自由度；即使做了老板，也很难随心所欲地选择供应商和客户。你当然可以按照自己的标准选择丈夫或者妻子，但同时，你也是被别人甄选的对象。你当然可以按照自己的喜好选择居住高档小区，但也要看你有没有相应的经济实力。

既然不能改变别人，那么，营造和谐人际关系最好的办法就是改变自己，调整自己的心态和处事方式。既然不能指望周围的人都善待你，不如更好地把握与不同人相处的分寸。

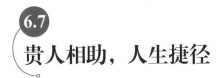

6.7
贵人相助，人生捷径

袁同学在佐治亚理工学院读电子工程专业，GPA接近满分4.0。大二开始，他被一位大牌教授选中参与研究项目，接触到了人工智能的前沿。

大三的暑假，他在深圳一家著名的人工智能公司实习。他十分珍惜这次实习机会，希望能在毕业后正式进入这家公司。实习结束返美之前，他沮丧地告诉我，正式工作看来是没戏了。

"我和项目负责人争起来了，他很生气。他给我写的实习评语肯定不会好。"

"你们是在什么场合争论的？边上有没有别人？"

"是在小组开会的时候，我觉得项目的方向有问题，就直接提出来了。当时没有想太多，可能说话也没有注意礼貌。"

"你有没有见过公司的大老板？"

"见过一次，在公司餐厅吃饭的时候，他刚好坐在我边上。他问了我的背景情况，我就如实回答。"

"你没有主动和他说点啥，给他留点印象？"

"没有，我有点紧张。他是我崇拜的行业大佬，以前只是在电视上看到过。据说，他脾气很火暴，公司的人都怕他。"

"和顶头上司当众争辩，对大老板缩头缩脑，你是彻底搞反了！"

"怎么会呢？难道不是领导越大，相处越应该小心吗？"

"县官不如现管。你看看电视里面，大首长视察，对村民是不是很亲切？紧张的是谁，村民还是陪同首长的地方领导？"

"嗯，好像是这么回事。"

"项目负责人不该得罪，却得罪了；见老板是'傍大款'的好机会，却错失了。老板脾气暴有什么好怕的，你这么优秀，不在他面前露一手你对人工智能趋势的见解？他和你观点相左才好了，正好有机会辩论。心胸是否开阔，和脾气修养好不好没有关联性。脾气暴躁的人，可能从善如流。你想想苹果老板史蒂夫·乔布斯和特斯拉老板埃隆·马斯克，是不是都这样？修养好的人，也可能固执得要命。"

"那如果老板既脾气暴，又心胸狭窄，怎么办？"

"那就说明他走下坡路了。如果你就为了上班拿工资，那就当个'乖乖虎'；如果你今后想做大事，那么在这家公司学到差不多了就抓紧走人。良禽择木而栖！"

非其人，勿与辩

求教者：请教大师，什么是快乐的秘诀？

大师：不要和愚者争论。

求教者：这就是快乐的秘诀吗？我完全不同意。

大师：是的，你是对的……

因为认知、个性、利益的差异，矛盾无时不在、无处不在，我们免不了和别人发生争论。

与不该争辩的人争辩，争辩不注意度，注定有害而无益。泛泛之交，不痛不痒的话是可以说的；表达不同意见，就要小心了，起码要客客气气；争辩，就应当尽可能避免。与单位的直接领导相处，如果双方在年龄、人生阅历和能力等方面没有拉开较大的差距，就需要注意维护领导的面子，有不同意见时最好是私下礼貌地提出来。

与不该争辩的人争辩，争辩不注意度，甚至会酿成大祸。2015 年 8 月，林女士和家人在温州一家火锅店用餐，与 17 岁的服务员朱某发生纠纷。朱某将一盆热水从头浇在林女士身上，造成后者重度烫伤。2016 年 1 月，朱某因故意伤害罪被判处有期徒刑一年十个月。

人性中的恶毒理当受到谴责和惩罚，但是我们是否也可以从中吸取一点教训？你到饭店吃饭，说明你比饭店服务员生活得容易。你住在一个高档小区，说明你生活得比小区保安容易。

明白了这些道理，与服务行业人员打交道自然就会多说几句"你好""谢谢"，至于对方态度如何自然就不会过于计较。

贵人相助，我们能得到什么？

有这么个说法：常与领导吃饭，升官是迟早的事；常与大款吃饭，发财是迟早的事。此话虽然俗，道理却不假。近朱者赤，近墨者黑！最好的学习方式，是向最好的人学习。与什么样的人相处，向什么样的人学习，很大程度上影响我们的人生。贵人相助，是人生捷径。

贵人相助，助什么？通常的理解，借助大官大儒大款的提携，我们可以有更高的事业平台。但是，无形的收获可能是更珍贵的。通过近距离观察优秀者，从优秀者身上汲取养分，我们得以在某个点上提升自己的知识、见识、阅历、胸怀和境界。

在中科院读书和工作期间，见识了一群泰斗级的科学家。他们的学问仰视不可见其顶，更让我难忘的是他们的人格魅力。中国运筹学鼻祖许国志院士与我们讨论诗歌对联，隔壁办公室的中国质量管理奠基人刘源张院士亲切随和如邻家大叔，机器算法创始人吴文俊院士甚至与孙辈的学生打游戏……

做大事不拘小节，但是，优秀者一定拘小节，特别是在待人接物方面。上帝，存在于细节之中。在一次赴约访谈途中，徐小平老师看到北三环交通不畅，马上关照我给记者朋友发短信，"我们可能迟到五分钟"。恒大地产的高管俞立新先生，工作繁忙自不待言。但是，无论何时联系他，几乎无一例外地秒回。在三里河的八先生涮肉坊，我的朋友杨渭华先生将夏朝以来中国历代官制的演变娓娓道来，逻辑清晰，例子生动。平心而论，丝毫不亚于央视《百家讲坛》的节目。我问他，你怎么会有这么好的记性？他说，首先呢，喜欢这些话题；其次从小有个习惯，随身带个小本子，见到听到有意思的事情，就记下来。

靠近优秀者，还有一个重要的收获，那就是消除对于优秀者的神秘感，从而激发自己的雄心壮志。《史记·项羽本纪》中记载：在秦始皇出巡时，项羽和刘邦目睹了其车马仪仗威风凛凛。项羽豪言："彼可取而代之"；刘邦叹道："大丈夫当如是也"。

与大人物打交道，简单直接

上世纪 90 年代，我曾在某国家机关工作。一天，一位 50 多岁的儒雅绅士来到我们处，一看就是大领导。和处长聊了几句后，他问我："小伙子，你是新来的吧，原来在哪里工作？"

我回答："首长，我原来在中科院华罗庚小组工作。"

首长："50 年代我也听过华老的课，觉得他有些思想有道理，有些没啥道理。"

对神圣的祖师爷不敬，徒孙岂能袖手旁观："如果您觉得他的某些思想没道理，那可能是没有完整地理解他的道理。"

你来我往若干回合后，首长终于撤退，"华老还是很有思想的，他用烧开水泡茶的生活例子把深奥的统筹法讲得很清楚。我们家，我夫人做菜，切一个菜炒一个菜。我呢，把所有的菜都切好，放在盘中，然后炒完一个再炒下一个，效率就高得多。"

在我们对话的过程中，处长神情紧张、密切注视。首长走后，她把我痛批一通，"你这个愣头青，知不知道他是我们单位的最高首长，知道是什么级别吗？"

几天后，处长对我说："搞不懂，首长对你还蛮感兴趣的，指名道姓让你起草这个文件。"

人的各项要素中，个性是最难改掉的，哪怕有了自知之明。进入新东方后，我"旧病复发"。

在新东方旗下的留学咨询公司，我静悄悄地观察体会各个岗位，没有主动向领导汇报工作。有一天，徐小平找我谈话，大意是："我和俞敏洪讨论，你来了一个多月了，没有看到你做出什么成绩，也没有感受到你的激情。"

我没有争辩，默默退出办公室，晚上给徐老师写了一封邮件：
尊敬的徐老师，您好！

您可以鄙视施冬健，不可以鄙视中科院硕士，因为您考不上；您可以鄙视施冬健，不可以鄙视麦吉尔MBA，因为您当年申请麦吉尔被拒。

如果您没有看到我的成绩，那说明新东方的文化浮夸，不重视脚踏实地做事的人。如果您没有看到我的激情，那是因为理工科人的激情和北大人不是一种款式。何况，我还没有考虑好是否要把我的激情献给新东方。如果我们有足够长的时间做朋友，您会看到六十岁的我依然有少年豪情。

接下来，我细述了这段时间所做的工作，列出了公司存在的问题以及我建议的解决方案。

写完这封信，我收拾起铺盖。既然得罪了老板，那还是自己识相一点，主动滚蛋吧。

没承想，第二天早上接到电话，让我不要走。就这样，我一个没当过部门经理、学生时代最大官才是副班长的人，成为了这家公司的总经理。

后来，徐老师的助手透露，他读完这封邮件后，热泪盈眶。

天性使然，我从小自我意识强。开明的父母不仅不打压我的个性，还容忍我与他们争辩。两者叠加，养成了我率真表达、爱争辩的毛病。因为爱争辩，吃亏很多；因为爱争辩，受益也很多。总结经验教训：争辩，只找大人物。

君子坦荡，虽有隙但无妨；小人叵测，既有恩仍慎之。与大人物打交道简单，无招胜有招。

俗话说，伴君如伴虎。但是，巨贪和珅为何能长期深得乾隆皇帝的宠爱？和珅相貌英俊、文韬武略，更关键的是他通透人性。他曾经向皇上表白，"以'不用心'三字侍君"。

乾隆深深感动："你以'不用心'来侍奉朕，朕又焉能用心机待你呢？你我永不相负，做一个君臣千古知遇的榜样！"

与普通人相处，态度客气，话语谨慎；与大人物交往，简单直接，礼貌即可。

和大人物辩论，起码不会被报复。一则，大人物阅历丰富，见怪不怪，肚量大；二则，相互之间差距太大，不存在竞争关系和利益矛盾，大人物没兴趣没时间计较。

和大人物辩论，能给他留下印象。大人物听惯了赞同附和之声，身边率真者如大熊猫般稀少。物以稀为贵。

和大人物辩论，甚至能得到欣赏。辩论的过程中，大人物从"对手"身上看到自己当年风华正茂时的影子，书生意气，挥斥方遒。

出道早的人，几乎都能找到贵人相助的痕迹。对于世界观形成阶段的青少年来说，遇到贵人，会很大程度上缩短奋斗的历程。贵人可以是大人物，也可以是在某个方面比我们优秀的普通人。

结识大人物，主动权不在我们手中。但是，别忘了还有那么多大人物可以随时随地免费地听候调遣。读读各个领域的开山之作，领略大师们的闪光思想；听听各类人物的演讲视频，感悟大佬们的精彩人生。

6.8

当社团主席 ≠ 领导力

旧金山东湾 Fremont 市的一间咖啡馆里，安妈颇为得意地向我讲述她为女儿问鼎常春藤所做的前瞻性规划。

安吉拉就读的高中虽然不是私立，但在加州公立高中排行榜上名列前茅，同学中硅谷精英子弟云集，一个个瞄准常春藤盟校以及近在咫尺的斯坦福，竞争气氛浓厚。

女儿（九年级）入学后，学业成绩保持在年级前 10%。如何结合女儿的特点，在软实力上做文章呢？拥有名牌大学博士学位的安妈，资料收集、分析研究常春藤招生政策的能力不在话下。

校内的社团活动，领导岗位都被占了，干脆自己搞一个！安妈出资以女儿的名义正式注册了一家非营利机构，旨在为社区的孩子们（特别是残疾孩子）免费培训声乐，并开通了网站。

进入十年级后，女儿的校内功课、标准化考试压力越来越大。除了一些重要场合让女儿出场刷存在感，安妈全程代劳了机构的运营。在安妈和几位热心妈妈们的努力下，培训班逐渐达到了 30 人的规模，在此基础上成立了乐队。

安妈问我："这个活动背景，是不是能充分展示女儿的领导力？"

我回答："展示领导力，不必特意建立一个机构，也不必担任领导职务。你理解的领导力和美国大学的理解不是一回事。当然，这个活动是有价值的，既然做了就好好做下去吧，但是最好做一些调整。"

接下来，我给她提了三条建议：一是把网站上 Message from CEO（首席执行官致辞）中的十几个'我'尽可能改成'我们'；二是让女儿尽可能多地参与谋划和运营，以便创作文书时言之有物；三是尽可能让更多的成员参与领导工作。

"校内活动还是要有选择地积极参与，做个追随者同样能体现领导力，甚至比主席更强大。"

被误解的领导力

黄同学，13 岁担任武汉市少先队总队长，佩戴五条杠；柳同学，13 岁身穿阿玛尼西服参加深圳市政协会议。客观地说，他们身上一定有许多优秀之处。但是，你能从他们的头衔中感受到领导力吗？

如果你问一些班长、学生会主席，你在这个位置上做了什么？"我是学生和学校沟通的桥梁""我在开学典礼上代表全校学生讲话"，你能从这样的话语中感受到领导力吗？

你当班长、学生会主席，可能是全体学生选举出来的，也可能是因为你的家庭背景。对照一个没有任何头衔、学习成绩一般，但是吆喝一声会有一群人跟着他走的非主流同学，谁更有领导力？

在一个群体里争当领导角色不等于拥有领导力。想一想网上四人斗地主，三个农民争先恐后抢跑，地主的上家不承担"守门"的角色，结果会如何？

自身的优秀不等于领导力，耀眼的头衔不等于领导力！体现领导力，在于你在自己所处的岗位上为别人做了什么，在于为群体提供的价值。

那么，什么是真正的领导力？

领导力的学术定义：对组织内的个人或群体施加影响，帮助他们确立目标，引导他们完成目标。

领导力有四项特征：领导力是一种群体现象，没有追随者，就没有领导者；领导力以群体中的共同目标为导向；领导力是一种影响力；领导力是一个过程，是发生在领导者和追随者之间的一种交互作用。

如果学术定义过于晦涩，那么我们来看看以下两个例子。

黑帮老大的领导力：以杜月笙为例

日本是世界上唯一承认黑帮合法性的国家。1995 年的日本阪神大地震发生后，总部位于神户的黑帮山口组，比日本政府先到达灾区开展赈灾工作。

黑帮的组织能力、动员能力和执行力为什么这么强？因为他们相信老大，有难同当、有福同享，残疾了、呜呼了有人照顾家小。

领导者和追随者之间是一种交换关系。所以说，领导就是服务，领导就是奉献，领导就是为他人创造条件。

19 岁时，杜月笙在青帮老大黄金荣妻子林桂生身边听差。一次，黄家的三箱烟土被偷，杜月笙向老板娘主动请缨，三小时后将烟土带回。立下此功后，没有得到奖赏和提拔的杜月笙依然安心打杂。两年后，林桂生把他举荐给黄金荣。

一次，黄金荣为手下打赏，一众兄弟不亦乐乎。唯独杜月笙摆渡到陆家嘴，一路小跑回到金桥老家，将三千大洋巨款分摊给难兄难弟。得知此事，黄金荣刮目相看。

出道后，杜月笙对带他入道的陈世昌以及被黄金荣抛弃的林桂生，分别以养父和姐姐之礼奉养起来，恭敬有礼。黄金荣落难，杜月笙不视为夺位良机，相反出手大力相助。情敌梅兰芳一度生活拮据，杜月笙暗中相助。国学大师章太炎对黑道人物十分鄙视，杜月笙登门拜访，临别时将一张两千元支票叠成小方块置于茶杯下，既接济对方又保全读书人的面子。自此，章太炎待他亦师亦友。

杜月笙一生仗义疏财，从达官贵人到平民百姓，人情遍布上海滩。"人可以不识字，但不能不识人。"他凭借一双慧眼，挖掘培养出众多响当当的门徒。他凡事"不做绝，留余地"，擅长调解各方矛盾，从而在上海滩黑白两道之间都能游刃有余。他曾积极充当蒋介石反共的打手，同时又保护了许多共产党人。值得一提的是，上海沦陷后，他不仅拒绝出任伪职，还积极配合军统锄奸。

黑帮当然不值得称道，但是当年"上海皇帝"杜月笙的经历却是鲜活的领导力教材。

草根也有领导力：以食堂师傅为例

我的第一份工作，是在老家的乡镇企业，吃住都在工厂里。食堂师傅老朱 50 多岁，没有文化，但是火眼金睛、过目不忘，差两毛钱菜票过两月也能记得。

有一天午餐，照例一荤一素四两饭。但是，朱师傅给我的饭貌似勉强三两。我就端着碗不走，姿势和用意类似乞丐。朱师傅对我的定格动作颇为不耐烦，一挥手，"后面这么多人排队呢！"我想，为了一两饭与一个长辈纠缠不合适，就故作大度状，走了。

晚餐人不多，我和朱师傅坐在一张桌子上。他问我，"中午的事，你是不是对我有意见？"

"老朱师傅，你是不是对我有意见？"

"小施啊，我知道给你的饭不够四两。但是你想一想，我是不是也有给你半斤的时候，而且没有从你碗里舀出来？"

哇，我一想，确实有这样的时候！

"小施，你还年轻，后面的路还很长。今后要记住，人这一辈子就是占占便宜吃吃亏，占便宜吃亏都要无所谓。"

……

从小到大，我们受过无数来自父母、老师和领导的思想教育，其中有多少管用？能有多少留下印象？为什么朱师傅的话让我记住了，而且后来与十万人分享？因为他用了农民式的朴实语言、生活中的实例；更容易让人接受。

从领导力概念的角度，朱师傅是我的领导。虽然他没有领导头衔，但是他影响了我的思想和行为。

领导力的简化版定义：影响他人思想和行为的能力。

由于中美两国教育体制的差异，以及信息不对称，许多中国家长对美国大学的招生政策存在误解，容易从一个极端走向另一个极端。

中国的各阶段升学选拔，考试分数几乎是唯一的标准。当年，中国家长对美国大学强调的软实力没多少概念。如今，在众多留学服务机构和媒体的推动下，用来体现软实力的活动又被过度追捧。

留学服务机构过度渲染各种各样的活动，因为这是新的赢利增长点。留学圈的一位朋友告诉我，他们公司推出了一项美国西点军校三周体验活动，收费55万元，还真有人买单！

展示领导力固然重要，但是家长们只有走出了对于领导力的理解误区，才能帮助孩子赢得理想学校的录取，同时也能扎扎实实地培养孩子们的领导力。

领导就是服务，领导就是奉献，领导就是为他人创造条件、整合资源。领导力无关头衔，领导力是影响他人思想和行为的能力。每个人都可以培养并体现优秀的领导力，无论居庙堂之高还是处江湖之远。

第7章
生活即教育

　　A 同学考入高中后，向爸爸妈妈提出本科阶段留学美国。爸爸表示支持，妈妈坚决反对。反对的理由是，女儿连衣服鞋子都没有洗过，没有基本的生活自理能力。最后全家 2∶1 表决通过后，妈妈焦虑紧张失眠。

　　施老师对 A 妈说："不是她什么都不会，而是你什么都不让她做，她当然就不会啦。做家务做成菲佣水准当然不容易，也没必要。但是，吃东西干干净净、出门衣着干干净净，这总不会比读书难吧？"

　　B 同学家里大扫除，干干净净迎新年。妈妈让他负责擦窗户，他勉强答应，但是一直没有行动。妈妈发脾气了，B 同学觉得妈妈小题大做。

　　施老师对 B 同学说："家里多一个人，是不是多一份家务？即使是小孩也有义务承担力所能及的家务，何况你快高中毕业了？你一米九的个子，擦窗户当然你最合适啊。"

　　初中生 C 同学说："男人不做家务，男人不进厨房，这是我们家历代的规矩。我从来没有见过我爸爸做家务，从小妈妈就严禁我做家务。"

　　施老师对 C 妈说："现在啥时代了？大户人家的家风也需要与时俱进！家务不必平均分配，但是某个家庭成员绝对不做家务就不合适。设想一下，你儿子今后娶的太太，从小也是家里的掌上明珠，饭来张口、衣来伸手，他们俩怎么过下去？不是所有家务都可以外包的。"

为什么家长不让孩子做家务

在父母的指引下，刚会走路的幼儿步履蹒跚地把自己的脏尿布扔到垃圾桶里，跑到阳台收取晾晒的鞋子。看到孩子会做事了，父母喜上眉梢；孩子还不会说话，但内心喜不自禁，因为这是具有人生里程碑意义的第一次成就感。

四岁幼童蹲在桌边好奇地看外婆包饺子，然后在外婆手把手的指导下动手尝试。虽然包的饺子奇形怪状，但是外婆夸赞孩子聪明能干，孩子自己也得意扬扬。自己包的饺子吃得香，不必像平时那样让老人追着喂。

五岁幼童偷偷地模仿家长洗衣服，把衣服扔进洗衣机，待在边上看洗衣机搅动衣服。

在动物世界中，小动物向父母学习如何建造巢穴，如何辨认和捕捉猎物，如何辨认和逃离天敌。小动物在玩耍中，逐步习得这些必要的生存能力。同样，在孩子的眼中，做力所能及的家务就是一种玩耍。做家务是人类生存能力的一部分，是一种本能。

但是，等孩子上了学，许多父母再也没有雅兴观赏孩子做家务，没有耐心指导孩子做家务，甚至干脆不让孩子做家务。家长这么做的原因，大概有以下三条：

❶ 一切围绕学习

"家务不需要你做，你只要好好学习就行了。"这是家长不让孩子做家务的最常见理由。家长如果把学习成绩作为对孩子的唯一要求，那么做家务"耽误时间"，做得再好考试也不会加分，自然就被忽略。

❷ 认为家务是低档的体力活

在"万般皆下品，惟有读书高"的传统观念下，家务属于"低档次"体力劳动的范畴。许多家长潜意识中这样认为，自然让孩子远离家务。

❸ 嫌孩子家务做不好

看到孩子被子叠不好，妈妈抢过来自己叠了；看到孩子碗碟洗不干净，妈妈抢过来自己洗了；看到孩子拖地慢还水花四溅，妈妈抢过来自己拖了⋯⋯

看到孩子做家务做不好，许多家长觉得何必"多此一举"，还不如自己代劳省事省心。

做家务，培养能力

和任何知识技能的习得一样，做家务也是从不会到会、从笨拙到熟练的过程。无论孩子家务做得好不好，家长都应当鼓励和赞赏孩子做家务。一则，孩子从小做家务，才能逐步培养独立生活的态度和能力，确保成年后的生活质量。二则，做家务也会形成"肌肉记忆"，房间物品归类、垃圾桶及时清理，养成这些好习惯会提升以后的学习和工作效率；三则，做家务过程中，统筹规划、协作等能力得到培养，这些"副产品"可能是更重要的收获。

在拖地、包饺子的过程中，孩子的动作技能和肢体协调能力得到培养；从洗锅、切菜到炒菜的过程中，孩子学会了把总体任务分解成各种子任务，并设置子任务的优先级，潜移默化中领悟了统筹思想；甚至，对家务的兴趣可以演变成一种谋生能力。

小时候跟着爸妈光顾各式餐馆，豆豆就表现出对烹饪的兴趣和天分。遇到好吃的菜，她会跑到厨房向厨师请教。《食神》《满汉全席》和《舌尖上的中国》，都是她最爱看的电影电视作品。小学五年级时，她就可以做出像模像样、中西合璧的一桌菜。上了初中，她开始变着法子琢磨稀奇古怪的"豆豆"菜式。例如，她觉得凉拌西红柿太单调，而西红柿炒鸡蛋又破坏了西红柿的维生素成分，就创新出色香味俱全的一道新款。她把凉拌西红柿放在盘底，炒好的鸡蛋码在上面，并浇上酱料。

豆爸豆妈说："这孩子成绩一塌糊涂，如果把做菜的专注和创新用在学习上就好了。我们阻止不了她不务正业，搞不好她今后就是开饭店的命了。"

我说："今后开个不走寻常路的'豆豆饭店'多好啊，既有成就感，小日子又过得不错。开饭店是人类永远的朝阳行业，是人工智能最难替代的工作之一，和教育差不多。机器人炒出来的菜再好吃，给人感觉也就是流水线出来的工业品，没有生活的味道。今后可以考虑到法国或者美国留学，读烹饪专业学校。"

做家务，培养责任感

上大学的时候，有一次英语课后我跑上讲台从老师手中抢过黑板擦，"韩老师，我帮你擦黑板。"韩老师笑着说："你是帮我擦黑板吗？Anyway，谢谢你。"

擦黑板是老师和班长的责任吗？不是的，这是班上每个同学的责任。羞愧之余，感谢韩老师让我明白了这个道理。

劳动是每个有劳动能力者的天职，在社会中如此，在家庭中也是如此。除了褥褓中的婴儿之外，所有家庭成员都有对应不同年龄的家庭角色，都应当承担与年龄相称的家务。

承担家务，不仅仅培养孩子的责任感，同时自身的价值体现和劳动本身的乐趣也给孩子带来愉悦。不让孩子做家务，实际上是剥夺了他们享受成就感和劳动乐趣的权利。设想失业者的境况，在失去经济来源的同时，他们还承受被社会抛弃的心理创伤。

劳动是一种习惯。一个早年习惯坐享其成的人，成年后难以在社会中有主动服务的精神。上学时不主动擦黑板，在工作单位就不会主动打扫办公室，聚餐时就不会主动给朋友们端茶倒水；今后成家了，就把家务全部推给爱人；父母老了，即使有孝心，也不知道怎么照顾父母……

一个没有主动服务精神的成年人，难以在集体环境中赢得他人的好感和尊重。即使才华四溢、聪明绝伦，单打独斗的事业和人生又能走多远呢？

做家务，培养平常心

唐妈听说我要去一趟华盛顿特区，请我顺道看看她在乔治城大学读硕士学位的儿子。

走进唐同学的宿舍，一股说不清的怪味扑面而来。桌子上堆放着啤酒罐、饮料罐和快餐包装盒包装袋，床上、书架上杂乱无章地堆着书，地上一片狼藉……

"不好意思啊，施老师，宿舍里有点乱。"唐同学一边打招呼，一边抹凳子给我坐。

施老师："不是有点乱，是很脏很乱。你妈妈要是看到这景象，肯定要留下来给你清理一通，搞不好附近租个房子陪读了。"

唐同学："最近忙着写 paper、赶 presentation，实在顾不过来。"

施老师："学习累了，你就利用收拾房间的时间来休息脑子。如果持这种心态，就能平衡好学习和生活。乔治城大学的公共政策专业是全美第一流的，正因为你今后很可能做大事，更需要理解'一屋不扫，何以扫天下'的道理。"

喜欢做家务的人大概不多，但是讨厌做家务也没有必要。家务不可能因为厌恶而消失，不妨平平淡淡地看待，把做家务当作是生活的一部分。生活自理，和身份、地位、财富无关。事业越成功，越需要保持平常心。

为了鼓励孩子做家务，一位爸爸明码标价给孩子相应的报酬，洗一次碗五元，拖一次地十元……当我质疑这种做法时，他颇为不解："洛克菲勒家族，不就是这样鼓励小孩做家务的吗？"

孩子做家务，应该获得报酬吗？

分担家务是孩子应当承担的义务，也是亲情的一种表达，家长当然不应为此支付报酬。否则，孩子会把做家务当成一种利益交换，而忽视了家庭责任感和亲情，这样做与初衷背离。

这个问题的回答，还涉及东西方的文化差异。孩子以做家务换取报酬，这种做法之所以在西方家庭很常见，是因为西方没有压岁钱的习俗，做家务是孩子们获得零花钱的主要途径。反观中国富裕阶层和中产阶层的孩子，大多每年都有不菲的压岁钱收入。

我们这一代人的童年和少年，几乎都做家务，甚至许多人有从事繁重农活的经历。虽然相对父母的辛苦劳作，孩子从事的只是一些轻体力的辅助性工作，但是在劳动的过程中，我们感受父母支撑一个家庭的不容易，理解承担力所能及的家务是理所当然的义务，同时我们的独立生活能力也得到了培养。

待到有了自己的孩子，我们往往忘却了家务劳动对我们成长的意义，转而剥夺孩子劳动的权利。久而久之，孩子们养成了好逸恶劳、依赖他人的坏习惯。

随着科技的不断进步，家务活越来越多地被机器所替代。虽然家务对于生活的意义越来越小，但是对于价值观和能力培养的重要性没有变。

做家务，似小实大，是价值观和能力培养的必修课。

7.2
健康，被忽视的头等大事

A 夫人一边激情洋溢地和我谋划 12 岁女儿的远大前程，一边慈爱地把牛排和"狮子头"挪到女儿面前。女儿嚷着热，服务员听命把空调调到最低温。看着面前的小胖墩风卷残云，我顿觉话题索然无味。

逮着单独相处的机会，我对 A 先生说："一个身强体壮、考不上大学的孩子，一个哈佛毕业、病恹恹的孩子，你要哪一个？有哪件事能比孩子的健康更重要？把孩子的生活习惯搞好了，我们再讨论如何培养精英也不迟。"

B 先生有两个儿子，18 岁的大儿子身高 1.90 米、体重近 100 公斤，一副慵懒的表情；八岁的小儿子身材匀称，生龙活虎。

孩子们的妈妈说，养育大儿子的时候没有经验，以为吃得多、多吃荤就是好的，学习好就奖励吃麦当劳。养小儿子时吸取了教训，注意荤素搭配，不让他吃得过饱。

　　肥胖对大儿子带来了心理上的影响，小时候是个小话痨，上了六年级以后变得内向、自卑。妈妈说，现在追悔莫及，觉得对不起大儿子。

　　朋友C告诉我，两岁的儿子闹着不愿意喝牛奶，太太想出了一条"妙计"：换成豆浆或者豆奶。

　　我说："如果孩子喝了牛奶没有不适，就不能顺从他。且不说从营养的角度，豆浆豆奶不可以替代牛奶，就算能替代也不可以这样做。一次放纵将会导致连锁反应，今后孩子会越来越挑食，越来越任性，任性会随着年龄增长弥漫到生活、学习和工作的方方面面。"

生活无小事

　　据《解放军报》报道，2017年湖北某市参加征兵体检的1233名青年中，体检合格率不足45%。三高（高血压、高血脂、高血糖）、肝胆肾功能受损、心脏疾病（心律不齐、早搏、心脏供血不足等）……

　　为什么这么多十八九岁的年轻人就早早地得上了中老年病？除了先天遗传原因，不当的饮食作息习惯和运动不足是祸根。

❶ 不当的饮食习惯

　　孩子们喜欢麦当劳、肯德基，喜欢膨化食品，喜欢火锅、街头烧烤，喜欢可乐、含化学添加物的饮料；不喜欢吃家里的家常菜，不喜欢喝白开水。

　　孩子们喜欢喝瓶装罐装的果汁，懒得削皮剥壳吃新鲜水果。

　　这样的孩子不少见，可惜的是，许多家长熟视无睹。

❷ 不当的生活习惯

　　有一位小胖墩的妈妈十分委屈和不解：儿子吃的并不多，每天坚持运动，但就是减不了肥，还经常生病。

一年四季洗热水澡；夏天冷饮不断，空调开到20℃；冬天离不开暖气、空调；熬夜、晚睡晚起……这样的孩子比比皆是，原本旺盛的生命力在"舒适"中逐步折旧，小小年纪新陈代谢衰变成中老年。

❸ 家长，被"爱心"遮蔽了理性

由于缺乏辨别力和自制力，孩子们凭着天性追求口感、好逸恶劳、享受舒适，这是自然且必然的。作为成人，家长们有足够的生活常识判别饮食和生活习惯的优劣，切勿让"爱心"遮蔽了理性。

对孩子有益的事情，他不愿意也要做；对他不利的事情，他闹着做也不能答应。纠正孩子不良生活行为，也是培养孩子的理性和自制力的良机。

运动的价值

十多年前，同济大学经管学院的一位领导，问我对一个"文化基础薄弱、学习自觉性差"的体育特长生本科班有没有兴趣，我欣然答应。第一节课上，我请每一位同学介绍自己从事的项目以及获得的最高奖项。然后，对着这群省市级乃至国家级的冠军们，我这样开场：

"这是我第一次为体育生授课。因为我在运动方面的低能，所以对你们有点小崇拜。相比普通的本科生，你们有三项优势：第一，体能和相貌优势，你们相互看看，一个个都是肌肉男、魔鬼身材女。第二，性格优势，你们从童年少年开始，十多年从事同一个项目，重复同一套动作，意志不坚强早就被淘汰了。运动让人活泼开朗，特别是团体项目培养了你们的团队精神。第三，背景优势，设想姚明要聘请一位经纪人，一个体育相关的公司要招聘管理人员，你们兼有运动员背景和管理知识，优势显然。如果能努力学习、补上文化知识的短板，这些优势就能得到充分发挥，前途就不可限量。"

教室里响起一片掌声。

运动员是不是"四肢发达，头脑简单"？

1968 年的第 19 届夏季奥运会上，美国运动员理查德·福斯贝里采用开创性的弧线助跑、背向横杆技术夺冠。自此，背越式成为撑杆跳的主流。

三百六十行，在任何一行取得超越他人的优异成绩，都需要创新，创新者的头脑就不会简单。体育之中，同样有智慧和创新。

运动员没有文化？体育本身就是一种文化，甚至是一种跨文化的软实力。在快节奏的当代社会，能安下心来学中文、体会中国文化的外国人毕竟有限，体育是具体的、鲜活的，且受众广泛，姚明和李娜对传播中国文化、增强中国软实力起到了不可替代的重要作用。

运动习惯，如何养成

相对西方同龄人，中国孩子的运动量较少。因为担心发生运动事故，一些中小学甚至取消了室外运动。从孩子的角度来说，自然舒服不如躺着。培养孩子的运动习惯，家长（特别是爸爸）责无旁贷。我的同学刘桂山和学生杨伟强，用陪伴和引导成功地培养了爱运动的孩子，他们的经验值得借鉴。

桂桂的八岁女儿跑完了迷你马拉松，并且立下小学毕业前跑半马的目标。

桂桂说："女儿三岁时，我带她去登山。抬头看着两三百米的'高山'，她说不愿意爬。我说，我们慢慢爬，可以每十分钟吃点喝点再爬，能爬多高就爬多高。就这样，不知不觉爬到了顶，女儿特别兴奋。六岁时，教她打羽毛球，她不愿意。我就向她描述都市女白领的生活，下班后从高楼大厦出来，几个好朋友一起打球健身，然后冲个澡、喝咖啡吃饭聊天……她对这种高大上的生活方式很向往，就慢慢着了道。"

伟强带着宝贝女儿天天从海口骑行到三亚，五天、420 公里。三岁孩子，是怎么熬过来的呢？出发前，伟强对天天说："爸爸负责骑车，到了路口就需要你看手机指挥方向。导航员是最重要的工作，要是走错方向就麻烦了。你还要当管家，爸爸的身份证等最重要的东西都交给你保管。"

伟强说:"女儿很珍视参与感和责任感,迄今为止未出现过一次失误。除了已经完成的深圳到珠海徒步 50 公里,台湾环岛骑行、青海湖环岛骑行也在我们的计划中。女儿还在努力学习英语,为我们出国骑行做准备……"

幼童,早教、开发智力,与养成早上定时排便的习惯哪个重要?

少年,熬夜考高分,与高效完成作业、早起早睡,哪个更有学习后劲和爆发力?

青年,视读书为生活唯一内容的学霸,与坚持跑马拉松的中等生,哪个更可能事业有成?

饮食习惯、生活习惯、运动习惯,这些看起来微不足道的小事,恰恰是关乎孩子一生的大事。如果失去健康,人生还能剩下什么?习惯一旦养成,就很难改变。因此,家长要抓住孩子童年这一黄金时期,培养造福孩子一生的健康好习惯。否则,即使孩子未来"出人头地",即使留给孩子万贯家财,你也是不及格的家长!

7.3 学霸,在生活中养成

某次在浙江大学讲完课,和学员们在附近的饺子馆边吃边聊。一位学员说,女儿上一年级后,家里装了摄像头。原因是女儿下午放学早,距离父母下班有两个多小时的空当,爷爷奶奶监督她学习不尽职。后来,女儿偷偷把摄像头遮住,在妈妈的警告下又不得不撤掉了遮盖物。

"换位思考,如果你在摄像头监控下工作,心情会特别放松、工作效率特别高吗?想象力和创造力如潮水般奔涌?你把女儿像监牢里的犯人一样监控,貌似小孩乖乖的很怕你,实际上你在她的心灵播下了厌恶学习的种子。等她再大一点，自我意识强了，这种对抗就开始显露出来，终有一天会爆发失控。弹簧压得越狠，反弹力量越大。"

"那要是没有监控，她学习不自觉怎么办？一年级开始正式上学了，养成好的学习习惯很重要。楼上有个男孩上三年级，班主任说这是承上启下的关键阶段，他妈妈就辞职在家盯着小孩读书。我不敢想象到小孩三年级时，我们家会是什么样子。"

"所谓好的学习习惯，不是硬着头皮、貌似勤奋学习，而是自主学习、为自己的学习结果负责。儿子从听得懂话开始，我就要求他自己的事情自己负责。习惯成自然，从一年级起他就不允许家长过问他的作业和考试。他说这些是我自己的事情，你问我是不信任我。"

"让这么小的孩子自己管理自己？家长袖手旁观，岂不是很不负责任？"

"我相信生活即教育，看到什么、想到什么就和他讲什么，没有什么教学计划，也不会特意去备课。我不给他讲知识点，因为知识点是永远讲不完的，解决了一百个还有一千个。"

"你是大学老师，普通人没有你那样广的知识面，你的做法可能不具备典型性和可借鉴性。"

"在生活中把孩子培养成学霸，并不挑战家长知识的深度和广度，关键在于家长的理念。无论正规教育程度如何，家长都有足够的生活知识和生活阅历，都可以在茶余饭后充分开发孩子的学习兴趣和智力。你是文科背景的MBA，你家先生是工科硕士，夫妻俩双剑合璧培养一个学霸女儿更是轻轻松松。"

学习兴趣，在生活中养成

从发展心理学的角度看，由于生活阅历和认知能力的不足，小学生很难理解学习的目的和意义。绝大多数孩子对上学和校内功课的态度是中性的，既不积极，也不抵制，"反正小孩都是要上学的"。因为喜欢某位和蔼的老师而喜欢这门课，因为某位老师布置的作业太多而讨厌这门课，这些都是孩子们的普遍心态。回忆一下，我们多数人小时候是不是也这样？

但是，童年又是人一生中好奇心和探索欲最旺盛的时段。如果教育方法和教学手段得当，这一优势将顺理成章地转换成造福一生的求知兴趣。

在一些学校，孩子们被严格要求小手以标准姿势放在桌子上，发言要举手。管理一个动辄50多人的班级，一定的规矩是必须的，但是这些规矩客观上也会束缚孩子自由奔放的思维，让孩子对课堂学习产生厌倦。另外，一些学校要求老师遵从规范化甚至标准化的教学模式和进程，期望所有老师都采用寓教于乐的教学方式显然也是不切实际的。

故此，家庭就责无旁贷地成为启发孩子学习兴趣的"主战场"，而这份伟大的工作可以在陪孩子玩耍的过程中完成。例如，如果家里有篮球和乒乓球，可以和孩子一起做以下两个实验。

第一个实验：家长拿出一只篮球和一只乒乓球，模拟地球的公转和自转。告诉孩子，篮球代表太阳、乒乓球代表地球，再提问"为什么一年有春夏秋冬四季，一天有白昼和黑夜？"

第二个实验：在小区里找个适当的地方，让乒乓球和一张纸同时自由落体，让孩子观察实验结果。问他"重物和轻物哪个先着地"，待孩子答错后再让乒乓球和篮球同时自由落体。在孩子对比两次观察结果后，再讲解伽利略在比萨斜塔的著名实验及结论。

以上这些知识点，一个学龄前儿童能否理解和掌握？不用担心，孩子的理解能力和接受能力往往超过你的想象。他们就算不能完全听懂，也别小看了这些雕虫小技，给幼童一台望远镜，就有可能造就一个未来的天文学家。

亲朋好友、同学同事间的各种聚餐聚会，尽量带上孩子。让有见识、有学问的大人给孩子随便讲点什么，比让孩子秀唐诗宋词、速算速记更有意义。

智力，在生活中开发

丹尼尔三岁时，我带他去超市。对着各式商品，我告诉他，重要的、常用的东西要买贵的、好的，不重要的、不常用的东西要买便宜的。谈话间，看到一个人推着推车，车里堆满了桶装食用油，我就问儿子："这个人买这么多炒菜用的油，你猜猜他是做什么工作的？"

"不知道。"

"你再想一想，我们家一桶油是不是要用很长时间？这个人买这么多油，肯定是油用得特别快。"

"爸爸，我知道了，这个人是开饭店的。"

在他四岁前，我粗略讲了一遍中国史。在讲到僧格林沁的骑兵对战英法联军时，我告诉他，洋人是枪兵，打得远；中国人是骑兵，冲过去后射箭，弓箭射得近。但是，那时候的枪和现在的自动枪不一样，打出一颗子弹后，需要花时间把子弹壳退出来。听到这里，丹尼尔眼睛一亮："爸爸，那中国人就有机会了。"

"是呀。但是，如果你是洋人，会想出什么办法，能够保持一直有人在开枪？"

丹尼尔歪着头想了几秒钟，说："爸爸，洋人可以分成两拨人，一拨人打完枪，另外一拨人再打。"

我找出视频资料，放到这一段。看到视频中洋兵一排站着、一排蹲着，轮流开枪时，他得意地从沙发上蹦了起来。

逻辑推理能力是智力的重要组成部分。现实生活，是我们培养孩子侦探般的推理能力取之不尽、用之不竭的宝库。对于有心人而言，可谓信手拈来。

跨学科知识结构，在生活中构建

幼童，对小动物有着特殊的兴趣。丹尼尔两岁时的一天，雨后放晴，我带他到小区里找各种小动物。甲壳虫看到有人靠近，就蜷缩成一个小圆球。我告诉他，动物会用装死来保护自己，讲到有毒、有刺动物的警戒色，尺蠖形似树枝的拟态。又看到一颗玉米棒上爬满了小蚂蚁，我告诉他，蚂蚁喜欢吃甜食，能循着甜味找到食物。

由玉米棒上的小蚂蚁，我讲到了孙膑用蜂蜜在树上涂下"庞涓死于此树下"，招来蚂蚁群。穷途末路的庞涓看到蚂蚁"写就"的"天意"后在此树下自刎。接着，又讲到了孙膑减灶诱敌、诸葛亮增灶退兵。

丹尼尔四岁时，我带他到北京过年。在保福寺的中科院数学与系统科学研究院楼下，我告诉他，爸爸20多岁时在12楼的华罗庚小组工作，顺便就和他讲了华罗庚教授传道运筹学的经典故事：家中没有开水，茶杯是脏的，怎样安排才能尽快喝到茶？

待到他上了小学，我们之间的话题更加宽广。生活常识、社会的人情百态、经济学、心理学、领导学，想到什么就和他聊什么。同样，他也是想到什么就和我聊什么。例如，人工智能对人类的影响，电子游戏中各种武器的火力特性。丹尼尔上了三年级，识字多了，更是可以提前设定一个题目，让他从网络查资料后再讨论。

知识是个有机体、人生不分文理科。在生活中培养孩子的跨学科知识结构顺理成章、简单易行，因为生活本来就是跨学科的。

好的开始是成功的一半，所以孩子一二年级很关键；三四年级承上启下，所以很关键；五六年级是小升初的冲刺阶段，所以很关键……以此类推，从小学一年级到博士毕业，有哪个年级不重要？家长岂不是在任何时候都有焦躁的由头？

但是，如果在孩子的早年理解并践行"生活即教育"的理念，从日常生活的点点滴滴开发孩子的求知兴趣和智力，进而培养孩子自主学习的习惯，那么你可以永远做个无比淡定的家长。

孩子早期语言能力的开发，很大程度上取决于大人和他讲话的多寡，期间大人不必考虑孩子能否听懂。同样，孩子早期的学习兴趣和智力开发，很大程度上取决于大人和他讲解各种知识的多寡，期间大人不必考虑孩子能否听懂。如果家长长期坚持这么做，将会惊喜地发现，孩子的理解能力和想象能力远超我们的想象。

基于"生活即教育"理念培养的孩子，更可能终生求知而不是短暂求学，更可能后发制人而不是昙花一现，更可能学以致用而不是学用脱节。

有那么多家长每天不辞辛劳，盯着孩子做作业，孩子痛苦家长焦虑上火。一些父母无私地付出爱和时间却适得其反，孩子不但越来越厌恶学习，而且错过了早期求知兴趣和智力开发的黄金时段。

教育不仅仅是校内课程的学习，更是从生活中的求知。换一种思路，用茶余饭后的零星时间给孩子讲讲生活中的各种知识，让孩子爱上求知。

相信"生活即教育"，孩子失去的只是枷锁，得到的将是在知识海洋的自由翱翔。

7.4 琴棋书画，不为考级

蔡先生夫妇40多岁时"老来得女"，自然如掌上明珠般疼爱且寄予厚望。从三岁开始，夫妇俩给女儿报的培训班越来越多，钢琴、声乐、舞蹈、书法、英语、国学、速算，等等。女儿即将上小学，学业压力上来了，蔡先生和我讨论如何调整、优化培训项目。

"让女儿上这么多的培训班，目的是什么呢？她吃得消吗？"

"技多不压身，多学一点总是好的。今后升小学、初中，才艺是重要的砝码。孩子今后肯定要去美国读大学的，有几张证书对申请有利。小孩感觉有点累，我们每天接送也累。"

"原则上尊重孩子本人的意愿，保留她最喜欢、最有天分的项目，并且常年坚持。门类可以扩大一点，运动类的项目至少增加一个。学个武术或者跆拳道吧，不但强身健体，女孩子今后闯荡社会家长也会放心一点。"

"钢琴她不太喜欢，但是学了三年多已经考到六级。放弃有点可惜，我们希望她坚持下去考到十级为止。"

"琴棋书画，本质上是快乐生活的一部分，不应当过于功利。"

"总得有拿得出手的才艺吧？美国大学倾向于哪些项目，总数保留多少比较合适？"

"美国大学希望通过才艺来了解申请人是什么样的人，才艺带给申请人什么样的软实力，而不是才艺的多少、证书的级别。除非达到专业或者准专业的水准，否则也没有作为特长生的申请优势。"

琴棋书画，是生活的一部分

一天 24 小时，人不可能都在学习、工作、吃饭、睡觉。无聊，是每个人都必须面对的。琴棋书画，是无聊时间的最好"填充物"。从这个角度来说，琴棋书画本来就应当是我们生活的一部分。

南加州大学的一位学妹说，心情不佳或者无聊的时候，她会听听音乐大师们的作品。例如，莫扎特的作品，优美的旋律、精致的和音、跳跃的节奏和幽默的对话充满了温馨，能有效地帮助她回归宁静平和，比打电子游戏有意思得多。

业余爱好，是人际交往的重要媒介。艺术作为全世界共通的语言，更是跨文化沟通的利器。芝加哥大学的一位学生说，在入学后的orientation 活动中，他现场秀了一下山水国画，赢得了无数"粉丝"。后来，在校园中经常有陌生人向他打招呼，"嗨，中国画家"。

在现实社会中，有时候人不得不戴着面具生活。但是，与票友和棋友相处，我们可以选择抛下面具，以君子之交淡如水的心态平等待人。圈子里，我们主要切磋才艺，财富地位的攀比和利用就相对淡化。

人类的平均寿命越来越长，退休后还要面对二三十年甚至更长的时间。忙忙碌碌几十年，突然间空闲下来，感觉社会抛弃我了，许多人一下子难以适应这种新的生活，心中充斥着无聊感和失落感。爱好，就成为决定一个人晚年生活质量的重要因素。

有位朋友说，小时候爱母亲恨父亲，现在可怜母亲放心父亲。母亲一心在孩子们身上，成天忙着操持家务；而父亲"没心没肺"，常常下班就和一群"狐朋狗友"喝酒打牌钓鱼。现在孙辈也都上学了，习惯了为家人操心、没有任何爱好的母亲一下去失去了生活的重心。看着母亲快速地变老，做儿女的心里很难受。反观父亲，退休后的生活质量让邻里羡慕。

琴棋书画与价值观和性格塑造

对于多数孩子来说，今后走专业道路的是极少数，学习琴棋书画最重要的收获在于价值观和性格的塑造。

❶ 价值观

"不得贪胜；入界宜缓；攻彼顾我；弃子争先；舍小就大；逢危须弃；慎勿轻速；动须相应；彼强自保；势孤取和。"

细加体会，唐代王积薪所著的《围棋十诀》不仅是棋理精髓，每一条都可以对应到职场和人生，都是人生大智慧。在学习围棋的过程中，一个五六岁的孩子开始潜移默化地"植入"人生智慧，这种收获是说教方式难以取得的。

❷ 毅力和注意力

音乐、舞蹈和书法，都要求孩子用同一个姿势无数次重复同一个或同一组动作。在身体疲乏感和精神枯燥感的双重折磨下，孩子的毅力得到培养。

旗鼓相当的两个对手，认真下一盘围棋至少要花一两个小时，常常要下到200步甚至300多步才能见分晓，而且每一步都要绷紧神经。这种远超课堂40分钟的长时间高度紧张，对培养孩子的注意力大有裨益。

❸ 竞争精神和抗挫折能力

取得职场和人生的成功，竞争精神和协作精神缺一不可。竞技类的才艺活动，能激发出孩子们的好胜心，在遵守规则和尊重对手的前提下争取最好成绩。

平时得心应手的一个歌谱，在钢琴比赛中因为发挥不佳而名落孙山；

一盘一路领先的棋局，因为一着不慎而满盘皆输……家长不必苛责孩子的失利，比名次更重要的是越挫越勇的心理收获。

棋牌游戏与智力开发

对方一个棋子耀武扬威、貌似"高干"，可能是骗我炸弹的团长、旅长，不能上当；虽然对方多一个"马"，但是他的棋子总体位置不佳，这盘棋有希望赢；还有个"红桃10"没有出来，肯定在下家手上；对方希望在局部获得先手，然后抢全局最后一个大场，我偏偏要让他落后手……

如果童年少年时期充斥着早教、奥数、速算培训，而不是跳棋、飞行棋、五子棋、军棋、象棋、围棋、争上游、升级、斗地主……长大后会不会变得更聪明一点？不会，起码对于我来说肯定不会！

棋牌游戏，不但有趣也饱含智力开发，都涉及全局与局部、先手与后手、棋型（牌型）厚薄等概念，都是对记忆力、计算力、逻辑推理、想象力、创造力和逆向思维的挑战。对照第四章关于智力的定义，棋牌游戏难道不是十分全面的智力开发吗？从游戏中开发的智力，难道不能用在孩子未来的学业、工作与生活中吗？

围绕学习谈学习、揠苗助长将学校课程前置教学，这样的做法对于学习兴趣的培养和智力开发是难以奏效的。生活即教育，基于其本身的智力内涵和趣味性，棋牌游戏是早年智力开发的最有效手段，至少对于大多数孩子来说是如此。

如果你依然认为，和早教、奥赛相比，棋牌游戏是旁门左道、雕虫小技，不妨来了解两年前的一个爆炸性新闻。

2016年3月，谷歌旗下DeepMind公司开发的阿法狗（AlphaGo）软件以4:1战胜了拥有14个世界冠军头衔的韩国围棋手李世石。据谷歌统计，全球上亿人目睹了这次人机大战，其中6000万人来自中国。

电脑战胜人类最强大脑，这不是第一次。1997年，IBM"深蓝"计算机击败国际象棋世界冠军加里·卡斯帕罗夫。但是，为什么这次人机大战竟引发前所未有的全球性轰动和焦虑？

兼具哲学、军事、数学、艺术等内涵的围棋，大概是人类最复杂的智力活动。"千古无同局"，围棋的变化比宇宙的原子数量还多。此次人机大战之前，除了 DeepMind 团队以外，包括棋圣聂卫平和对局者李世石在内的棋界都对阿法狗不屑一顾。征服了人类最复杂智慧，标志着人工智能（AI）时代的真正到来。假如 AI 被用于军事指挥，假如 AI 被用于反人类……世界将会怎样？

琴棋书画与跨学科知识整合能力

我在为深圳（南山）中加学校罗同学策划留美的过程中，了解到他从五岁开始学习小提琴，大学的目标专业是物理学。闪念间，我从罗同学联想到了爱因斯坦。读完美国著名指挥家约瑟夫·埃格尔所著的《爱因斯坦的小提琴》，理解了艺术与科学本来就是一对孪生兄弟，最终以"假如我不拉小提琴"为题创意了主文书。

艺术是对美的自觉探索，科学是对真理的独立追求，两者不可分离。物理学不仅仅解码神秘的物质世界，而且和音乐一样展示了美。牛顿三大定律展示了简洁之美，各种守恒定律展示了对称之美，光的波粒二象性展示了和谐之美……

功课越来越重，要不要让孩子放弃最喜欢的艺术课？家长朋友们，请想一想历史上的这些杰出人物。

没有小提琴激发的灵感，爱因斯坦也许不会发现相对论；反之，没有对地理学的深刻理解，李四光也许不会创作出中国第一部小提琴曲《行路难》。

离开了艺术上的天马行空，达·芬奇也许就写不出奇思妙想、包罗万象的 6000 页手稿。

乔布斯曾说："学习书法，让我的灵魂飞翔。"如果他当年没有旁听大学的书法课，苹果产品就不会有无与伦比的艺术感。

20 世纪的好莱坞著名女星海蒂·拉玛曾与克拉克·盖博搭戏。1941 年，借鉴音乐家乔治·安太尔同步演奏钢琴的原理，她发明了"跳频技术"，为 CDMA、Wi-Fi 等技术奠定了基础。2014 年，她入选美国发明家名人堂。

中央美术学院院长范迪安教授说："越是没有功利的审美，你就越能够获得美的魅力和力量，也对美好的世界抱以更多的憧憬。"

让孩子学习琴棋书画，不是为了考证书，不是为了在亲朋好友聚会时让孩子展示才艺，不是为了升学时的加分。合理的琴棋书画组合、长期的学习，造福孩子一生。才艺培养不仅仅在童年，有天分、有兴趣的才艺应当坚持一生，不能因为学业压力而中途放弃。

7.5 从小做个"社会人"

孟爸是我在中科院研究生院的学长，不到40就被评为博导，担任一所"985"大学的理学院院长。从清华附小、清华附中到美国名校，儿子的成长一直在他的设计范围内。他期望儿子以最快速度读完博士，成为家族的第三代教授。

距离约翰·霍普金斯大学开学不足一个月，孟同学突然通知父母，"我发邮件申请休学一年，学校已经同意。你们不要劝我，我去年申请大学的时候就决定了。高中这三年一片苍白，除了考试就是竞赛。我要过一年自由自在的生活，读读喜欢的书，到清华北大旁听喜欢的课程，到朋友的公司打工，到我想去的地方看看，还要发发呆……"

面对既成事实，孟爸十分恼怒，"白白浪费一年时间，多可惜！施老师，这小子莫名其妙，是不是中邪了？"

"你儿子说的有道理啊，不能一直低头赶路，到路口也要抬头看路。他有思想、有个性，你应当为他骄傲！这'浪费'的一年，能让他在未来少走很多弯路。"

升入无锡一中后，黄同学被选上了班长。新官上任三把火，但是她的"第一把火"就被"浇湿"了。全班野餐会，Eva 同学没有报名。

"Eva 说，她是学校免收学费的贫困生。虽然没有名牌衣服和 iPhone，但是她开朗阳光，看起来和其他同学没多大不一样。我相信她说的话，但她家不至于 120 元都拿不出来吧？我家的经济条件在班上属于中等，但是过年也有上万元压岁钱。"

"每个人眼中的世界都只是个局部，都在盲人摸象，何况你们单纯的学生呢？建议你找几个有兴趣的同学，起个早，一起去看看 Eva 家的早点摊。"

《奇葩说》的一期节目中，出现了一位"清华学霸"，先后在清华读法律本科、金融硕士和新闻传播博士。讲完自己的背景，他问三位评委："我该找一个什么样的工作？"

这一句话，把高晓松惹怒了。

读到博士，还要去问别人，我是谁、我从哪儿来、我要干嘛？名校是镇国重器，名校培养你，是为了让国家相信真理。一个名校生走到这里来，一没有胸怀天下，二没有改造国家的欲望。在这问我们该找个什么工作，你愧不愧对清华十多年的教育？

清华今天的校风，其实就跟技校没什么区别，就教你个技能找个工作。那要名校干嘛？我回清华演讲，讲了一通人生不止眼前的苟且，还有诗和远方。结果，同学们提问，我们该去国企还是外企？最后还就提这问题！

在与社会的碰撞中了解自己

为了打消孟爸的疑虑，我和他探讨为什么普林斯顿、哈佛、芝加哥大学这些美国名校在网站上公开鼓励已录取的学生延迟一年入学。

哈佛的毕业率为 97%，在全美大学中名列前茅，部分得益于哈佛鼓励学生在入学前和就读过程中休学。每年都有几十名哈佛新生延迟入学，通过工作、旅行、参加研究项目或公益活动等，甚至服两年兵役，去接触社会、静心思考。

哈佛大学本科招生主任 Bill Fitzsimmons 认为：大多数选择延迟入学的哈佛学生，比普通学生有更明确的学习目的，更能承受高强度的学习压力，课外活动表现也更为突出。

为培养学生的领导力、公益心和对多元文化的理解，普林斯顿大学专门设立了"桥梁年"（Bridge Year）项目。该项目每年选拔并全额资助几十位新生，以小组形式参与包括中国在内的五个国家的公益项目，一年后返校学习。

美国文化有着鼓励学生从小参与社会的传统。在社区送报纸、为邻居看孩子、在加油站打工、作为童子军在街头义卖糖果等等，孩子们不但能在劳动过程中体现自己的价值，也在与社会的碰撞中不断成熟。从一定意义上说，当年惠普 CEO 比尔·休利特耐心接听 12 岁乔布斯的 20分钟电话，改变了后者的人生轨迹。乔布斯不但得到了制作频率计数器必需的一些惠普零件，而且在惠普的实习期间结识了他日后的创业伙伴史蒂芬·沃兹。

在与社会的碰撞中了解社会

国庆节凌晨三点，黄爸开着一辆别克商务车，带着六个孩子去探索他们从未见识过的无锡。以下是黄同学发给我的书面记录：

3点30分，我们到了火车站，看到一些旅客坐在地上，甚至睡在广场上。一个和我们年龄差不多大的男孩跑过来问路，说是来无锡找打工机会的。

4点20分，在主街看到了一位清洁工。在城市高楼大厦的反衬下，佝偻着腰的老人显得愈发渺小。我上去递给她一瓶水，和她聊了起来。她说，她一个月有 1000 多元的收入，没有什么保险和养老金。

将近5点，我们来到了位于城乡接合部的 Eva 家早点摊。她爸爸正在捏面团，妈妈在炸油条，Eva 在包小馄饨。听到"国庆节快乐"，Eva 妈妈愣了一下，说不知道今天是节日，他们家只在过年时休息一周。Eva 爸爸说："我们再累也是开心的。女儿从小就懂事，学习好，一有空就给我们帮忙。艰苦的日子不会太长了，等女儿大学毕业我们家就熬出头了。"

享受完丰盛的早餐，Eva妈妈坚决不收我们的钱。我知道不合适拒绝，但是想到可能让他们白干了半天，心里还是有点难受。

红彤彤的太阳从地平线上升起来了，昭示着新的快乐的一天正在走来。回程，我们六个同学一路鸦雀无声。

正如一首歌中所唱的，"我们不一样，每个人都有不同的境遇"。从一出生起，每个孩子都被先天打上了家庭赋予的阶层烙印。

住在同一个小区的邻居们，社会地位和经济条件相近；上同一个学校的孩子们，个人能力和家庭背景相近。阶层隔阂，在后天继续垒高。有些父母甚至告诫孩子，"不要和穷孩子玩""努力考上名校，今后你的同学档次都是不一样的"。

人往高处走，上探阶层固然有道理，但是如果只是从媒体"隔岸观火"中粗浅了解弱势群体，充其量是现代版的晋惠帝，"百姓无粟米充饥，何不食肉糜"。

在与社会的碰撞中寻找使命

对于高晓松怒怼清华学弟，网友们评论热烈，其中一种观点颇具代表性：受了这么多年清华教育的人，说出这样的话未免让人失望！不过，你高晓松出身名门、衣食无忧，站着说话不腰疼。我们草根找个好工作、活得好一些，有错么？

什么是好工作，如何找到好工作？经常有学生和家长和我讨论这些问题，我的观点：持找工作的心态，永远找不到好工作。

❶ 找工作，不如找使命

以人们对待工作的心理为出发点，耶鲁大学管理学院的组织行为学教授埃米·瑞斯尼斯将工作分为三个层次：谋生手段、职业和使命。基于哪个层次，无涉地位和财富，打工还是做老板，归根到底取决于自身的心理感受。

视工作为谋生手段（job）的人，工作热情取决于薪酬福利的高低。由于对工作本身缺乏热爱，强烈的工作压力感和枯燥感时常困扰着他们，影响着聪明才智的充分发挥。

视工作为职业（career）的人，能感受薪酬和职位的提升带来的成就感，但是工作的压力感和枯燥感依然存在。

如果把工作视作使命（calling），工作本身就成为生命的一部分。因为热爱，所以忘我地投入，在工作中实现自我，工作的压力感和枯燥感才能降到最低，工作上的挑战反而能激发潜能。这是一种最理想的工作状态。

一份薪酬较高但是自己并无感觉的工作，一份喜欢但薪酬较低的工作，你选择哪一份？选择前者，"赢在起跑线上"，但是若干年后，面对这份"鸡肋"工作欲罢不能。选择后者，较早明确了事业方向，不图眼前利益，脚踏实地、心无旁骛，不断积累行业经验。

10年以后，20年以后，两种选择孰优孰劣？走捷径的，最后发现走的都是弯路。为人如此，做事亦如此。如何选择事业，无论出身名门还是草根都是一个道理。

❷ 游泳中学会游泳

我在中科院最大的收获，是明白自己不合适做数学相关研究；在国家机关最大的收获，是明白自己不合适做机关工作；在北京新东方最大的收获，是明白自己不适合做职业经理人……如果没有30岁前职业生涯的一连串的失败，又从何知道读书、教书、写书才是我的使命？

世上没有好职业，也没有坏职业，只有你是否有兴趣、有能力之分。

清华学霸的疑问，无人能代替他回答。陶醉在象牙塔，从学生到学生，脱离社会，这些正是他的问题所在。知识是学来用的，而不是用来学的。与其周游各类选秀选才的舞台，不如与社会不断碰撞练就"铁头功"，通过排除法寻找到自己的使命所在。

学习与生活脱节，学生与现实世界切割，这是应试教育体制的最大弊端。

对社会的认识和理解，是每个人成长过程中的必修课。家长不但应当通过生活中的事例向孩子讲解适合其年龄段的社会知识，同时，也应当鼓励孩子积极参与社会。

通过与社会的碰撞，孩子才能逐步了解自己，对社会的各个层面建立感性认识，理解社会的方方面面，从而为今后职场和人生的成功打下基础。

7.6

公益即自益

姚妈妈：公益活动，对申请美国名校是不是很重要？

施老师：是的，公益心和社会责任感都是软实力的重要组成部分。几年前有个学生，她既没考SAT/ACT也没有重要的奖项和文体特长，录取康奈尔大学，其中公益活动起了重要作用。姚同学，你参加过哪些公益活动，有什么感受？你觉得公益活动的目的是什么？

姚同学：为山区的贫困孩子捐款、捐衣服、捐书，校园义卖，到孤儿院和老人院打扫卫生、文艺演出，等等。没什么特别的感受，反正是学校组织的，大家都必须参加。公益活动的目的，当然是帮助别人。

施老师：如果纯粹是为了别人，公益就做不好，做不长久。今后做公益，可以想一想对自己有什么好处。

姚妈妈：我跑了几家留学中介机构，有的提供"活动规划"或"背景提升"服务。他们说学校组织的公益活动千篇一律、形式主义，给我们推荐了一些热门项目，比如到东南亚国家支教，到非洲参与动物保护。

施老师：为完成任务而做公益，为"背景提升"而做公益，都不是美国大学所认可的公益。稍微有点经验的美国大学招生官，都能一眼看出形式主义和功利主义的公益。结合自己的特长、能力以及家庭的资源，个性化、有独特性，利人利己，这样的公益才是最有价值的，同时也对申请美国名校助力最大。

据《新华网》报道，2012年重阳节前后，献爱心活动突然出现井喷之势，有四拨爱心人士前往合肥市某老年公寓，一位老人甚至一天内被志愿者们洗了七次脚。本着善意的公益，变成了闹剧。

2010年，在比尔·盖茨夫妇和巴菲特的推动下，40名美国顶级富豪联合发布声明，承诺"将大部分财富捐给慈善事业"。一个多月后，当他们前往中国劝捐中国富豪时，受到了冷遇。

刘备诸葛亮明君忠臣，二十四孝感人肺腑，苏轼苏辙手足情深，梁孟相敬举案齐眉，伯牙钟子期高山流水遇知音……

儒家五伦，包括君臣、父子、兄弟、夫妇、朋友五种关系，分别倡导忠、孝、悌、忍、善的言行准则。中华史书典章记录了无数五伦美谈，但是鲜有公益记载。

农耕时代，"老吾老以及人之老，幼吾幼以及人之幼"只能停留在口号，财富和情感只及于家人族人，乡邻都可以"鸡犬之声相闻，老死不相往来"，何况对陌生人？现代人高度互联，生活半径早已超出亲友熟人圈，涵盖"六伦"的儒家才能与时俱进，这"第六伦"就是与陌生人的关系，就是"大爱"。

做公益，自己得到什么？

在没有理解为什么读书之前，很难读好书。同样，在理解公益对于自己的意义之前，很难做好公益，很难长期坚持做公益。

❶ 做公益，是自我救赎

德蕾莎修女一生致力印度穷人的慈善事业，她从水沟里抱起被蛆吃掉一条腿的乞丐，把额头贴在濒死者的脸上，从狗嘴里抢下还在哭叫的婴儿……

台湾"清华大学"校长李家同追随德蕾莎，给病人喂水喂饭、穿衣洗衣、搬运尸体……他说："现在我才知道，我一直在躲避人类的真正穷困和不幸，其实我从来没有真正爱过。"

对于有信仰和道德追求的人来说，做公益就是灵魂的自我救赎。

❷ 做公益，体现自己的价值

发现一个有趣的现象，平时低调的朋友们，每次捐款捐物或献血后几乎都会在微信朋友圈高调晒出照片、证书或媒体报道，在朋友聚会时津津乐道。我十分理解这种高调，因为做公益的快乐不吐不快。

在我第一次捐助的四个孩子中，有一位内蒙古八岁男孩的班主任代写了感谢信，信中夹带了他的照片。看着照片中天真无邪的笑脸，想到自己的一点付出就可能改变一个孩子的命运，让他免予失学并且相信世界的美好。对别人有用，让我们感受到自己的价值。

❸ 做公益，感受与社会的关联和归属感

2018 年 3 月 10 日，母校南京理工大学上海校友会发出的一条筹款消息在各地校友会微信群快速传播。随着善款送达患癌学妹的，还有校友们万语千言的真挚祝福。

自消息发布不到 15 小时，筹款目标 100 万元即告完成！校友们为母校的凝聚力欢呼，为有这样的校友群而自豪。

❹ 做公益，获得社会的认可

1985 年，24 岁的奥巴马从哥伦比亚大学毕业后，来到芝加哥协助当地教堂为穷困人群提供职业培训。这段义工经历，对他日后迈入政坛至关重要。

深圳市在评估外来人口的入户申请时，为义务献血、义工服务、社会捐赠等公益活动设定相应的积分。这一政策，反映了社会对有大爱者的认可。

美国富豪的公益精髓

从早年的石油大王约翰·D.洛克菲勒和钢铁大王安德鲁·卡内基，到比尔·盖茨和股神沃伦·巴菲特，到新晋富豪马克·扎克伯格，一代代美国富豪逐步形成了公益的文化和传统，为我们普通公益人提供了许多有益的借鉴。

❶ 公益，是信仰的表达

"心狠手辣的竞争者，永不道歉的垄断者"，《连线》杂志对比尔·盖茨的这番评价几乎适用美国所有富翁。

这些如饥似渴赚钱的人，同时又是最慷慨的慈善家。这看似矛盾的两面性反映出西方人的信仰，用卡内基的话来说，"我只是上帝财产的管理人，在巨富中死去是最大的耻辱。"

❷ 公益，强调价值的最大化

洛克菲勒在自传中说："最没有想象力的花钱方式就是把钱直接交给别人。如果钱不是施舍给乞丐，而是用来研究产生乞丐的根源，那么，一些更有深度、广度和价值的事情就会得以实现。"

洛克菲勒、卡内基、约翰·霍普金斯、利兰·斯坦福，富豪们用商业理念做慈善，注重投资价值的最大化。他们普遍信奉"救急不救穷"的信条，集中力量办大事，将善款用在创立以自己名字命名的大学、医院、图书馆、音乐厅。

❸ 公益，强调受助者的参与和责任

罗宾汉基金会（Robin Hood），是纽约地区最大的致力消除贫困的公益组织。基金会要求受助学生努力学习、受助家庭积极自强。这种有条件的资助方式取得了显著的结果，也为基金会自身赢得了极佳的信誉。

洛克菲勒说："如果不能让受益者独立，慈善是有害的。"

学生，如何做最好的公益？

学生群体本身没有经济收入，但是有强烈的潜在公益欲望。作为一类特殊的公益者，学生的公益一定有其特殊性。

❶ 全家参与，公益陪伴孩子的成长

宁波汪先生长期热心公益，我建议他给上一年级的女儿找个同龄女孩，长期结对帮扶，全家分工合作、作为一个整体参与。

找到四川山区的一个受助女孩后，汪先生负责为女孩提供生活费，太太给女孩添置合适的衣服鞋子，女儿送出了自己的一台 iPad。两个孩子时常视频通话，交流各自的学习和生活，交换山区和沿海的不同风景和美食图片，成了好闺蜜。

三年过去了，汪先生说，"说是帮助他人，我们自己也收获很大。相比之下，女儿对自己的幸福生活有了感受，生活方面要比班上的大多数同学朴素，没有骄娇之气。"

❷ 用自己的特长，做力所能及的公益

在学校的一次募捐活动中，南通的宋同学捐了 2000 元。对于学生来说，捐款不是一种值得提倡的公益方式。压岁钱、私房钱，归根到底是家长的钱。用自己的特长，义卖自己的手工艺品，捐出自己不用的衣服鞋子和电子产品，这些才是真正属于自己的公益。

在我的建议下，宋同学与附近的三个同学成立了一个小组，用信息技术特长为小区的老人们维护电脑、教如何使用微信和 QQ。为了增强老人们的参与度和培训效果，他们为老人们布置作业。一个月后，有十多位老人学会了微信的基本应用，与外地的儿女和孙辈建了群，享受网上的天伦之乐。

❸ 避免对受助者的无心伤害

让受助者站在镁光灯下，举着尺寸夸张的"支票"，媒体的"长枪短炮"一阵"轰炸"；在山区学校、孤儿院，志愿者们一身名牌甚至背着名

牌包，站着和瘦小、衣衫褴褛的小孩子们说话……

这样的场面，并不鲜见。让受助者接受"嗟来之食"，是公益的本意吗？

公益，不是居高临下的施舍。为了保护受助穷人的尊严，德蕾莎和同事们都努力先使自己成为穷人。她创建的仁爱传教修女会遍布全球，但是总部只有两名修女和一台老式打字机。她的办公室里只有一个桌子和一把椅子，居所只有两样电器：电灯和电话。她全部的个人财产是一尊耶稣像和三套衣服。

我们做不到让自己变成穷人，但是至少要换位思考、避免对受助者人格尊严的伤害，哪怕是无意的。

福耀玻璃创始人曹德旺先生对慈善有精辟的见解，他说：做慈善不是富人的专利。做慈善要量力而行，我捐几十个亿，和拿工资的人捐几千块是一样的，因为你已经尽力了。即便没有钱，你还可能给人以笑容，展示你的同情心，对地位比你低的人客气点。

公益，不是居高临下、单方面的施舍。公益，形式上是为了别人，本质上是为了自己。公益，归根到底是自益。

新生代比父辈更有公益精神，一旦理解做公益的意义、如何务实做公益，他们的公益热情将得以释放，进而促进中国公益文化和公益传统的形成和发扬光大。

学生群体应当用自己的特长，做力所能及的公益，在造福他人的同时让公益帮助自己成长。

7.7
世界那么大，你要看什么

暑假中，A 同学全家计划到福建和广东度假一周。经过比较，他们倾向于某旅行社五天四晚（厦门＋鼓浪屿＋福建土楼）的 VIP 跟团亲子游，全程五星酒店，然后到深圳、广州各住一晚上。

施老师："与其走马观花、鞍马劳顿，不如扎在厦门自助慢旅游，仔细看看厦门大学和鼓浪屿，串串大街小巷看看当地居民的生活，抽一天看看土楼。五星酒店很好，经济型酒店也可以感受一下。孩子五年级了，可以教他订机票车票、订酒店、行程安排，等等。这是一次重要的生活学习机会，比让他坐享其成有价值的多。"

中考后，B 同学参加了某机构组织的美国暑期活动。在旧金山湾区，两周中，美国住家的"爷爷奶奶"对她很好，带她吃遍当地美食，参观斯坦福大学，参加朋友聚会，去 outlets 买了一堆喜欢的品牌衣服鞋子……

因为这段愉快的经历，她希望高一暑假再去一次。

施老师："上次是美国，这次可以是欧洲。如果非要去美国，上次是美国西部，这次最好是美国东部；上次是住家，这次最好住学校宿舍。"

C 爸是我的学生，在某银行南京分行任行长。C 同学小学五年级开始，我们一起系统规划了她的常春藤路线图。C 同学顺利升入南京外国语学校、完成第一个阶段性目标后，行长对自己当初的选择产生了动摇。

"这个月，就有三个朋友找我给海归子女安排工作。除非业务能力很强、关系多能拉贷款，留学花掉的一两百万在我们银行挣回来不容易。既然海归找工作还要托人，留学到底有什么意义呢，比在国内读个大学好在哪里呢？"

施老师："留学不一定带来荣华富贵。对于多数留学生来说，经历比学历更重要，留学的价值在于做个世界人。"

旅行，为什么？

古罗马帝国时期的天主教思想家圣·奥勒留·奥古斯丁说：人生是

一本大书，不旅行的人只看到其中一页。

❶ 旅行，是一场文化探索

由于经济条件、交通、观念等因素，国人开始旅游也就是近二三十年的事。许多人把旅游等同于看景点，看自然景点和人工景点，"下车尿尿、上车睡觉、景点拍照、回来忘掉"。

中国地域辽阔，民族众多，文化多元性丰富。南方人多到北方看看，东部人多感受西部，反之亦然。见多才能识广，旅行是培养孩子对文化多元性领悟力和包容心的重要途径，当地的市井民俗、大学和博物馆才是最好的风景。

❷ 旅行，是一种历练

多年前的一个夏天，几个好友家庭一起赴黄山旅游。看到预订的旅馆房间狭小简陋，席子和被褥有点潮湿，有一家立即换到了黄山宾馆。一位妈妈瓶瓶罐罐带了很多熟菜，说是怕儿子不适应当地菜……

旅行安排得再好，也必然辛苦，必然不如待在家里舒服。既然人在旅途，自当随遇而安，享受当地美食也接受鞍马劳顿。别人都能做到、能接受的事，又何必让自家孩子与众不同？归根到底，应当是自己适应环境，而不是让环境适应自己。

❸ 旅行，是一次项目管理

旅行，涉及时间和费用的预算、交通工具的选择、分段行程的衔接等等，是一次典型的项目管理。

在大人的指导下，三四年级以上的孩子完全有能力根据旅行目的和预算设计全家的旅行计划。网上查机票车票、订酒店，研究当地景点、大学、博览馆、民俗和特色饮食，这些不仅能培养孩子的生活能力、拓宽知识面，也是统筹思想的训练。

国际夏令营，怎么挑？

越来越多的中小学生家长支持孩子参加国际夏令营，面对琳琅满目的选择，应该怎么挑才对孩子最有利？

国际夏令营的选择标准，取决于参加目的是感受异国风情还是为留学热身。

❶ 暂无留学意向

对于暂无留学意向的孩子们来说，国际夏令营是国内旅行的升级版，可以根据以下两个标准做选择：

（1）学习、活动、旅行的组合是否合理。优秀的国际夏令营，以寓教于乐的课程学习为主要内容，兼有当地特色的文化体育项目和观光旅行。那些以"名校游"为幌子，实质仅仅是在校园内走一圈、在校门口照个相的夏令营，是对时间和不菲营费的浪费。

（2）学习、生活环境能否接触当地文化。浸泡在校园中与国际学生朝夕相处，是近距离感受多种外国文化的极佳机会。住在当地家庭，也能深度感受当地文化。相比之下，如果学习和生活环境依然是中国学生扎堆，则是名不副实的"国际夏令营"。

❷ 两年内留学

对于计划两年内留学的学生来说，选择国际夏令营的核心考量因素应当是：是否有助于留学申请。

对于具备托福/SAT高分、有志跻身美国名校的优秀高中生来说，最有价值的就是常春藤暑期课程。以哈佛大学为例，其夏校面向15周岁以上的高中生提供200多门全美大学认可的学分课程。高中阶段取得大学学分，自然提升了未来申请美国名校的竞争力。学分课程的教授有资格出具大学申请所需的推荐信，且比国内老师出具推荐信更具权威度和诚信度。

普通中学生，依然可以根据自己的兴趣和特长选择美国一流大学的高质量暑期课程。以杜克大学为例，其 Duke Youth Programs 项目为初高中生提供 3D 打印、生物工程、SAT、数学、领导力等众多课程选择。

留学，为什么

根据智联招聘与全球化智库（CCG）共同发布的《2017 中国海归就业创业调查报告》，44.8% 的海归初次就业月收入（税后）不超过 6000 元。

上世纪八九十年代，留学生主要出自中科院（中科大）、清华、北大等国内名校，而且几乎都是攻读硕士博士学位。近年来，留学低龄化、留学层次多样化明显。由于样本结构的变化，我们并不能从这些数据中得出否定留学价值的结论。留学不等于荣华富贵，留学可以是喜剧、闹剧甚至悲剧，关键在于角色如何去演。

❶ 经历 ＞ 学历

我对行长说："上大学之前，我没有坐过火车。从文化意义上讲，当年就是一个启东人，连江苏人都算不上。上大学后，来自天南海北的八个同学挤在十平方米宿舍，近万同学浸泡在 3000 多亩校园。听着南腔北调的普通话，闻着过道里四川同学炒辣椒的呛鼻味，带着各自的优越感和自卑感辩论不同地域的文化孰优孰劣……这样慢慢地对异质文化从排斥和好奇转向接纳和欣赏，趋近文化意义上的中国人。后来我走出国门，在北美求学生活，在欧洲游学旅行，直观感受西方文化，和外国同学吵吵闹闹交朋友。经历的价值大于学历。当然，世界这么大，我迄今感受到的也只是沧海一粟。"

行长说："完全同意您的观点！银行工作涉及各种各样以及各地的客户，我现在能够胜任分行级的管理工作，也和大学时代喜欢和来自不同地方人打交道的经历有关。"

❷ 每个留学生都应成为文化使者

我们的童年和少年时代，文化几乎是一片沙漠，记忆中只有《地道战》《地雷战》等战争电影。大学时代，《罗马假日》《爱情故事》等美国经典电影为我们打开了了解西方文化的窗口。

将这些电影引入中国的杨燕子（Janet Yang）女士是第二代华裔移民，从布朗大学毕业后，她致力中美文化交流，现为奥斯卡奖评委，美籍华人组织"百人会"成员。20多年后见到杨女士，当面向她表达敬意："您对中国人的贡献不亚于一个诺贝尔奖。"

如果说20年前全球化还仅仅是个概念，还是遥远的"西伯利亚寒流"，那么，今天这股"寒流"已经扑面而来，把每个人、每个行业都裹挟其中。我们只有两种选择，要么穿上"加拿大鹅牌羽绒服"；要么成为"冰柱子"。对于这一代的孩子们来说，这件"鹅牌羽绒服"就是全球视野。他们去西方留学，就好像我们当年离开家乡去上大学。留学不一定带来荣华富贵，但却是面向未来全球化职场和人生的必要文化准备。

留学生学好专业知识获取一张洋文凭，这固然重要，但是留学更大的价值是学会跨文化沟通。无论读理工科、商科还是人文学科，每个留学生都应当以陈香梅和杨燕子为榜样，努力成为一个文化使者。

世界这么大，我们要去看什么？不仅仅看自然景观，也要看各地的市井民俗、大学和博物馆。国内旅行、参加国际夏令营、留学，都是学生了解世界的重要途径。

当年胡耀邦曾经这样告诫，"外交部有很多优秀的外语人才，但是严重缺乏能和外国人打交道的外交官"。

留学是年轻人生命的"放大器"。我们都是某个地方的人，也是中国人；我们是中国人，也是世界人。两星期的一次出国旅游，一个月的一次考察访问，半年的一次外派工作，都难以让我们成为真正意义上的世界人。在文化多元性丰富的欧美大学攻读学位，与各种肤色的外国同学朝夕相处、争论交友，才是成为世界人的最好路径。

时隔十多年，我依然清晰地记得在蒙特利尔皇家山上遇见的那快乐的一家子。

麦吉尔大学的地理位置可谓得天独厚。管理学院楼下就是繁华的舍布鲁克大街，往东步行十分钟就到了中央车站，往西紧邻著名的皇家山，二十分钟即可登顶。

在麦吉尔的日子里，求知的快乐、学业的压力、初涉西方文化的兴奋与不安、经济的拮据，酸甜苦辣，五味杂陈。无论快乐还是郁闷，皇家山都是我最好的心灵净地。

厚桦木铺就的栈道宽敞而平坦，拾级而上，悠然自得。间或离开栈道，择蜿蜒曲折的林间小道而上，蛰伏在林间的小松鼠眨巴着眼睛，似乎在招呼老友。入秋的时节，红色橙色的枫叶纷纷飘落，地面色彩斑斓，行走其上，哗哗作响。

皇家山的环山路是山地自行车爱好者们的乐土。一个个带着头盔的弓形健魄身影呼啸而过，与沉静的参天古树、潺潺的林间小溪交相辉映，为皇家山增添了一道激越的活力。偶尔还能看到装备精良、通常一男一女搭配的皇家骑警，飒爽英姿。

登上山顶，顿感极目楚天舒。观景台上，借助望远镜可以俯视古老而美丽的麦吉尔校园全景，乃至蒙特利尔市老港以及城市的母亲河圣劳伦斯河。

对皇家山的亲切，还源于她与南京紫金山的神似，有山有水，人杰地灵。帝王之气的北京西山，缺乏水的衬托；蜿蜒曲折的上海黄浦江，缺失山的呼应。依山傍水的城市可谓上苍的恩眷。

转身西向，迎面看到的是清澈见底的海狸湖，数十只鸳鸯以及不知名的水鸟在湖中嬉戏。荡起不远处的秋千，让人忘却成人的孤寂与落寞，仿佛退回到少不更事的童年。

忽然，山坡下的一个中年女子进入了我的视线。她拿着秒表，目视上方。视线上移，只见坡上十一二岁的女孩、五六岁的男孩、孩子们的爸爸，三人正一字排开整齐地卧躺草坪上。他们要干什么？

随着坡下妈妈的一声令下，他们从坡上齐刷刷快速滚下。待妈妈报出各自的成绩，三人爬上坡，再次角逐……

看到这场景不禁有点感动和感慨：多少中国孩子能有着这样的童年记忆？

小时候，乡愁是一枚小小的邮票，

我在这头，母亲在那头。

长大后，乡愁是一张窄窄的船票，

我在这头，新娘在那头。

后来啊，乡愁是一方矮矮的坟墓，

我在外头，母亲在里头。

而现在，乡愁是一湾浅浅的海峡，

我在这头，大陆在那头。

每次读余光中先生这首脍炙人口的《乡愁》，总是别有一番滋味在心头。人世间，最为弥足珍贵的就是父母与子女的亲情。父母是孩子一生的精神靠山，"有妈的孩子像块宝"。即使父母已经瘫在床上需要你照顾，即使你自己也已年近古稀，但是有父母在，心里就有定海神针。

总有那么一天，一个在外头，一个在里头。永别的那一刻，作为父母的你，希望留给孩子怎样的记忆？是慈爱的笑脸、挫折时候的安慰、迷途中温和而坚定的指引，还是横眉冷对的表情、呵斥和打骂？

　　仔细地算一算，一辈子和孩子在一起有多少天？请珍惜与孩子的共处岁月吧！

跋／留给孩子怎样的记忆